Die Verwirrung der Verwirrungen

Joseph de la Vega

JOSEPH DE LA VEGA

Die Verwirrung der Verwirrungen

aus Kostolanys Bibliothek

Das älteste Buch über die Börse
aus dem Jahr 1688

Börsenbuchverlag

Die Originalausgabe erschien unter dem Titel
Confusión de confusiones. Dialogos curiosos entre un filósofo agudo, un mercader discreto y un accionista erudito describiendo el negocio de las acciones, su origen, su etimología, su realidad, su juego y su enredo, A. D. 1688

Cover, Satz und Herstellung: Timo Boethelt
Lektorat: Merle Gailing
Druck: CPI books GmbH, Leck, Germany

ISBN 978-3-86470-924-1

Bibliografische Information der Deutschen Nationalbibliothek:
Die Deutsche Nationalbibliothek verzeichnet diese Publikation in der Deutschen Nationalbibliografie; detaillierte bibliografische Daten sind im Internet über <http://dnb.d-nb.de> abrufbar.

BÖRSEN MEDIEN
AKTIENGESELLSCHAFT

Postfach 1449 • 95305 Kulmbach
Tel: +49 9221 9051-0 • Fax: +49 9221 9051-4444
E-Mail: info@plassen-buchverlage.de
www.boersenbuchverlag.de
www.facebook.com/plassenverlag
www.instagram.com/plassen_buchverlage

Inhalt

Dritter Dialog

Vierter Dialog

Ich sammle seit 70 Jahren Börsen-, Finanz- und teilweise auch Wirtschaftsliteratur, vom 15. Jahrhundert bis heute. Es sind mehrere Bücher vergangener Jahre darunter, bei denen ich eine Art Radioaktivität verspüre, wenn ich sie in der Hand habe und darüberstreiche.

Eines davon wäre die Originalausgabe des ersten Buches, das je über die Börse veröffentlicht wurde: „CONFUSION DE CONFUSIONES“ (Amsterdam, 1688), in spanischer Sprache geschrieben von José de la Vega, portugiesisch-jüdischer Flüchtling (schon damals!), Poet, Philosoph und Börsenspekulant (die drei „Berufe“ passen sehr gut zusammen ...).

Ich kenne das Buch seit je, hatte aber die spanische Originalausgabe trotz intensiven Suchens jahrelang nicht finden können. Als nun vor circa 10 Jahren bei Sotheby's in London ein Exemplar auftauchte, stürmte ich sofort los, um Sotheby's einen Kaufauftrag für die Versteigerung zu geben, auf Empfehlung des Schätzmeisters mit einem Preislimit von 5.000 Pfund (circa 15.000,– DM): „Für den Preis werden Sie es bestimmt bekommen“, versicherte er mir. Er hatte unrecht. Das seltene Buch wurde für 18.000 Pfund versteigert (plus Spesen, also circa 60.000,– DM). Ich war enttäuscht; denn so war der Preis quasi katalogisiert – ein Preis, den ich nie bezahlt hätte und, bei aller Liebe, auch nie zahlen würde.

Die deutsche Übersetzung aus dem Jahre 1919 dagegen befindet sich in meinem Besitz. Als nun mein Freund und Börsenbuch-Verleger Bernd Förtsch die glückliche Idee hatte, dieses Werk in deutscher Übersetzung neu zu verlegen, habe ich ihm mein Exemplar mit Freuden zur Verfügung gestellt — damit meine Kollegen, Schüler, Freunde und Gegner (an der Börse!) es auch lesen können. Damit die vielen jungen Börsenprofis, die „Golden Boys“, wenn sie es lesen, auch davon profitieren. Damit sie erfahren, dass diese böse Börse, die schon seit Jahrhunderten existiert und blüht und gedeiht, immer noch dieselbe ist und bleibt – trotz zahlreicher neuer Erfindungen und technischer Hilfsinstrumente. Und damit sich diese jungen

Leute nicht einbilden, wie es viele tun, den Stein der Weisen gefunden zu haben und mit ihren vielen Theorien und Systemen, die sie ausgeknobelt haben, durch Börsenspielereien schnell zum Millionär werden zu können.

Ich freue mich, dass der Börsenbuchverlag diese Edition herausbringt, und wünsche dem Buch viele neugierige und wissbegierige Leser.

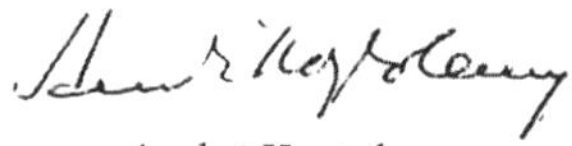

André Kostolany

Vorwort des Verfassers[1]

Zur Abfassung dieser Dialoge, die, wie ich hoffe, Interesse erregen werden, haben mich drei Gründe veranlasst. Der erste Grund war, meine Muße mit irgendeiner angenehmen und des bescheidenen Verfassers nicht unwürdigen Beschäftigung auszufüllen. Der zweite Grund war der, für weitere Kreise ein Geschäft zu schildern, welches heute das reellste und nützlichste in Europa ist; drittens wollte ich wahrheitsgetreu die Kunstgriffe dieses Handels und die ihn entehrenden Unredlichkeiten schildern, um die einen zu unterhalten, die anderen zu warnen und vielen durch die mitgeteilten Erfahrungen zu nützen.

Die Mädchen von Milet wollten sich aufhängen. Um ihr grausames Vorhaben zu verhindern, ließ der Senat die bereits Erhängten in den Straßen zur Schau stellen: Der furchtbare Anblick der Toten sollte die Verzweifelten abschrecken. Dieser Abhandlung mögen diejenigen Beachtung schenken, welche die Börsengeschäfte ohne die erforderliche Klugheit betreiben; möglicherweise wird der Anblick der Erhängten auf sie so wirken, dass das Leiden ihre Absichten verhindert und ihre Verwegenheit mäßigt.

Nach Plutarch berauschten die Spartaner ihre Sklaven, um durch deren unanständiges Gebaren ihre Söhne vom Trunk abzuschrecken; die infolge des Rausches begangenen Ausschreitungen machten die Söhne so bestürzt, dass sie zu trinken aufhörten. Wenn die Verständigen den schmachvollen Zustand eines schweren Rausches, in den verwegene Spekulanten geraten, betrachten, so verspreche ich mir, dass sie sich von dem Rausche der Spekulation fernhalten.

Sollten übereifrige Kritiker glauben, dass ich nur *ein Spiel* schildere und *das Spiel der Hundert* ausspiele, so mögen sie auch bekennen,

---

[1] *Dem Vorwort geht eine Widmung voraus, die vom 24. Mai 1688 datiert. Das Buch wird dem sehr verehrten Herrn Duarte Nunez Da Costa zugeeignet. Da die Widmung nichts als Komplimente für den Gönner enthält, wird sie hier übergangen.*

dass ich dieses Spiel doppelt gewinne, denn ich lasse die Personen in den Hintergrund treten, welche diese sonderbaren Vorfälle verursachen.[1]

Ich halte für unzweifelhaft, dass denjenigen Lesern, welche nicht das verwickelte Labyrinth der Börse besucht haben, meine Analyse des Geschäfts für Übertreibung gelten wird, aber ich kann sie versichern, dass es nur wenige Stellen sind, wo man Übertreibungen vermuten kann, und wenn man einmal auf die Größe des Löwen nach den Klauen schloss und die Kunst des Apelles nach einigen Linien beurteilte,[2] so vermeidet meine Darstellung diesen Fehler, weil, wer das Labyrinth der Börse betritt, jeden Maßstab verliert und geneigt ist, die Verhältnisse zu überschätzen. Ich nenne dieses Buch „Verwirrung der Verwirrungen", weil in diesem Geschäft jeder Kniff angewendet und jeder Kunstgriff gebraucht wird; und der aufmerksame Leser wird bald erkennen, dass kein Verstand eine Welt von Unklarheiten begreifen und keine Schilderung sie klarstellen kann.

Ich möchte beinahe fürchten, dass der Leser meiner Skizzen an dem Stoffe Anstoß nehmen wird, aber er möge sich erinnern, dass oft das Angenehme mit dem Erhabenen harmoniert und dass, wo es lästig ist, nur von der Börse zu reden, man mit Recht aus der Not eine Tugend macht und dem Beweismaterial Dinge beifügt, die dem Publikum größere Unterhaltung gewähren und von ihm beifälliger aufgenommen werden. Im Theater hört man mit Genuss einen Komiker nach Auftreten eines tragischen Schauspielers. Die Rührung des Publikums über Iphigenie auf dem Scheiterhaufen wird durch die Aufschneidereien eines Stratophanes abgeschwächt. Der Bogen

---

1 *„Das Spiel der Hundert" ist eine Art des Pikettspiels, bei der die Partie gewonnen wird, wenn 100 oder 101 Augen gezählt werden. Wenn jemand bereits 100 oder 101 zählt, bevor der Gegner auf 50 oder 51 gekommen ist, so gewinnt er die Partie und den Einsatz doppelt (macht Match). Der Verfasser will also sagen, dass er seine Darstellungsweise für nutzbringend hält und mit ihr einen doppelten Zweck erreicht.*

2 *Apelles zeichnete einige feine Linien auf das Bild eines anderen Malers und wurde seiner Künstlerschaft daran sofort erkannt.*

muss gespannt werden, damit der Pfeil fliegt, und das Tier verkürzt sich mit natürlichem Instinkt beim Sprunge.

Die Notwendigkeit, ernste Arbeit mit Unterhaltung zu vereinen, wird schon von Aristoteles in der Ethik und Politik bewiesen. Achilles wird bei Homer mit der Zither dargestellt und derselbe Zentaur, der ihn in der Kriegskunst unterwies, lehrte ihn auch die Musik.

Unzählige Philosophen haben den Ernst der Wissenschaft durch anmutige Erzählungen gemildert und unter Scherzen den Reichtum ihres Wissens verborgen.

Wenn es Stellen in diesem Buche gibt, die nur dem Kenner der Philosophie verständlich sind, so sei zur Entschuldigung bemerkt, dass der Philosoph als Philosoph, der Kaufmann als Kaufmann, der Aktionär als Aktionär reden sollen; der eine von seinen Büchern, der andere von seinen Geschäften, der dritte von seinen spekulativen Kunstgriffen. In den Reden der letztgenannten Personen fehlt nicht Vernunft noch Wissen; zuweilen kann daher auch die Darstellung höheren Schwung nehmen. Die Absicht des Verfassers war, Nutzen zu stiften; gebe Gott, dass er dieses Verdienstes für würdig erachtet werde.

Einleitung

Die ältere Geschichte der Börse ist in Dunkelheit gehüllt, weil das urkundliche Material teils verloren gegangen ist, teils unbenutzt in den Archiven ruht und weil literarische Darstellungen des Börsenwesens der Frühzeit überaus selten sind.

Zu den wichtigsten Quellen der Börsengeschichte gehört die vorliegende Schrift, die die Amsterdamer Börsenverhältnisse am Ausgang des 17. Jahrhunderts schildert. Richard Ehrenberg hat das große Verdienst, das merkwürdige wirtschaftsgeschichtliche Dokument der Vergessenheit entrissen zu haben. Die ausführlichen Auszüge aus dem Buch de la Vegas, die Ehrenberg in den *Jahrb. f. Nationalök.*, 3. Folge, Band III, Seite 809 ff. und im „Zeitalter der Fugger", Band II, S. 336 veröffentlicht hat, sind von einem höchst sachkundigen Kommentar begleitet. Eine neue Übersetzung und Herausgabe des verschollenen Werkes hielt auch Ehrenberg für dringend wünschenswert (HWB. d. StW., 3. Aufl., Band III., 1909, S. 197).

Über das Leben des Verfassers der Dialoge ist wenig bekannt. Die einzigen biografischen Angaben finden sich bei Amador de los Rios, „Estudios historicos politicos y literarios sobre los Judios de Espana", Madrid 1848, ferner bei M. Kayserling, „Sephardim. Romanische Poesien der Juden in Spanien", Leipzig 1859, bei Graetz, „Geschichte der Juden", Band X, S. 198 ff., in Joechers „Gelehrtenlexikon", Band IV, S. 1492 und in der „Jewish Encyclopaedia", Bd. IX.

Joseph de la Vega wurde um das Jahr 1650 in Espejo, Provinz Cordova, geboren. Er entstammte einer Marranenfamilie; sein Vater Isaac Penso war katholisch geworden, hatte aber im Kerker der Inquisition gelobt, zum Glauben seiner Väter zurückzukehren. Als Penso von Spanien mit seiner Familie nach den Niederlanden entflohen war, konnte er sein Gelübde erfüllen. Der zweite Sohn, der Verfasser unserer Schrift, der sich bald nach dem Vater *Penso* nannte, bald den Namen seiner mütterlichen Familie *de la Vega* sich beilegte, kam in jungen Jahren nach Amsterdam und verblieb hier und in Antwerpen bis zu seinem Tode. Schon mit 17 Jahren begann er sich schriftstellerisch zu betätigen. Sein Erstlingswerk war ein allegorisches Drama in hebräischer Sprache: „Asire hatikva“, das 1668 approbiert, aber erst 1673 gedruckt wurde. Der Eintritt des jungen Spaniolen in die literarische Welt wurde auf das Lebhafteste begrüßt. Nicht weniger als 22 Dichter feierten seine Verdienste um die hebräische Poesie. Ein lateinisches Epigramm von J. G. Sossa ist dem vortrefflichen Jüngling Joseph *Penso*, dem Fahnenträger der hebräischen Dramatiker, gewidmet. Ein anderes Gedicht beginnt folgendermaßen:

»Nun, so wär' es doch endlich erreicht!
Die hebräische Muse schreitet auf hohem Kothurn
sicher und rüstig einher:
Mit der Dichtung gemessenem Schritte
führet sie glücklich
Joseph – entsprossen dem Stamm,
der noch gefangen zumeist.«

Die heutige Beurteilung der Dichtung dürfte sich von den Überschwänglichkeiten der Zeitgenossen fernhalten. Nach Graetz ist der Versbau untadelhaft, aber die Erfindung gar zu armselig und der Gedankengang alltäglich. Franz Delitzsch rühmt das Pathos, rügt aber die Regellosigkeit der Fantasie und die Häufung der Wortspiele. Trotz dieser Mängel wurde das Drama noch 1770 in Livorno neu aufgelegt. Diesem Erstlingswerk folgten eine ganze Reihe von Schriften, 1683 erschien ein dem König von Polen gewidmetes Buch: „Triumphos del aquila y eclipses de la luna“, 126 S. Der Verfasser schrieb auch ein Leben Josefs, Adams und der Faustina. Der Ruf des jungen Schriftstellers war inzwischen so gestiegen, dass er in den Vorstand der von Manuel de Belmonte gestifteten Dichterakademie gewählt wurde. Seine dort gehaltenen Reden erschienen 1685 in Druck. Unter den belletristischen Arbeiten wird besonders gerühmt eine Novellensammlung, die sich an italienische Vorbilder anlehnt, unter dem Titel: „Gefährliche Reisen" („Rumbos peligrosos"). Eine 1690 erschienene Schrift war der Verherrlichung Wilhelm III. von England gewidmet. Die letzte Arbeit des Verfassers, die erwähnt wird, sind wohl die 1693 herausgegebenen „Ideas possibles". Am 13. November 1692 ist er verstorben.

Durch welche Umstände der Schöngeist und gefeierte Dichter an die Börse verschlagen wurde, ist nicht bekannt. Es wird nur im ersten Dialog bemerkt: „Auch ich war Student mit den Prätentionen eines Rhetors und Predigers. Meine Freunde gaben mir nach Lektüre meiner Lobreden auf die Helden Europas den Namen eines Orpheus ... Nachher verkündete mir die schöne Bezeichnung Orpheus, dass ich in der Hölle der Börse zu wohnen hätte." Diese und ähnliche Zornausbrüche erklären sich wohl aus dem Umstand, dass das endgültige Ergebnis der Börsentätigkeit des Verfassers kein günstiges war. Er soll fünf Mal ein Vermögen gewonnen und es fünf Mal verloren haben. Die Erfahrungen seiner wechselvollen Tätigkeit hat der Verfasser in der vorliegenden Schrift niedergelegt. Ehrenberg nennt diese Schilderung der Amsterdamer Börse die nach Form und Inhalt beste Darstellung des Fondsverkehrs. Dieses Lob kann jedoch nicht ohne Einschränkung übernommen werden. Die Diktion de la Vegas zeigt alle jene Fehler, welche der in der spanischen und italienischen Literatur der Barockzeit übliche Stil aufweist; diesen überladenen, gezierten und schwülstigen Stil nannte man *estilo culto*. Aber de la Vega stattete diesen Stil noch mit besonderen Eigentümlichkeiten aus. „Er bemühte sich", sagt Kayserling, „mit einer neuen Schreibweise aufzutreten, niemanden nachzuahmen, damit er auch von niemandem nachgeahmt werde." Die Dialoge wimmeln von Wortspielen, dunklen Anspielungen und absurden Wundergeschichten. Auch die Weitschweifigkeit der Darstellung ist fast unerträglich. Wo ein Beispiel genügt, bringt der Verfasser zehn. Die selbstverständlichsten Dinge belegt er mit endlosen

Reihen klassischer und biblischer Zitate. Die Klarheit wird auch beeinträchtigt durch eine bereits von Grillparzer gerügte Eigentümlichkeit des damaligen spanischen Stils, nämlich das Auspressen der Worte. Ein Substantiv, welches ohne Nachdruck im Vordersatz vorkam, wird frischweg ohne Wiederholung zum Subjekt oder Objekt der folgenden Sätze gemacht und höchstens durch ein Fürwort bezeichnet. Nimmt man hierzu noch die Verwendung altertümlicher Formen, sprichwörtlicher Redensarten und technischer Ausdrücke, so wird es verständlich sein, dass die Aufgabe des Übersetzers eine sehr schwierige war. Die ursprüngliche Absicht, eine unverkürzte und wortgetreue Übersetzung der Schrift zu liefern, erwies sich als unausführbar. Die endlos verschlungenen Perioden des Verfassers mussten, um überhaupt verständlich zu werden, in vielen Fällen zerlegt werden. Einzelne Sätze mussten umgestellt und einzelne Worte eingeschoben werden. Unwesentliche Vergleiche und Zitate wurden beseitigt, jedoch wurde der Inhalt der ausgelassenen Sätze jedes Mal in den Anmerkungen angedeutet. Die philologische Pietät durfte nicht dazu verleiten, Sätze wiederzugeben, die für den modernen Leser nicht nur entbehrlich, sondern unerträglich sind. Alle Änderungen des Übersetzers betreffen aber nur unerhebliches Beiwerk und befreit von den Verschnörkelungen tritt der wertvolle Kern des Buches umso klarer hervor.

Der Wert unserer Dialoge für die Geschichte der Börse in einer Zeit, in der fast alle anderen Quellen versagen, ist in der Tat unschätzbar. Man darf nur nicht vergessen, dass der Zweck des Verfassers in erster Reihe ein moralphilosophischer[1] und rhetorischer war. Daher ergeht er sich oft in endlosen Deklamationen über unwichtige Dinge, wenn sich dabei die Gelegenheit zu erbaulichen Betrachtungen und zu rednerischem Prunk bietet. Wichtige Wirtschaftsfragen hingegen werden ungenau dargestellt oder vollständig übergangen. Das Buch, welches Sayous bewundernswert nennt, ist also weder ein wissen-

---

1 *Vega soll auch Moralphilosophie verfasst haben.*

schaftliches System noch ein allen Fällen Rechnung tragender Leitfaden für die Praxis.

Als einer der Ersten erkennt der Verfasser die epochemachende Bedeutung der Börse, die er als eine neue Macht und neue Welt im Wirtschaftsleben bezeichnet; aber von seinem moralisierenden Standpunkt aus sieht er in der Börse doch nur einen „Schrecken der Schrecken“, eine „Verwirrung der Verwirrungen“, und gibt diesen seltsamen Titel seiner ganzen Darstellung.

Da der Gedankengang des Buches durch die vielen Abschweifungen unterbrochen wird und die einzelnen Geschäftsformen und Handelsgebräuche an ganz verschiedenen Stellen erörtert werden, wird im Folgenden eine kurze Übersicht über die wichtigsten Seiten des Börsenwesens, die in den Dialogen besprochen sind, gegeben.[1]

I. Die Spekulation. Die Hauptrichtung der Spekulation. Umsätze. Kursschwankungen

Die Aktienspekulation an der Amsterdamer Börse begann schon mit der Gründung der Ostindischen Kompanie,[2] noch ehe die Zeichnung auf das Kapital ihrer Gesellschaft geschlossen war, wurden die Aktien 10 bis 15 Prozent über Pari gehandelt. Die gewaltigen Erfolge der Kompanie und die beispiellose Entwicklung des Handels bewirkten ein rasches Steigen des Kurses. Zur Zeit des Erscheinens unserer Schrift hatten die Aktien bereits das Fünffache des ursprünglichen Wertes erreicht. Termingeschäfte waren von Anfang an gebräuchlich und es wurden Abschlüsse auf einen Monat, meist aber auf drei Monate und längere Termine gemacht.

---

1 *Vgl. hierzu Sayous, „La Bourse d'Amsterdam au 17. siecle“, Revue de Paris, 1900, S. 772 ff.*

2 *Dies ist die allgemeine Annahme. Nach de Koopman V, 28 hätte man aber erst seit 1718 der Aktienspekulation in Amsterdam größere Beachtung geschenkt.*

Dass die Umsätze im Vergleich zu den heutigen nur winzig gewesen sein können, geht schon aus der geringen Zahl der gehandelten Effekte hervor. Gegen 1688 beschränkte sich das Geschäft auf zwei oder drei Aktiengattungen; 1747 wurden 44 Fondsarten notiert, darunter aber nur drei Arten inländischer und drei Arten englischer Aktien.[1] Dagegen wurden an der Berliner Börse schon 1870 nicht weniger als 350 und 1893 bereits 1225 Papiere gehandelt, während 1918 der Kurszettel 3.200 Kassanotizen aufwies.

Im Wirtschaftsleben des 17. Jahrhunderts spielt die Amsterdamer Börse jedoch eine große Rolle. Wiederholt werden Klagen geführt, dass viele Tonnen Goldes an der Börse gehandelt und sogar mehr Aktien, als vorhanden waren, verkauft wurden. Die Lebhaftigkeit der Spekulation, die Mannigfaltigkeit und Künstlichkeit der Geschäftsformen weisen darauf hin, dass die Amsterdamer Effektenbörse, nicht wie Sombart[2] meint, in den allerersten Entwicklungsansätzen stecken blieb. Da die ostindische Aktie ein schweres Papier geworden war, so mussten zur Zeit unserer Schrift für eine einzige Aktie mehr als 15.000 Gulden gezahlt werden. Der Verfasser belehrt uns sogar, dass der gewöhnliche Schluss auf 20 Aktien lautete, also ein Kapital von mehr als 300.000 Gulden erforderte.

Bei dem verhältnismäßig geringen Material hätte die Spekulation sich nicht so überraschend entwickelt, wenn ihr nicht kolossale Kursschwankungen zu Hilfe gekommen wären. Die ostindischen Aktien zum Beispiel standen im Jahre

---

1 *Vergl. Z. d. F. II, S. 299.*

2 *Der moderne Kapitalismus II, S. 562.*

Jahr	%	Jahr	%	Jahr	%
1607	180–200	1672	250	1750	594
1608	130–160	1688	580–600	1761	380
1656	358	1719	902	1765	585
1658	400	1720	1.260	1787	260
1663	470	1727	603	1794	134
1671	570	1745	420		

Der Verfasser erwähnt, dass der Kurs dieser Aktien in kurzer Zeit von 552 ⅔ auf 370 sank und dann wieder auf 465 stieg. An einem einzigen Tag kamen Kursrückgänge von 30 Prozent vor. Der Wert der Effekten schwankte also stärker, als dies in unserem und im vorigen Jahrhundert jemals der Fall war. Der Kurs der österreichischen Kreditaktien erreichte in den Jahren 1868 bis 1892 seinen niedrigsten Stand mit 68 Prozent und seinen höchsten mit 189 Prozent. Die riesigen Kursbewegungen gaben der Amsterdamer Spekulation die Möglichkeit, sich nach jeder Richtung hin zu betätigen. Eine Haussepartei stand einer Baissepartei gegenüber und, merkwürdig genug, wird die letztere bereits mit dem noch heute üblichen Ausdruck *Contremine* bezeichnet. Auch sonst wurden fast alle Ausdrücke des heutigen Börsenverkehrs schon damals in Amsterdam gebraucht, man sprach von Differenzen, Prolongationen, Liquidationen, Limiten, Courtagen usw. Die auffallende Übereinstimmung erklärt sich historisch dadurch, dass es Niederländer waren, die überall – sowohl in London als auch an den deutschen Plätzen – die heimische Börsentechnik und die entsprechenden Kunstausdrücke einführten.

Sombart hat zu beweisen gesucht, dass in der frühkapitalistischen Zeit das Instrument der Baissespekulation nur in geringem Umfang angewendet wurde, wenn es nicht überhaupt unbekannt war. Mag dies für den Warenterminhandel zutreffen, für die Effektenspekulation wird die Annahme Sombarts durch unsere Schrift nicht gestützt. Wir sehen vielmehr eine äußerst rührige Baissespekulation am Werk, die auch vor den raffiniertesten und verwerflichsten Mitteln nicht zurückschreckt. Nicht nur einzelne Baissespekulanten stehen den einzelnen Haussespekulanten gegenüber, sondern gutorganisierte und mit reichen Mitteln versehene Baisse-Konsortien bekämpfen die ähnlich ausgerüsteten Haussesyndikate. Allerdings war trotzdem die Baissespekulation in der Zeit eines ununterbrochenen wirtschaftlichen Aufschwungs nicht sehr erfolgreich und daher wenig beliebt. Der Verfasser ist leidenschaftlicher Haussier und erklärt die Baissiers für die Henker der Börse, die man wie die Pest fliehen müsse.

Die Scheidung der Börse in zwei feindliche Lager erstreckte sich nicht nur auf die Spekulantenkreise, sondern ließ auch die Makler nicht unberührt. Der Verfasser berichtet von Haussemaklern und Baissemaklern. Als Fahnenflucht galt, wenn ein Makler von einer Partei zur anderen überlief. Aus taktischen Gründen gingen übrigens Haussiers vorübergehend in die Baisse und umgekehrt.

Bemerkenswert ist noch, dass eine so lebhafte, ja wilde Spekulation sich entwickeln konnte, obwohl ihr nur Namenaktien, nicht Inhaberaktien zur Verfügung standen und obwohl die Übertragung der Aktien ihr erschwert war. Die Obligationen der Ostindischen Kompanie lauteten auf den Inhaber und auch die Inhaberaktie war in den Niederlanden nicht unbekannt. Trotzdem hielt die ostindische Gesellschaft zeit ihres Bestehens an den Namenaktien fest, die nur durch Umschreibung im Aktienbuch veräußert werden durften. Der Grund war wohl, dass das Direktorium die Spekulationen eindämmen und eine Kontrolle über den Aktienbesitz behalten wollte. Man kann aber die Vermutung aussprechen, dass die schwerfälligen Formalitäten der Aktienübertragung die Spekulation eher förderten als beschränkten. Solange der Zwang zur Registrierung im Aktienbuch bestand, blieb die Zahlung der Differenzen der einzige Ausweg und ist diese

Regulierung der Spekulationsgeschäfte wohl durch die beengenden Vorschriften hervorgerufen worden.

II. Das Liquidationsverfahren und die Abrechnungstermine

Die Termingeschäfte wurden an bestimmten Terminen abgerechnet, ausgeglichen und die sich ergebenden Differenzen bezahlt. Der Verfasser gibt an, dass die Abrechnung am 20. jeden Monats erfolgte und am 25. die Effekten bezahlt werden sollten. Er bemerkt jedoch, dass auch auf längere Termine gehandelt wurde und dass das Liquidationsverfahren nicht glatt arbeitete. Da die monatliche Regelung der Zeitgeschäfte anscheinend sich nicht bewährte, so wurde sie später durch eine viermal jährlich stattfindende Liquidation ersetzt. Abrechnungstermine waren Mitte Februar, Mai, August und November für feste Zeitgeschäfte, während Prämiengeschäfte anfangs der genannten Monate liquidiert wurden.

Die geringe Zahl der Abrechnungstermine erklärt sich aus der Unvollkommenheit und Schwerfälligkeit des Verfahrens. Auch wurde auf diese Weise an Geld gespart, während allerdings das Risiko durch die Hinausschiebung der Regelung vergrößert wurde. Es wurden daher schon zur Zeit unserer Schrift in dem Geschäft mit kleinen oder Dukaton-Aktien, an dem sich vorwiegend wenig kapitalkräftige und kreditfähige Personen beteiligten, die Abschlüsse selten auf einen längeren Termin als einen Monat vereinbart. Die Abrechnung erfolgte hier gewöhnlich am 1., zuweilen auch Mitte des Monats.

Nähere Angaben über das Abrechnungsverfahren finden sich bei Pinto, „Traite de la Circulation et du Credit", 1771, S. 305: „An einem Tage des Abrechnungsmonats versammeln sich die an der Abrechnung Beteiligten in einem Saal um einen großen Tisch. Jeder der abrechnenden Makler kann die Liquidation für 10–12 Personen übernehmen und alles (Skontrobogen?) ist liniert wie Notenpapier. – Das Verfahren ist folgendes: Der mit der Abrechnung betraute erklärt, dass jemand 1.000 Pfund an einen anderen verkauft hat, der dafür aufkommen soll. Der mit der Regelung der Geschäfte des Käufers Beauftragte gibt eine Bestätigung. Wenn der Käufer die Wertpapiere selbst abnimmt, so ist alles erledigt … aber da der erste Käufer seinen Posten an einen anderen weiterverkauft haben kann und der neue Käufer wiederum an einen anderen und so kaskadenartig weiter, bis der Käufer oder Verkäufer eine Schlussoperation findet, das heißt eine effektive oder künstlich herbeigeführte Abnahme. Diese Überweisung nennt man bei der Abrechnung, den Verkäufer in letzter Instanz mit dem Käufer verheiraten. Die Abrechnung geht also hin und her, wie ein Weberschiffchen oder ist ein wahrer Kreislauf."

III. Maklerwesen und Kursfeststellung

Das Maklerwesen in den Niederlanden ist uralt und hatte in unserer Epoche bereits eine große Bedeutung erlangt. Wie heute wurde das Vermittlungsgewerbe von vereidigten Maklern und von Pfuschmaklern ohne amtliche Anstellung betrieben. In Amsterdam betrug die Zahl der vereidigten Makler im Jahre 1612: 300; 1645: 430; 1657: 500; 1720: 395. Die Zahl der unvereidigten Makler war natürlich noch größer. Ricard sagt, dass gegen 1720 700 bis 800 unvereidigte Makler tätig waren. Hierunter befanden sich 250–300 Wechselmakler und 100 Aktienmakler. Diese Ziffern sind selbst im Vergleich mit den heutigen Verhältnissen recht ansehnlich und lassen die Bedeutung des Maklergewerbes für die damalige Börse erkennen. Ungeachtet der großen Zahl der Makler war ihr Einkommen meistens ein gutes und viele Angehörige des Berufs kamen rasch vorwärts, obwohl ungeheure Geschäfte, wie der Verfasser versichert, direkt von Kaufleuten ohne Vermittlung von Maklern abgeschlossen wurden. Später muss sich die Stellung der Amsterdamer Makler noch weiter verbessert haben, denn im 18. Jahrhundert werden sie Meister des Handels und Gesetzgeber der Kaufleute genannt. Sie würden reich und die Kaufleute arm.[1]

Die Courtagesätze waren nicht hoch, sie betrugen ursprünglich für ostindische Aktien ½ Prozent, wurden aber schon 1647 auf ⅕ Prozent ermäßigt.

Zur Zeit unserer Schrift betrug die Maklergebühr 6 Fl. für je 3.000 Fl. Aktien, machte also etwa 2 Promille aus. 1689 wurde die Courtage sogar auf 1 Promille mit Rücksicht auf eine inzwischen eingeführte Börsensteuer ermäßigt, die alten Sätze wurden aber später wiederhergestellt. Für Vermittlung von Lombardierungen galt ein höherer Tarif. Im 18. Jahrhundert wurden 15 Fl. für je 1.000 L. englischer Effekten berechnet, was also ebenfalls eine Gebühr von ungefähr 1 Promille ausmacht. Die Gebühren wurden von beiden Kontrahenten eines Geschäftes bezahlt. Für Geschäfte der Makler untereinander wurde nur die Hälfte, die Courtage, berechnet.

Die Makler begnügten sich jedoch nicht mit der Courtage, sondern machten ungeachtet wiederholter Verbote Geschäfte auf eigene Rechnung. Es gab sogar Makler, die zwei Firmen besaßen, die eine für Vermittlungen, die andere für Geschäfte auf eigene Rechnung. Die Makler stehen im Mittelpunkt des spekulativen Betriebes. Der Verfasser nennt sie deshalb „die Löwen der Börse“. Sie fördern die Spekulation durch Erfindung neuer Geschäftsarten und durch Verschweigen ihrer Aufgaben.

Über die Kursfeststellung an der Amsterdamer Börse und die Mitwirkung der Makler bei ihr sind wir nur mangelhaft unterrichtet. Da die Preiskurante für Waren und Wechsel von vereidigten Maklern festgestellt wurden, so können wir vermuten, dass diese auch bei der Notierung der Effekten tätig waren. Aus den Dialogen ist nur ersicht-

---

1 *De Koopman, 1770, II, Nr. 34.*

lich, dass die Händler mit kleinen Aktien den Kurs der großen Aktien nicht von den Maklern oder von einer amtlichen Stelle, sondern von zwei unterrichteten Kaufleuten erfahren. Es ist nicht klar, ob ein besonderer Liquidationskurs festgestellt wurde, falls man nicht die Notierung des Kurses der kleinen Aktien am 1. jeden Monats für einen solchen halten will.

Der erste Amsterdamer Kurszettel für Effekten soll nach Ehrenberg aus dem Jahre 1747 stammen. Die Existenz eines Kursblattes für Effekten lässt sich aus den Angaben unserer Schrift nicht beweisen. Wenn sich die Kaffeehausszene des dritten Dialogs heute ereignete, würden alle Beteiligten nach dem Kurszettel greifen, während in unserer Schrift keine Rede davon ist, und die über die Kurse ungenügend Unterrichteten das Opfer eines betrügerischen Maklers werden. Dass ein Kurszettel damals gefehlt haben sollte, wäre angesichts der Lebhaftigkeit im Effektenverkehr sehr auffallend. Preiskurante für Waren und Wechsel sind jedenfalls seit sehr alter Zeit in Holland üblich. In Amsterdam wurde ein amtlicher Preiskurant schon im Jahre 1613 gedruckt und gegen ein Jahresabonnement von 4 Fl. verkauft. Später wurden solche Preiskurante auch von privater Seite in Umlauf gebracht.[1]

IV. Prämiengeschäfte

Aus der Darstellung des Verfassers geht hervor, dass Prämiengeschäfte an der Amsterdamer Börse heimisch waren. Sie sind also nicht eine Erfindung des Schotten John Law, wie selbst Obst in seinem sonst so

1 *Vgl. den Artikel von Sautijn Kluit über die Amsterdamer Prijs Courantiers in Fruin Bijdragen, 1875, S. 58 ff. Ein Amsterdamer Preiskurant aus 1674 ist wiedergegeben bei Brugmans „Handel en Nijverheid van Amsterdam“, S. 174. Er enthält Notizen über Metalle, Gewürze, Wolle, Weine, Häute und viele andere Gegenstände. Einen Kurszettel mit Geld- und Briefkursen von Effekten aus dem Jahre 1783 s. bei Oudermeulen, Recherches sur le Commerce II, S. 263 ff.*

zuverlässigen Buch über die Börse behauptet, sondern waren lange vorher in Holland bekannt, während sie in England erst gegen 1694 und in Berlin erst seit 1820 eingeführt worden sind.

An der Amsterdamer Börse wurden sowohl Vorprämien wie Rückprämien gehandelt. Letzteres ist umso bemerkenswerter, weil selbst heute noch Rückprämiengeschäfte an einigen Börsen nicht gemacht werden. Vorprämien werden, wie man weiß, vom Käufer der Wertpapiere gezahlt, um sich das Recht zu erwerben, an einem bestimmten Termin die Stücke zu einem verabredeten Kurs zu beziehen oder vom Vertrag zurückzutreten. Es sind Prämien auf die Hausse, wie Pinto sagt. Dagegen werden die Rückprämien oder die Prämien auf die Baisse vom Verkäufer gezahlt, um sich das Recht zu erwirken, bei unerwartetem Steigen des Kurses von der Lieferung der Effekten Abstand zu nehmen. Das Risiko ist in beiden Fällen, wie auch der Verfasser hervorhebt, auf den Betrag der Prämie beschränkt, soweit der Wahlberechtigte oder Prämienzahler in Betracht kommt. Bedeutend ist dagegen bei starken Kursschwankungen das Risiko des anderen Kontrahenten. Der Verfasser hebt die Vorzüge dieser Geschäftsform lebhaft hervor. Während er aber behauptet, dass derartige Geschäfte den Kredit der Beteiligten erhöhen, bezeichnet ein Zeitgenosse de la Vegas die Prämiengeschäfte als Köder und Fallstrick für unbemittelte Leute.[1] Selbst im 18. Jahrhundert heißt es noch in einer angesehenen Zeitschrift: „Sicherlich steht das Prämiengeschäft bei allen rechtschaffenen Kaufleuten in geringer Achtung und ist rein spekulativer Art“[2].

Es ist nicht unmöglich, dass außer den einfachen Prämiengeschäften bereits verwickeltere Geschäftsformen üblich waren. Da Pinto die Verwandlung einer Prämienform in die andere durch Kauf oder Verkauf von festen Stücken aufs Genaueste beschreibt, so liegt die Vermutung nahe, dass auch eine, allerdings schwierig zu deutende

1 *Ehrenberg II, S. 335.*

2 *De Koopman, V, Nr. 29.*

Stelle des vierten Dialogs von der Verwandlung von Vorprämien in Rückprämien handelt.

Eine Stellage ist nichts anderes als die Verschmelzung eines Vorprämien- und eines Rückprämiengeschäftes. Es kann daher selbst diese Form bereits der erfindungsreichen Amsterdamer Spekulation bekannt gewesen sein. Wenn der Verfasser im ersten Dialoge sagt: „Die Holländer nennen das Prämiengeschäft *Opsies*, abgeleitet von dem lateinischen *optio*, das ‚Wahl' bedeutet, weil es in der Wahl des Prämienzahlers steht, die Aktien an den Prämienempfänger zu liefern oder sie von ihm zu fordern", so handelt es sich wohl nicht um ein Stellagegeschäft, sondern je um ein Vorprämien- und ein Rückprämiengeschäft. Trotzdem ist es nicht unmöglich, dass Stellagen damals gehandelt wurden. Angeblich soll bereits 1556 ein Verbot der Stellagen im Getreidehandel erfolgt sein.[1] 1629 wird berichtet, dass derartige Geschäfte in den Seestädten getätigt wurden; indessen glaubt Sombart, dass es sich trotz des Namens Stellgeld auch hierbei nur um Vorprämiengeschäfte, nicht um Stellagen handelt. Dagegen soll der Amsterdamer Pfefferhandel zur Zeit unserer Schrift von Stellagen Gebrauch gemacht haben. Sayous[2] belehrt uns, dass die Register der städtischen Konkursverwaltung (Desolate Boedels Kamer) in der bestimmtesten Weise Geschäfte angeben, bei denen die gehandelten Posten entweder zu liefern oder zu empfangen waren.

Über die Höhe der Prämiensätze erhalten wir im dritten Dialog eine Angabe. Danach wurden 9 Prozent für eine Vorprämie gezahlt, einem Neuling an der Börse aber in betrügerischer Weise sogar 15 Prozent abgenommen.[3]

---

1 Sayous, „La speculation sur les marchandises" etc. in Nijhoff Bijdragen, 1903, IV, 3, S. 29.

2 Sayous, 1 c, S. 46.

3 Leser, 1 c, S. 216 ist der Ansicht, dass nicht 15 Prozent, sondern 15 Gulden pro Aktien von 3.000 Gulden gemeint seien, dies wären nur 5 Prozent Prämie. Lesers Interpretation ist aber unrichtig, da er das Prämiengeschäft des Kaufmanns über eine Aktie mit dem Geschäft des Philosophen, der 30 Aktien fix gehandelt hat, zusammenwirft.

Die Höhe der Prämiensätze erklärt sich durch die starken Kursschwankungen und den Umstand, dass die Prämiengeschäfte nicht per Ultimo, sondern auf längere Termine abgeschlossen wurden.[1] Im 18. Jahrhundert waren die Prämiensätze gesunken und betrugen 3 Prozent, zuweilen sogar nur 1 Prozent, 2 Prozent und 2 ½ Prozent.[2] In kritischen Zeiten konnten die Prämien allerdings auch damals auf 10, 12 und 15 Prozent steigen.[3]

Prämiengeschäfte wurden nicht nur an der Effektenbörse, sondern auch im Warenhandel gemacht. Am 22. Oktober 1693 verbot die Amsterdamer Stadtregierung alle derartigen Geschäfte, die Aufhebung dieser Bestimmungen erfolgte jedoch schon am 25. Mai 1703. Die Prämiengeschäfte im Getreidehandel wurden am 17. Oktober 1698 durch die Generalstaaten verboten. Da das Verbot unwirksam geblieben war, wurde es am 29. November 1756 erneuert.

V. Die Bedeutung der Juden für die Amsterdamer Börse

Über die Rolle, die die Juden an der Amsterdamer Börse spielten, ist in alter und neuer Zeit viel gestritten worden. Schon 1687 veröffentlichte ein Advokat eine Broschüre über die Börse, in welcher der portugiesischen Nation ein Hauptanteil an der Aktienspekulation zugeschrieben wurde. Diese Behauptung aber wurde von anderer Seite energisch zurückgewiesen. Der Verfasser der Dialoge berührt die Frage nur bei einem speziellen Geschäftszweig, dem Handel mit kleinen Aktien, dieser werde hauptsächlich von einer gewissen Nation, die ebenso unruhig wie scharfsinnig sei, betrieben. Auch aus dem 18. Jahrhundert lassen sich zahlreiche Zeugnisse für die Tatsache

1 *De Koopman V, Nr. 28. (1771).*

2 *Pinto, S. 299.*

3 *Pinto, S. 309.*

anführen, dass die Juden besonders an der Amsterdamer Aktienspekulation interessiert waren. So heißt es bei Brender à Brandis, „Vaderlandsch Kabinet van Koophandel", 1786, Teil II: „Das Börsenspiel, welches die Juden unserem soliden Kaufmann so schmackhaft machen, als wäre ein Berg Gold damit zu gewinnen". Oudermeulen sagt: „Ich kann die Bemerkung nicht unterdrücken, dass der große Handel in englischen Fonds an der Amsterdamer Börse fast gänzlich in den Händen der portugiesischen Juden liegt, die seit der Vermehrung der englischen Staatsschuld meistens den Warenhandel mit dem Börsengeschäft vertauscht haben, das sie kommissionsweise oder für eigene Rechnung betreiben ... Wenn man die Sache näher betrachtet und auf die gesamte Frage eingeht, so ruiniert dieses Geschäft die portugiesische Nation mehr, als dass es sie bereichert".

Von neueren Autoren behauptet Sombart, dass die Juden bei der Genesis des modernen Börsenhandels in entscheidender Weise mitgewirkt haben, dass sie seine Väter sind und die Amsterdamer Börse beherrscht haben.[1]

Die Behauptung, dass die Juden die Börse beherrscht hätten, kann einen dreifachen Sinn haben. Die Juden hätten numerisch überwogen, sie hätten die größte Kapitalkraft besessen, endlich hätten sie durch Intelligenz und Geschäftskenntnis einen maßgebenden Einfluss auf die Börse gewonnen. Dass Juden die Mehrzahl der 4.500 Amsterdamer Börsenbesucher gebildet haben sollten, ist ausgeschlossen. Selbst unter den Maklern waren nur 3–5 Prozent, in einigen Jahren 10 Pro-

1 *Der Verfasser des Artikels in De Koopman, II, Nr. 15, S. 429 ff., auf den sich Sombart für seine Behauptungen beruft, kann nicht als klassischer Zeuge gelten. Der Artikel ist von einem Juden geschrieben, der für seine Nation plädiert und deshalb bemerkt, dass die Juden die Wohltaten, die sie in den Niederlanden erfahren, durch Erfindung der Wechsel der Banken und des Aktienhandels vergolten hätten ...*

Der Verfasser bemerkt übrigens noch, dass seine Nation von Jahr zu Jahr ärmer werde und dass die vornehmsten Handelshäuser geschädigt seien. „Alles reiflich erwogen, so hat die portugiesisch-jüdische Nation ihren Sommer gehabt und nähert sich jetzt ihrem Winter."

zent Portugiesen vertreten.[1] Wenn es unter den Spaniolen bereits im 17. Jahrhundert Millionäre gab und ihr Wohlstand seit der Einwanderung beständig gewachsen war, so war doch ihre Kapitalkraft unvergleichlich geringer als die der städtischen Regenten- und Patrizierfamilien, die – wie jeder Kenner der holländischen Geschichte weiß – alle Ämter und Reichtümer in ihren Händen vereinigten. Die Behauptung, dass die Juden die Börse beherrscht haben, kann nur in dem einen Sinn richtig sein, dass ihre Geschäftskenntnis, Rührigkeit, Intelligenz und ihr Spekulationsgeist so hervorragend waren, dass alle anderen Elemente mit fortgerissen wurden. Jedenfalls muss man bei einer Gemeinschaft, aus der später ein Pinto und Ricardo hervorgegangen sind, eine der spekulativen Betätigung besonders günstige Geistesveranlagung voraussetzen.

An dieser Stelle können nur diese kurzen Andeutungen über die Entwicklung der Amsterdamer Börse gemacht werden. Aus dem Studium der Dialoge werden sich weitere Einzelheiten ergeben. Eine wirkliche Geschichte der Amsterdamer Börse wird nur aufgrund archivalischen Materials zu schreiben sein. Möge die vorliegende Veröffentlichung die Anregung geben, dass die in holländischen Archiven ruhenden Geschäftsbücher, Register, Kurszettel und andere Dokumente zur Entstehungsgeschichte der Börse veröffentlicht werden.

---

1 *Vgl. die genauen Angaben über die Maklerzahl von 495 bis 11.879 bei Theodorus Stuart, „De Amsterdamsche Makela ardij", 1879, S. 160.*

Erster Dialog

Kaufmann: Mit Recht wurde Merkur[1], der Gott der Kaufleute, mit Flügeln am Kopf und an den Füßen dargestellt, weil es scheint, dass die Kaufleute, obgleich einige unter ihnen weder Kopf noch Füße haben, Flügel an den Füßen haben wegen der Schnelligkeit, mit der sie vorwärtskommen, und Flügel am Kopf wegen der sie beflügelnden Gedanken.

Philosoph: Ich zerbreche mir deshalb nicht den Kopf mit Wechselbriefen, sondern befasse mich nur mit meiner Wissenschaft. Hier finde ich Erholung ohne Beschwerde, Vorteil ohne Last und Vergnügen ohne Sorgen: Ich überlasse die *Trommel* den Soldaten und die (Sand-)*Bank* den Seeleuten[2]. Das Altertum verehrte Pallas als die Göttin der Wissenschaft und die Gelehrten bedienen sich der Wissenschaft, um Ball mit den Dummköpfen zu spielen, die über alle sich betrüben, über alles sich beklagen, an allem verzweifeln.[3]

Kaufmann: Ich gebe zu, dass diese Lebensart die ruhigste ist, aber da man auf diese Weise nichts verdienen kann, so muss man seinen Vorteil wahrnehmen, auch wenn dies weniger befriedigt. Die Zeit des Manna ist vorüber. Wer seine Klugheit weniger aus Furcht vor Neid als aus Furcht vor Geringschätzung verbergen muss, tut am besten, sich wie David als Narr zu verstellen, wenn er sich nicht vor Verzweiflung aufhängen will wie Ahitofel.[4] Du weißt wohl, dass Hiob das Leben mit der Kriegskunst verglich, weil es Anstrengung kostet, stets mit dem Unglück zu kämpfen und mit dem Geschick zu ringen. Man

---

1 *Die vielen Hinweise auf Merkur wurden dem Verfasser durch den Umstand nahegelegt, dass an der Rückseite des Amsterdamer Börsengebäudes die Bildsäule des Handelsgottes aufgestellt war. Vgl. Scheltema, Beurs van Amsterd., S. 42.*

2 *Ein Wortspiel: Caja heißt sowohl „Kasse" wie „Trommel", banco heißt sowohl „Sandbank" wie „Bankgeschäft".*

3 *Pallas ist der Name der Göttin, das Wort bedeutet aber auch die Schläger im Ballspiel.*

4 *David gebärdete sich närrisch, um seine Flucht zu bewerkstelligen, 1. Samuel 22. Ahitofel erhing sich, als seine Verschwörung missglückte.*

kann sich in diesem Jammertal nicht der Ruhe erfreuen, die du als Wunsch ausgesprochen hast, denn sogar eure Pallas stellen die Mythologen bewaffnet dar, um anzudeuten, dass es selbst in der Wissenschaft nur Kämpfe, Schlachten und Gefechte gibt.

Aktionär[1]**:** Es scheint mir, dass es müßig ist, so viel zu diskutieren, ohne selber mit *Aktien*[2] zu handeln, das muss von Sachkundigen getadelt werden, denn eine derartige Oberflächlichkeit würde bei der großen Verbreitung des Geschäftes als Unverschämtheit gelten. *Es gibt Personen, die trotz angestrengter Bemühungen nicht einmal das kennen, worüber sie sprechen.*

Philosoph: Und was ist das für ein Geschäft, von welchem ich oft habe sprechen hören, das ich aber weder verstehe, noch um dessen Verständnis ich mich bemüht habe? Auch habe ich kein Buch gefunden, welches das Geschäft behandelt und das Verständnis erleichtert.

Aktionär: Ich sage auch, dass du, Freund Graubart, kein Ignorant bist, wenn du keine Kenntnis von einem rätselhaften Geschäfte hast, welches das reellste und falscheste in Europa, das edelste und infamste in der Welt, das feinste und gewöhnlichste auf dem Erdball ist: eine Quintessenz der Wissenschaften und ein Inbegriff von Schwindeleien, ein Prüfstein für die Vernünftigen und ein Grabstein für die Tollkühnen, eine Schatzkammer des Nutzens und ein Herd des Unheils, schließlich ein Abbild des Sisyphus, der niemals ausruht,

1 *Ich behalte hier die von Ehrenberg gegebene Übertragung des Wortes accionista mit „Aktionär" bei. Dies ist aber keineswegs die gewöhnliche Bedeutung des Wortes, vielmehr muss es an anderen Stellen mit „Spekulant, Agioteur, Jobber" übersetzt werden. Der Verfasser unterscheidet selbst im vierten Dialog den „Accionista, que juega" von dem „Accionista que negocia", das solide Geschäft in Aktien von der Aktienspekulation. Dass Aktionist und Spekulant gleichbedeutend sind, ergibt sich auch aus anderen Quellen. Pinto bemerkt bei dem Worte Aktionist „siehe Agioteur" – in der Wochenschrift De Koopman, Amsterdam, 1775, V, 28 heißt es: Es ist die Windmacherei der Käufer und Verkäufer, welche den Wert (der Aktien) ohne den mindesten Grund steigert oder senkt, und das nennt man Aktionisten. Wer im letzteren Sinne Aktionist heißt, wird damit als Lügner, Erdichter falscher Gerüchte, Verderber des reellen Handels und Schandfleck einer braven Börse bezeichnet.*

2 *Ser en Acciones hat einen Doppelsinn, es heißt sowohl „handeln" als auch „mit Aktien Geschäfte machen".*

und ein Gleichnis des Ixion, der immer an ein sich unaufhörlich drehendes Rad gefesselt ist.[1]

Philosoph: Würde meine Neugier nicht verdienen, dass du mir eine kurze Darstellung dieses Betruges und eine gedrängte Erklärung dieses Rätsels gibst?

Kaufmann: Auch ich bitte darum, weil die Kommissionen, die Verladungen und der Wechselverkehr mir so lästig fallen. Dies veranlasst mich, eine neue Beschäftigung zu suchen, um ein Vermögen zu erwerben und selbst unter Gefahren aus so viel Mühseligkeiten herauszukommen.

Aktionär: Das Beste und Angenehmste von allem ist, dass man ohne Risiko reich werden kann. Ohne dein Kapital zu gefährden und ohne mit Korrespondenzen, Vorschüssen, Lagerhäusern, Portounkosten, Kassierern, Zahlungseinstellungen und anderen unerwarteten Zwischenfällen zu tun zu haben, hast du die Aussicht, zu Wohlstand zu gelangen, wenn du beim Fehlschlagen der Geschäfte nur den Namen änderst. Denn wenn die Hebräer bei gefährlichen Krankheiten den Namen ändern, um Besserung zu erreichen, so genügt für den Spekulanten, der sieht, dass es schlecht steht, eine Namensänderung, um sich von allen drohenden Gefahren und aller quälenden Unruhe zu befreien.[2]

Philosoph: Und welchen Namen nimmt er an? Den Namen von Philipp, von Leonard oder von Diego?

Aktionär: Nein, er hat es nicht nötig, Fersengeld zu geben oder, wie man sagt, sich auf die Strümpfe von Villa Diego zu machen, um sich zu retten. Es genügt, sich an den Namen *Friedrich* zu halten, um dem Schrecken zu entgehen und die Verfolgung niederzuschlagen.

---

1 Ixion wurde wegen eines Verwandtenmords von den Göttern bestraft und an ein geflügeltes feuriges Rad, das sich unaufhörlich drehte, gefesselt. Ebenso ist der Spekulant an das niemals ruhende Börsengetriebe gekettet.

2 Mit diesen Worten wird auf den Differenzeinwand und eine später besprochene Verordnung über diese Materie angespielt.

Philosoph: Ich verstehe dich nicht, auch habe ich in den Kategorien der Philosophen diese Aktien nicht kennengelernt.

Aktionär: Dann will ich deinen Wunsch, über den Ursprung dieses Handels unterrichtet zu werden, erfüllen und du wirst erkennen, dass nicht immer die Aktien für Esel da sind, sondern auch für Verständige. Einige holländische Kaufleute gründeten im Jahre 1602 eine Kompanie. Hierfür interessierten sich die reichsten Leute und es kam ein Kapital von 64 ⅓ Tonnen Goldes[1] oder 6,4 Millionen Gulden zusammen. Es wurden einige Schiffe gebaut und im Jahre 1604 hinausgesandt, um wie Don Quichotte in Ostindien Abenteuer zu suchen. Das Gesellschaftsvermögen zerfiel in verschiedene Anteile und jeder Anteil, welchen man *Aktie*[2] nannte, wegen des Anspruches (Actio) auf die Überschüsse, betrug 500 Pfund[3] oder 3.000 Gulden. Allerdings gab es viele, die nicht eine Aktie zeichneten, sondern nur einen kleineren Anteil übernahmen, je nach Vermögen, Neigung und Auffassung.[4] Die Schiffe nahmen ihren Kurs, ohne Windmühlen oder verzauberten Riesen zu begegnen. Ihre glücklichen Fahrten, die siegreichen Eroberungen und die reichen Rückfrachten bewirkten, dass Cäsars „veni vidi vici" übertroffen und ein prächtiger Gewinn erzielt wurde, der zu weiteren Unternehmungen anreizte.

---

1 Tonne Gold – eine Rechnungseinheit im Wert von 100.000 Gulden.

2 Das Wort Aktie kommt, wie H. T. Colenbrander (Z. f. Handelst., Bd. 50) nachgewiesen hat, zum ersten Mal in den Jahren 1606 und 1607 vor, während die Bezeichnung in der Gründungsurkunde der O. I. C. fehlt und auch bei den Vorkompanien unbekannt war. Im Jahre 1609 war die neue Ausdrucksweise schon allgemein üblich im Geschäftsleben. Die Ansicht Colenbranders, dass der Ausdruck Aktie die älteren Bezeichnungen Paert, Paertije, Portie verdrängte, weil der Anspruch auf Dividende, nicht nur der Anteil am Grundkapital, hervorgehoben werden sollte, wird von S. van Brakel bekämpft (holländische Handelskompanien, S. 156). Dieser meint, dass die Ausgabe von Aktienbriefen oder von urkundlichen Beweisen über die Beteiligung am Gesellschaftsvermögen auch eine neue Bezeichnung hervorrief. – Übrigens verschwand das ältere Wort Paert oder Part niemals vollständig. Noch Marperger spricht von den sogenannten Aktien oder Parten.

3 Hier, wie an anderen Stellen, ist das flämische Pfund (Pond Vlaamsch) gemeint, dass einen Wert von sechs Gulden hatte.

4 Ein Beispiel des gemeinsamen Besitzes einer Aktie durch mehrere Personen führt Kohler, Niederl. Handelst. in d. Blütezeit d. Freistaates (Z. f. Handelst, Bd. 59, S. 337) an.

Es wurde bis zum Jahre 1612 die erste Gewinnverteilung aufgeschoben, damit sich das Gesellschaftsvermögen kräftigen konnte.[1] Damals verteilte die Verwaltung 57 ½ Prozent, 1613 betrug die Dividende 42 ½ Prozent, weil die Aktionäre nach Einzahlung des Kapitals sich eines höheren Ertrages erfreuen konnten.[2]

Mit der Zeit entwickelte sich die Kompanie derartig, dass sie die glänzendsten Geschäfte übertraf, die je in der Welt berühmt gewesen waren. Jedes Jahr trafen neue Ladungen und neue Reichtümer ein, die je nach den Überschüssen und den Ausgaben laut der Festsetzung durch die Verwaltung verteilt wurden; bald in Gewürznelken, bald in Obligationen, bald in Geld, wie es das Direktorium für angemessen hielt. Die Dividende betrug von der Stiftung der Gesellschaft bis zur Zeit dieser Unterredung 1482 ½ Prozent, während der Wert des Kapitals sich seit der Gründung mehr als verfünffacht hat. Man nennt diesen Schatz einen Baum, weil er jedes Jahr Früchte trägt, und obgleich er in einigen Jahren nur Blüten hervorbrachte, so gab es andere Jahre, in denen er den Bäumen von Uraba glich, die zwei- und dreimal im Jahre ihre Pracht zeigen,[3] und mit den Sibyllinen wetteiferte, deren Äste von Gold und deren Blätter von Smaragden waren. Andere nennen die Gesellschaft den Baum der Erkenntnis des Guten und Bösen, weil sie von allem, was auf den Zweigen vorgeht, unterrichtet ist. Aber ich habe eingesehen, dass sie dem Baum des Lebens im Paradiese gleicht, weil unzählige Menschen in ihrem Schatten ihren Lebensunterhalt gewinnen. Und wer sich mit den Früchten begnügen will, ohne zugleich die Wurzel auszureißen, wird gestehen, dass er bei diesen Geschäften wohl fährt.

---

1 Der Verfasser gebraucht für Dividende stets den Ausdruck reparticion. Das Wort Dividende ist damals noch nicht geprägt worden, wie Fürst, „Die Börse“, S. 10 glaubt, findet sich aber schon im 18. Jahrhundert.

2 Die Angaben des Verfassers sind nicht genau, bereits seit 1605 waren Dividendenzahlungen erfolgt, sie wurden aber in den Kontrakten über Aktienverkäufe nicht angegeben, vielmehr die Auszahlungen dort erst seit 1612 berechnet.

3 Der Vergleich soll besagen, dass in einigen Jahren zwei- und dreimal Dividende gezahlt wurde. – Uraba ist eine mittelamerikanische Stadt auf dem Isthmus von Panama.

Philosoph: Ich glaube, dass ich vollkommen *usque ad ultimas differentias* begriffen habe, was die Kompanie, ihre Aktien, ihr Prinzip, ihr Ansehen, ihr Glanz, ihre Grundlage, ihre Fortschritte, ihre Verwaltung, ihre Gewinnverteilung und ihre Solidität bedeuten: Aber was hat das mit dem rätselhaften Geschäft zu tun, das du erwähnt hast, mit den Kunstgriffen, die du dargestellt hast, mit den Schwierigkeiten, die du betont hast, mit dem Ausschluss des Risikos, mit dem Wechsel des Namens und mit anderen Übertreibungen und Ausdrücken, die mich verwirrt, außer Fassung gebracht und bestürzt gemacht haben?

Kaufmann: Ich glaube, dass dieser Herr mit uns Possen getrieben hat, deshalb will ich bei meiner Tretmühle bleiben, ohne an Windbeuteleien zu glauben. Ich finde jedoch bei Prüfung dieser Geschäfte kein anderes Rätsel als das Rätsel des Simson „aus dem Starken geht das Angenehme hervor“[1]. Denn während ich nach diesen rauen Ankündigungen auf ein Untier[2] gefasst war, so finde ich jetzt in deiner Beschreibung nur ein angenehmes, reizendes und ertragreiches Geschäft.

Aktionär: Damit ihr nicht an meiner Aufrichtigkeit zweifelt, was ein blinder Wahn wäre, bewies ich euch, dass aufgrund derselben Ungeheuerlichkeiten, die ihr in meinen Sätzen entdeckt, das von mir betriebene Geschäft rätselhaft ist; und dass ebenso wie es das Reellste und Edelste in ganz Europa ist, es das Falscheste und Infamste in der Welt ist: Die Wahrheit dieses Paradoxen wird begreiflich, da aus diesem Geschäft notwendig ein Spiel geworden ist und sich die Kaufleute in Spekulanten verwandelt haben. Hätten sie sich nur in Spekulanten verwandelt, so wäre der Schaden erträglich, aber schlimmer ist es, dass *ein Teil der Börsenleute zu Falschspielern geworden ist*, und obschon sie die Blüten kennen, verlieren sie dennoch die Früchte.

Zum besseren Verständnis dieser merkwürdigen Tatsache ist zu beachten, dass an der Börse drei Klassen zu unterscheiden sind. Zu

1 *Von dem Rätsel Simsons ist ausführlich im vierten Dialog die Rede.*

2 *Der Verfasser sagt „ein nemäischer Löwe“.*

der ersten gehören die Fürsten des Geschäfts, zu der zweiten die Kaufleute und zur letzten die Spekulanten.

Die Finanzbarone und Großkapitalisten genießen jedes Jahr die Dividende der Aktien, die sie ererbt oder mit ihrem Gelde gekauft haben, auf den Kurs der Aktien kommt es ihnen nicht an und da ihre Absicht nicht auf den Verkauf, sondern auf das Einkommen aus den Erträgnissen gerichtet ist, so bildet der höhere Wert der Aktien nur einen imaginären Genuss, indem sie überlegen, wie es in Wirklichkeit ist, dass bei einem Verkauf der Effekten sie einen hohen Preis erhalten können.

Die zweite Klasse bilden Kaufleute, welche eine Aktie (von 500 Pfund) kaufen und auf ihren Namen umschreiben lassen (weil sie günstige Nachrichten aus Indien oder Friedensschluss in Europa erwarten), die sie dann, wenn ihre Berechnung eintrifft und der Kurs steigt, verkaufen; oder sie kaufen Aktien gegen Kasse, versuchen sie aber aus Furcht vor Veränderungen und neuen Nachrichten sofort für einen späteren Termin (für den der Kurs höher notiert) zu verkaufen, indem sie sich mit der Verzinsung ihres Vorschusses begnügen.[1] Sie veranschlagen ihr Risiko ebenso hoch wie ihren Nutzen, gewinnen lieber wenig und sicher und laufen keine andere Gefahr als die Zahlungsunfähigkeit des Gegenkontrahenten und haben keine andere Furcht als unvorhergesehene Zwischenfälle.

Die Angehörigen der dritten Klasse sind Spieler und Spekulanten. Sie haben versucht, eigenmächtig über die Höhe ihres Verdienstes zu entscheiden, und dazu Zirkel gebildet, in denen sie die Glücksräder aufstellen.[2] Oh welche Schiedsrichter! Oh welche Lebensordnung haben diese Schiedsrichter eingeführt! Das Labyrinth von Kreta war nicht verwickelter als das Labyrinth ihrer Pläne. Während aus dem

---

1 Hieraus müsste man schließen, dass damals für die Effekten Stückzinsen gezahlt wurden. E. Lesera, a. O., S. 217, 225 nimmt dagegen an, dass bei der damaligen Notierung keine laufenden Zinsen berechnet wurden.

2 Ruedas de Fortuna heißen die Glücksräder. Ruedas werden aber auch die Abteilungen oder Märkte der Amsterdamer Börse genannt. Sie entsprechen den „Walks" der Londoner Börse. Vgl. Ludowici, Kaufmannslexikon I, S. 614 ff.

ersteren ein Theseus mit dem Ariadnefaden herausfand, konnten aus dem Labyrinth der Börse viele nur mit dem Lebensfaden herauskommen: Kein Faden ist so fein wie die Schliche der Spekulanten und kein Haar ist so dünn, dass sie es nicht in der Luft mit ihren Spitzfindigkeiten zerschneiden.

Sie kaufen eine oder zwanzig Aktien (letzteren Schluss nennt man gewöhnlich ein *Regiment*) und wenn der Zwanzigste des Monats herankommt, welcher der Lieferungstermin ist, so gibt es nur drei Arten der Abwicklung, erstens Verkauf der Aktien, wobei Gewinn oder Verlust gegen den Anschaffungspreis entstehen kann; oder Beleihung der Aktien zu ⁴⁄₅ ihres Wertes (was auch die Reichsten, ohne ihrem Kredit zu schaden, tun), endlich kann man die Aktien auf seinen Namen umschreiben lassen und den Kaufpreis bei der Bank anweisen, was nur sehr vermögende Leute tun können, weil ein Regiment mehr als hunderttausend Dukaten kostet.

Kommt nun der Termin heran und fehlt die Möglichkeit, die Aktien abzunehmen oder sie zu verpfänden, so muss man sie verkaufen, die Baissespekulanten kennen diese Nötigung und werfen den Kurs, damit die Papiere unter dem Anschaffungspreis abgegeben werden: Und da diese Effektengattung ein Baum ist (hebräisch *horca*) und man sieht, wie sich die Spekulanten mit den Aktien ängstigen und mit ihrem Gelde hängen *(ahorcados)*, so versucht man zu bewirken, dass sie wie Absalom an diesem Stamm hängen und wie Adam an diesem Baum sterben.

Philosoph: Deshalb beschäftige ich mich mit den theologischen *Nötigungen*, nicht mit diesen und halte mich nur an *Passionen*, die man predigen kann.[1]

Kaufmann: Ich wünsche lieber ein Schatten zu sein als ein solches Wunder, denn meine Segel sind mir lieber als diese Ruder. Sind die

1 Unter Passionen versteht man den Bericht über die Leidensgeschichte Christi, der in der Karwoche in der Kirche vorgetragen wird.

Sorgen dieser Unglücklichen nicht mit dem Rudern von Galeerensklaven zu vergleichen? Bedeutet ihr Treiben nicht das Bestreben „Cäsar oder nichts“ zu sein und sie werden doch nur zum *Cäsar*, um von der Hand eines *Brutus* zu sterben? Was nützt es ihnen, zu einem triumphierenden *Romulus* zu werden, wenn sie als unglücklicher *Remus* enden? Es ist richtig, dass ich für meine Briefe und Karten Porto zu zahlen habe, aber ich bleibe doch ein Mann von Anstand, deshalb beschäftige ich mich mit meinen Karten und nicht mit den Karten dieses Spieles, welches mir ein gewaltsames Glücksspiel zu sein und die Bedrängnis einiger Teilnehmer, die man vernichten will, zu bedeuten scheint. Wenn ich mich mit meinen Geschäftspapieren ärgere, so sind die Spekulanten weit schlimmer dran und wenn ich gezwungen bin, Rechnung zu legen, so brauche ich doch nicht wegen der geringsten Schliche zu verkaufen. Mögen die Spekulanten bei ihren Aktien bleiben, während ich nur anständige Geschäfte suche und immer erfahren habe, dass wer mit der Schlinge um den Hals geht, bald gehenkt wird.

Philosoph: Gibt es kein Mittel gegen diese trostlosen Zustände? Und können nicht ebenso, wie die Gegner den Kurs werfen wollen, die andern denselben aufrechterhalten? O nur zu gut haben meine Studien mich gelehrt, eine eigensinnige Behauptung durch eine Schlussfolgerung zu bekämpfen und ein Argument durch eine Begriffsunterscheidung zu widerlegen. Erniedrigt sich so eine Kraft? Unterwirft sich so ein Geist? Ach Stoiker, wie sehnsüchtig spende ich euren Apathien Beifall und der Kunst, welche die Scholastiker Organ der Organe, Instrument der Instrumente, Hand der Seele, Auge der Vernunft und *Kriterium* der Wahrheit nennen![1] Gibt es nicht Kunstgriffe, Sophismen und Paralogismen, um den Konflikt zu beschönigen und die Bedrängnis zu bemänteln? Bleiben die Spekulanten nicht auch in traumhaften Verzückungen versunken, indem sie

1 *Die Logik.*

gleich Philosophen sich an totale Abstraktionen anklammern, um sich auf so gefährliche Verwicklungen und so gewagte Operationen einzulassen? Wenn sie Philosophen wären, so würden sie an *die diskreten Quantitäten denken* und würden erkennen, dass ihr Geschäft nicht rationell und es nicht weise ist, mit diesen Quantitäten (Werten) zu handeln.

Aktionär: Daher kommt der Ruin, denn ein Ochs wirft mehr aus als hundert Schwalben und die können diese tollkühnen Spekulanten bemerken, dass sie ihren Ikarusflug mit Schwingen von Wachs unternehmen (wobei das Wachs den Sturz der Spekulanten andeutet) und dass, wer wie ein Ochs verschlingt, wie ein Walfisch erbrechen muss. Ein Walfisch warf nur einmal einen Menschen an den Strand von Ninive, aber bloß, um Zerstörung und Umsturz zu verkündigen; der Fuchs des Äsop, der im Garten mehr fraß, als er vertrug, musste nachher fasten oder platzen, ehe er wieder herauskonnte, denn nur die Kanonen können Kugeln kochen und nur die Strauße können Eisen verdauen.

Philosoph: Seltsamer noch ist der Umstand, dass jemand sein Vermögen diesen Fressern anvertraut, denn ich habe immer in meinen Büchern gelernt, dass wer viel umfasst, nichts erreicht, und sogar die Sprichwörter verkünden, dass wer alles erstrebt, auch alles verliert.

Nach Plinius hatten die Skiapoden breitere Füße, als der Kopf war, aber bei jedem Schritt stürzten sie. Hieraus schließe ich, dass wer größere Sprünge macht, als ihm sein Verstand erlaubt, seine Verwegenheit mit einem Sturze büßen muss.

Eine ägyptische Greisin soll nach Felino an der Seite eines Krokodils geschlafen haben, die nordamerikanischen Stämme machen aus Schlangen Halsbänder. Die Vruvayos[1] sollen nach dem Geschichtsschreiber kopflos gewesen sein: Jene Spekulanten kommen mir wie

1 *Gemeint ist ein südamerikanischer Indianerstamm, dessen Name aber anscheinend verschrieben ist.*

diese Ungeheuer vor, da sie kopflos ruhig an der Seite von Krokodilen schlafen, sie machen einen Schmuck aus den Nattern und einen Zierrat aus dem Gift.

Ich habe von meinen Philosophen gelernt, dass es *Wesen von Vernunft* gibt, hier jedoch finde ich, dass die Personen, die du mir vorgestellt hast, vernunftlose Wesen sind. Niemand wird leugnen, dass weder die Fähigkeiten noch die Seelenkräfte deutlich und scharf unterschieden werden können, aber die Begriffe, die du mir beigebracht hast, halte ich in meinem Geiste fest und sie sind mir so klar für die Kenntnis des Börsengeschäfts, dass ich sie schon nach den beiden Methoden, deren sich die Philosophen bedienen, um das Wesen eines Gegenstandes festzuhalten, untersucht habe, nämlich sowohl nach der synthetischen als auch nach der analytischen Methode. Wenn ich trotzdem so verwirrt sein sollte wie die äsopischen Hunde, welche das Fleisch loslassen, um den Schatten zu ergreifen, so werde ich den Mut haben, meine Verwirrung mit der Dialektik zu überwinden und mit einem Syllogismus (genannt *Tridens*) aus meiner Qual herauszukommen.

Aktionär: Wie?

Philosoph: In dieser Weise: Der Käufer ist verpflichtet zu zahlen, wer aber nichts hat, kann seine Verpflichtungen nicht erfüllen: Also besteht keine Verpflichtung, wenn jemand kauft und nichts besitzt.

Aktionär: Ich möchte spotten, weil ich sehe, dass du mich verspotten willst, als ob ich ein Narr wäre, wenn du dich nicht auf das Sprichwort stützt: *Ein Narr macht hundert.* Obgleich ich nicht Philosophie studiere, bin ich doch nicht so dumm, um nicht wahrzunehmen, dass deine Schlussfolgerung falsch ist. Denn wenn der erste Satz richtig ist, dass der Käufer zur Zahlung verpflichtet ist, und unbestreitbar der zweite Satz, dass wer nichts hat, seine Verpflichtung nicht erfüllen kann, so ist doch die Schlussfolgerung nicht wahr, dass der nichtbesitzende Käufer nicht verpflichtet ist, zu zahlen. Wenn man stattdessen sagte, dass er nicht verpflichtet sei, so wäre das eine richtige, wenn auch traurige Tatsache, denn da der Mangel der Zahlungsfähigkeit nicht die Verpflichtung aufhebt, so bedeutet es wenig für den Schuldner, wenn er nicht zahlen kann; er wird nicht zahlen, weil er keine Mittel hat, aber die Zahlung unterbleibt nicht, weil seine Verpflichtung aufgehört hat.

Aber damit du erkennst, dass auch die Börse ihre Syllogismen, und zwar viel konsequenter als die deinigen, hat und dass dabei nicht die Spitzfindigkeiten, Kunstgriffe und Sophismen, die du hervorgehoben hast, fehlen, so bemerke ich, dass von den in Schwierigkeit befindlichen Spekulanten sich einige (freilich unanständige Menschen) mit folgendem Argument zu befreien verstehen. *Der Käufer ist verpflichtet, das Gekaufte zu bezahlen; ich verliere am Kauf, also bin ich nicht verpflichtet zu zahlen.*

Philosoph: Furchtbarer Irrsinn, unerhörter Wahn, schreckliche Torheit, man kann nicht leugnen, dass die Schlussfolgerung unbestreitbarer als die meinige ist, außer wenn der Vordersatz falsch und unverständlich wäre: Wenn du behauptest, dass der Spekulant nicht verpflichtet ist seine Käufe zu bezahlen, so verstehe ich nicht, dass er sich auf eine juristische Autorität, wie Bartolus oder Baldus, berufen kann.[1]

Aktionär: Das ist der Hauptpunkt und die wichtigste Verwicklung des ganzen Geschäfts. Bei solchen Komplikationen würde sogar euer Thales nichts wissen und auch von eurem Sokrates könnte man nur die Weisheit lernen, dass man nichts weiß. Ich unterrichte euch deshalb, dass nicht nur Solon gute Gesetze gab, sondern dass auch Friedrich Heinrich, ein leuchtender Stern aus dem Hause Oranien-Nassau,[2] aus weisen Motiven eine Verordnung für diese Provinzen erließ. Diese bestimmte, dass bei Blankoverkäufen von Aktien der

---

1 *Bartolus (gest. 1379) und Baldus (gest. 1400) sind die berühmtesten Postglossatoren, die Häupter der Rechtsschule, die in Italien das Römische Recht zu modernisieren suchte.*

2 *Der Statthalter Frederik-Hendrik regierte von 1625 bis 1648.*

Verkäufer der Gefahr ausgesetzt sein sollte (weil er etwas verkaufte, was er nicht besaß), dass der Käufer die Stücke zum bestimmten Termin nicht abnahm. Wenn die Spekulanten den Schutz dieses Asyls aufsuchen (man nennt dies sich auf Friedrich berufen, nach dem Namen des berühmten Statthalters), hören die Stürme auf, die Angriffe setzen aus und die Unruhe legt sich.[1]

Philosoph: Das sei fern, was hilft es, dass sie ihr Geld behalten und dabei die Ehre einbüßen. Ich nenne nicht Vorteil, was Schmach ist, noch Verdienst, was Unehre ist. Was hilft es, das Vermögen nicht zu gefährden, wenn man die Seele verliert? Als Adam sich bekleidet erblickte, nützte das ihm wenig, weil er sich schuldig fühlte, besser wäre es gewesen, unschuldig und nackt zu sein als ein Sünder, den Felle und Blätter, die Anzeichen von Tod und Unglück, bedeckten.[2] Mehr Mitleid als Neid verdient, wer immer nach dem Ring des Gyges sucht, um sich unsichtbar zu machen und der Verachtung zu entgehen.

Aristoteles behauptete, dass jedes vollkommene Wesen die Möglichkeit zu handeln und zu leiden hat, wenn sich jedoch das Wesen unvollkommen machen will, um sich etwas für seine Handlungen zuschulden kommen zu lassen, so ist das mehr eine schreckliche Monstrosität als eine löbliche Eigentümlichkeit. Drei Eigenschaften hat jedes Wesen, schreibt derselbe Philosoph, nämlich Natur, Tugend

1 *Man sagte auch „sich mit Friedrich bedecken" oder „unter den Mantel Friedrichs stecken". Sayous, „La Speculation sur les fanons", S. 6 – Schon 1720 konnte man die Verordnung nicht auffinden und vermutete, dass die angeblichen Bestimmungen im Interesse der Spekulation erdichtet worden seien. Sayous glaubt dagegen, dass die Verordnung wirklich existiert habe. In Betracht kommt wohl nur das Plakat vom 20. Mai 1624 (Gr. Pl. B. I, S. 488), welches durch die Verordnungen vom 1. Okt. 1630 (Gr. Pl. B. II, S. 233) und vom 27. Mai 1636 (Gr. Pl. B. II, S. 395) erneuert wurde. Alle diese Verordnungen sind gegen die Baissespekulation und die Blankoverkäufe von westindischen Aktien gerichtet. Der Verkäufer hat bei Übertretungen ein Viertel des bedungenen Kaufpreises zu zahlen. Die Bestimmung, dass der Käufer solcher Aktien den Kaufvertrag anfechten kann, findet sich in der Verordnung vom 15. Juli 1621 (Gr. Pl. B. I, S. 418), vgl. auch van Zurck, Codex Batavus, S. 10 und die diese Verordnungen betreffenden Rechtsgutachten, welche Kohler, a. a. O., S. 363 ff. wiedergibt.*

2 *Es folgt ein unwesentlicher Vergleich der Spekulanten mit einem Fisch.*

und Handlung, wenn deshalb ein Spekulant seine Operationen durchsetzt, aber dabei den Anstand verletzt, so verdient das mehr Schande als Lob.

Wenn er mit der Berufung auf den Differenzeinwand die Ehre nicht einbüßt, so wäre ich der Erste, der dies nachahmen würde, gemäß dem Spruche Salomons, dass gestohlene Wasser süß sind, noch mehr, wenn es Ströme sind; und wenn in der Logik die Gattung in zwei Teile getrennt wird, nämlich *allgemeinste Gattung* und untergeordnete Gattung, so würde ich diese Gattung des Spieles für die allgemeinste Gattung sowohl vom philosophischen wie vom kaufmännischen Standpunkt halten. Wenn ich sehe, dass im Börsengeschäft aus nichts so viel werden kann, so würde ich das philosophische Axiom als falsch verwerfen, dass aus nichts auch nichts werden kann. Der Mut des Petrus Ramus, der sogar Aristoteles bekämpfte, würde übertroffen werden, wenn ich von diesem Geschäft den Rahm abschöpfe.[1]

Aber dass Vorwände von den Spekulanten erfunden werden, ohne in Wirklichkeit für den Rücktritt (vom Geschäft) zu bestehen, und dass der *Rücktritt*, der in Spanien eine Sache der Könige ist, in Holland von den Verbrechern vollzogen wird, das ist eine Idee, die mich verwirrt und die mich erschreckt.

Kaufmann: Auch ich wünsche, das Meer der Börse zu befahren, damit meine Schiffe wie die Fahrzeuge der Kleopatra mit Purpursegeln und Goldrudern glänzen können: Aber mit meinen schwachen Kräften diese *Regimenter* anzugreifen, um nachher überspannte Forderungen zu stellen, das erlaubt weder das Gewissen, noch billigt es die Ehre und das Ehrgefühl.

Aktionär: Welches Ehrgefühl, welche Ehre oder welche Schande hält dich zurück? Ihr habt geringe Erfahrung vom Börsenspiel, wenn

---

1 *Der berühmte Philosoph Petrus Ramus lehrte in Paris und wurde 1572 in der Bartholomäusnacht ermordet. – Die Stelle konnte nur dem Sinn nach wiedergegeben werden, da das Wortspiel mit Ramo, Name des Philosophen und „Zweig", nicht zu übersetzen war.*

ihr euch einbildet, dass die Personen, welche sich auf die Unklagbarkeit ihrer Geschäfte berufen, unstet wie Kain umhergehen oder wie die Taube Noahs keine Ruhe finden. Es gab einen Menschen (allerdings einen bedeutenden), der am selben Tage, als der den Einwand erhob, so heiter herumging, als ob das Totenhemd ein Schmuck und der Marktplatz ein Brautgemach wäre; er hatte ein eisernes Herz und seine Mienen waren von Erz, es ist daher nicht wunderbar, dass auch andere Schuldner sich nicht schämen, während die Gläubiger Tantalusqualen erleiden, da sie die Frucht ihres Glückes sehen und sie nicht fassen können, ohne dass sie ihnen entweicht.

Hört endlich auf, albern zu sein, öffnet die Augen und erwägt, dass wenn geteilter Schmerz halber Schmerz ist, auch euch die Erleichterung und die Wandlung dieser Personen trösten kann, damit beim Fehlschlagen des Geschäfts die Befürchtungen wegen des Differenzeinwands kein Hindernis bilden.

Da derartige Operationen auf dem gefährlichen und tiefen Meer der Börse vor sich gehen, so berechnen die Schwimmer, dass, wenn das Wasser bis an die Kehle reicht, sie nur noch das Leben retten können, sie klammern sich daher ohne Scheu an das erstbeste Brett und erklären, dass die Kunst des Schwimmens darin besteht, die Gefahr zu vermeiden.

Es fehlen an der Börse nicht die Ahabs, die dem armen Nabot den Weinberg wegnehmen und ihn sogar zu steinigen suchen,[1] nachdem sie den Stein geworfen und die Hand verborgen haben, lassen sie den Narren auch Steine werfen, während sie sich ausruhen und nur an ihre Bequemlichkeit und ihren Vorteil denken, und das Beste von allem ist, dass einige Mal nicht sechs Monate vergehen, da fangen die Personen selbst, denen das Geld abgenommen wurde, zu wünschen an, wieder mit ihrer früheren Verbindung Geschäfte zu machen. Die Tatsache, dass das Geld abgenommen wurde, dient als Kredit für

---

1 *Die bekannte Erzählung von Nabots Weinberg. 1. Könige 20.*

neue Geschäfte und als Mittel, um neues Geld abzunehmen. Bei einem Verlust nimmt man an, dass die Gegenkontrahenten zumindest das, was sie haben, bezahlen würden und dass, da die Wunde so frisch ist, eine neue Verletzung nicht erfolgen wird; und obgleich das Sprichwort „Wer berauscht ist"[1] dieses Treiben verdammt, so vermag doch mehr die Leidenschaft als die Warnung des Sprichworts, denn Leichtgläubigkeit und Verführung lassen sich nicht verhindern.

Ich sage nicht, dass dieser Leichtsinn allgemein ist, denn es gibt viele Personen, die sich nur notgedrungen auf die Unklagbarkeit der Blankoverkäufe aussprechende Verordnung berufen, weil ihnen unvorhergesehene Verluste im Geschäft zugestoßen sind; andere Personen erfüllen, nachdem sie den letzten Hausrat verkauft haben, mit der Zeit ihre Verpflichtungen und ersetzen durch Pünktlichkeit, was das Unglück schmälert. Aber es kannte auch ein Freund einen sonderbaren Menschen, der sich von der Trauer über seinen Verlust durch Umhergehen im Hause erholte, nicht um, wie Elias, Tote zu erwecken, sondern um Lebende zu begraben: Und mitten in Selbstgesprächen stieß er fünf oder sechs Seufzer aus mit einem Ton, der mehr Erleichterung als Bestürzung verriet. Als man ihn über den Grund seiner Freude befragte, die darauf deutete, dass er eine Art des Ausgleichs mit seinen Gläubigern gefunden hätte, antwortete er: Ganz im Gegenteil, ich habe mich in diesem Augenblick entschlossen, gar nicht zu zahlen, da mir mehr meine Ruhe als mein Kredit und mehr mein Vorteil als meine Ehre wert sind. Ich versichere euch, dass ich bei dieser Erzählung und bei dem ungeheuerlichen und unverhofften Vorschlag in ein solches Gelächter ausbrach, dass ich fast Tränen darüber vergießen musste. Aber sicher ist es, dass viele, wie Simson, mit den Feinden im Hause schlafen, dass viele, wie Jonas, mitten in der Gefahr schnarchen und dass, während Adam sich über

1 *Das Sprichwort „Quien haze un cesto" ist anscheinend unvollständig angeführt.*

seine Nacktheit schämte, an der Börse Menschen sich nicht schämen, dass sie (zum Nachteil der Gläubiger) das Ihrige behalten.

Kaufmann: Ich sehe, dass der Teufel nicht so hässlich ist, wie man ihn malt, und ich glaube, dass die Kenntnis der Spekulation unseren Philosophen reizen wird. Ich wenigstens habe mich entschlossen, von den Mitteilungen Nutzen zu ziehen und Barken sowie Netze aufzustellen, denn an einem guten Fang können wir uns alle beteiligen und im Trüben ist gut fischen.

Philosoph: Ich bekenne, dass diese *Relationen* schmackhafter sind als die philosophischen. Ich weiß, dass nach Aristoteles das *Gute* sich verbreitet und selbst mitteilt. Daher ist es notwendig, dass wir gemeinsam ein so großes Gut zu erreichen versuchen, da du mich darauf aufmerksam machst, aber dass ich die Besonnenheit aufgeben soll, um mich auf diese beständigen Spekulationen einzulassen, heißt etwas Unmögliches verlangen.[1] Wenn ich Geschäfte machen werde, werde ich wenig und sicher handeln, denn es ist nicht in Ordnung, dass ich meine Verpflichtungen aus Börsengeschäften bestreiten soll, wenn man dies als ungehörig tadelt.

Die geraden Zahlen werden von den Arithmetikern in *überschießende Zahlen, mangelhafte Zahlen und vollkommene Zahlen eingeteilt*[2] und wenn ich bis jetzt mangelhaft operiert habe, so versichere ich dir, dass, wenn ich mich jetzt darauf einlasse, ich gute Geschäfte machen, aber niemals etwas Überflüssiges tun werde. Die *Quantität*

1 *Auch an dieser Stelle werden philosophische Begriffe zur Erklärung geschäftlicher Vorgänge herangezogen. Der Verfasser spricht von kontinuierlicher und diskreter Quantität. Die Scholastiker nehmen an, dass die Quantität in kontinuierliche oder stetige Quantität, das heißt Größe, und in diskrete Quantität, das heißt Vielheit oder Zahl, zerfällt. Unter kontinuierlicher Quantität ist aber auch das Börsengeschäft zu verstehen, da es später heißt, dass es ein beständiges Spiel sei. Wenn von diskreten Quantitäten die Rede ist, so ist der Doppelsinn des Wortes discreto zu beachten, das sowohl „getrennt" wie „klug" bedeutet.*

2 *Der Begriff der vollkommenen Zahlen stammt aus der antiken Mathematik. Eine vollkommene Zahl, wie die Sechs, ist gleich ihren aliquoten Teilen. Dagegen ist die Zwölf eine mangelhafte Zahl, da sie kleiner ist als ihre aliquoten Teile. Vgl. M. Cantor, Vorles. über Gesch. d. Mathem. I, 6.*

hat drei Eigenschaften, von denen die erste lautet, dass *die Quantität keine Gegensätze haben kann* (obgleich die von dir geschilderten Quantitäten oder Börsenwerte ihre Gegner haben). Ich werde daran denken, dass auch zum Begriff der Aktie drei Eigenschaften gehören. Zu diesen gehört auch die Anfechtung der Klage (Actio) aus Aktiengeschäften. Es ist deshalb nicht billig, dass wegen der Aktien mich bei feindlichem Geschick auch die Menschen anfeinden.

Ich halte es für unzweifelhaft, dass derartige Übelstände[1] nur der Teufel eingeführt hat oder vielmehr jemand, der mehr wusste als der Teufel, denn wenn der böse Geist die Welt ruinierte, so gab er wenigstens einen Apfel, aber einen Erfolg zu erreichen, ohne nichts zu geben, heißt, Siege ohne Blut und Trophäen ohne Arbeit zu erreichen. Als sich Bileam bedrängt fühlte, züchtigte er den Esel. Dies zeigt uns, dass sogar ein unvernünftiges Wesen die Schläge eines Bedrängten ertragen muss. Aber wenn Adam, der sich rühmt der Herr einer ganzen Welt zu sein, einem Baume die Blätter raubt, um sich damit zu schmücken, welcher Neid, welche Eitelkeit, welcher Ehrgeiz gehört hierzu? Ich kann nicht leugnen, dass ich trotzdem Neigung habe, mein Glück zu versuchen, wenn nicht drei mächtige Hindernisse mich davon abhielten.

Das erste Hindernis: Soll ich mich auf ein so gefährdetes Schiff begeben, wo jeder Wind einen Sturm und jede Welle einen Schiffbruch bedeutet?

Das zweite Hindernis: Ich müsste bei meinem beschränkten Kapital notwendig gewinnen, denn bei etwaigen Verlusten könnte ich meine Schulden nur bezahlen oder mindestens mein Vermögen behalten, wenn ich leichtsinnigerweise auf meine Ehre verzichte. Aber beim ersten Verlust sich infam zu fühlen, ohne durch Reichtum entschädigt zu werden, ein solcher Gedanke ist eitel und irrsinnig.

---

1 *Unter den Übelständen ist das Erheben des Differenzeinwands zu verstehen.*

Das dritte Hindernis: Die Beschäftigung mit diesem Handel scheint mir eines Philosophen unwürdig zu sein und da überdies alle das Demütige meiner Sphäre kennen, so wird es niemanden geben (da sie sehen, dass ich nicht Aktien auf eigene Rechnung abnehmen kann), der mir Kredit gibt und zu meinem Bart Vertrauen hat. Es wird sich niemand finden, der mir auf ihn wie dem Don Juan de Castro Geld borgt, außer es wäre der Bart wie der des Asklepios beim Dionysios von Gold.[1]

Wenn ihr es aber wagt, auf die Spekulation euch einzulassen, ihre Rätsel zu lösen und ihr Medusenhaupt[2] abzuschlagen, dann ergebe ich mich. Ich werde das Geschäft, auf das du mich aufmerksam gemacht hast, pflegen und mich bemühen, meinen Anteil an dem fortschreitenden Reichtum der Kompanie zu gewinnen, von dem lebhaften Geschäftsgang Vorteil zu ziehen, die guten Erträgnisse zu genießen und alle der Gesellschaft schädlichen Einflüsse zu bekämpfen.[3]

Aktionär: Auch ohne so viele Fachausdrücke[4] (die für mich nur Finten und unverständliches Geschreibsel bedeuten) werde ich deine Zweifel beseitigen, denn ich vermute, dass dieses Ei Salz sucht und dass die Dame, die sich aufmerksam zeigt, sich bald ergibt.

Die erste Gefahr wird beseitigt, da es Taue gibt, die vor Untergang sichern, und Anker, die dem Sturm widerstehen. Gib „Opsies" oder Prämien und du hast nur ein begrenztes Risiko, während der Gewinn die Vorstellung und alle Hoffnungen übertreffen kann.

Mit dem Hinweis auf dieses Schutzmittel wird auch der zweite Einwand hinfällig, wenn du auch nicht das erste Mal mit den „Opsies" (Prämien) gewinnst, so riskierst du doch nicht den Kredit und gefährdest nicht die Ehre. Fahre daher fort, die Prämien für einen

---

1 *Es folgt noch ein Vergleich mit dem Bart des Nero.*

2 *Weitere Vergleiche mit dem Minotaurus und der Sphinx sind hinzugefügt.*

3 *Der Vergleich der Kompanie mit einem Baum konnte nicht wiedergegeben werden.*

4 *Es heißt mit Rücksicht auf die lateinischen Fachausdrücke des Philosophen „ohne so viele iva, tiva und siva".*

späteren Termin zu geben, und es wird sich selten ereignen, dass du das ganze Geld verlierst, bevor ein günstiger Vorfall eintritt, der einige Jahre den Kurs aufrecht hält. Da aufgrund dieser Prämien die Abschlüsse unterzeichnet werden und der Prämienzahler an Kredit gewinnt, sowohl wegen seiner Freigebigkeit als auch wegen seiner Vorsicht, so nimm deine Prämie nur zurück, um sie wiedergeben zu können, sodass aus einer Prämie zehn werden und das Geschäft sich glänzend und glatt abwickelt. Wenn du bei allen Operationen Unglück hast und du für schwach zu gelten anfängst, so suche durch das Spielen mit den Prämien den Mangel auszugleichen, denn seitdem dieses Geschäft sich allgemein eingebürgert hat, bist du imstande, jemanden zu finden, der dir Kredit und bei Schwierigkeiten Unterstützung gewährt, sodass du gewinnen kannst, ohne Schande zu haben.

Der dritte Übelstand, dass es für einen Philosophen sich nicht schickt, zu spekulieren, darf dich nicht bekümmern, denn die Börse gleicht den ägyptischen Tempeln, wo jede Art von Tieren verehrt wurde. Im Tempel des Herkules befand sich allerdings keine *Fliege*, aber an der Börse versuchen unzählige mit Herkuleskraft, die Fliege des Geldes zu erhaschen, und viele Spekulanten werfen zu diesem Zweck Gift und feine Fäden aus.[1]

Auch ich war Student mit den Prätentionen eines Rhetors und eines Predigers. Meine Freunde gaben mir nach Lektüre meiner Lobreden auf die Helden Europas den Namen eines Orpheus, obgleich viele heute hinzufügen Orpheus de Lira. Das Schicksal verfolgte mich erbittert über den Widerstand, den ich seinen Wechselfällen entgegensetzte, und nachher verkündete mir die schöne Bezeichnung *Orpheus*, dass ich in der *Hölle* der Börse zu wohnen hatte. Ich verwandelte mich, wie Nabuch, in eine Bestie und nach einem Monat fragte mich erstaunt ein Verehrer, ob Kirke mich in ein wildes Tier ver-

---

1 Mosca heißt sowohl „Fliege“ wie „Geld“.

zaubert habe? Es nützte mir wenig, als Einäugiger unter Blinden König zu sein, denn wenn ich König war, so war ich es doch nur im Kartenspiel;[1] ich entschloss mich, mit den Wölfen zu heulen, um nicht hilflos an den Strand geworfen zu werden. Verlockt und bedroht von der Spekulation erklärte ich, dass die Bücher nur *Leder*[2] seien und dass der alte Beiname des Bachus Liber andeute, dass in diesem Jahrhundert man trunken wie ein Bachus sein müsse, um ein Buch zu schreiben.

Ich warf *Platos* Werke weg, weil sie für die gewöhnliche Kost nichts taugen, und wenn ich viel bei Escribani fand, so hatte ich wenig Beziehungen zu Durando. Ich entschloss mich, Platea und *Oronte* zu berücksichtigen, aber keine weiteren Werke zu lesen, ausgenommen *Prospero, Fortunio, Fausto, Meza, Mascardi, Bocalmi, Bocacio, Carillo, Calderon, Capon, Ambrosio, Trajano und Pompeo.* Ich brauchte nicht zu dichten, denn ich hatte genug zu tun, um die Differenzen dieses Geschäftes zu *schlichten*, zu entwenden (was die übrigen Autoren zu tun pflegen) fehlt mir nicht Gelegenheit an der Börse. Ich brauchte nicht mit Bänden mich zu beschäftigen, denn Bände sind notwendig über die Vergnügungen dieses Geschäftes, Punkte[3] fehlen dabei nicht, Kapitel habe ich nicht nötig, weil ich nicht Mönch bin, und schließlich erkannte ich, dass nur dieses Spiel in diesem Land und in dieser Ära nützlich ist; es segeln nach dieser neuen Welt, nach der Welt der Börse, nicht entdeckt von Kolumbus, sondern von Schlaumeiern,[4]

---

1 *Im Original „Rey de Copas o de Bastos". Copas „Kelche" und bastos „Stöcke" sind Farben der spanischen L'Hombrekarte, die dem Coeur und Treff der französischen Karte entsprechen. Basto heißt auch ein Matador im L'Hombrespiel. Schwetschke, Gesch. des L'Hombre, S. 27, 29.*

2 *Cueros, das Wort bedeutet auch „Schlauch" und „Säufer".*

3 *Wortspiel: Punto heißt „Punkt" und „Spieler".*

4 *Lagartos heißen Schlaumeier. Lagartos ist aber auch ein Eigenname. Ob eine Anspielung auf Jakob Lagartos, den ersten talmudischen Schriftsteller in Südamerika, beabsichtigt ist, muss dahingestellt bleiben.*

Leute von verschiedenen Nationen[1] und verschiedenen Berufen: Die Philosophen stürzen sich auf die Börse, um hier ein wildes, fast tierisches Treiben zu entdecken. Es begeben sich die Geometer in Gefahr, denn sie finden in diesem Zirkel die Linien, welche sie *irrational* nennen; es vertiefen sich die Astrologen in das Wesen der Börse, da sie unter so vielen Sternen hier den Ihrigen aufzufinden glauben. Es nähern sich die Wissbegierigen, um etwas von denen zu lernen, die mit so vielen Papieren zu tun haben. Es verfeinert der Dichter seine Einbildungen, der Jurist seine Spitzfindigkeiten, der Intrigant seine Schliche. Hier stellen die Frommen Betrachtungen an, die Reumütigen finden Reue, die Seefahrer aufregende Untiefen, schwere Stürme und Kompasse, die teuer zu stehen kommen. Es tritt der Barbier herein und glaubt, dass er alle einseifen kann, es tritt der Chirurg herein, um die Wunden zu verbinden, um Pflaster in diesen Kämpfen aufzulegen und um zu bemerken, dass die Verletzungen nicht *per primam intentionem* heilen. Es tritt der Schuster herein und prahlt, dass er alle in den Sack steckt. Es kommt der Schneider, um zuzuschneiden. Es tritt der Bildhauer herein und findet, dass hier der Geist Menschen von Stein gebildet hat, die nicht die Beleidigungen fühlen, noch sich zur Rache entflammen. Es tritt der Spieler herein, um sein Glück zu erraten, der Liebhaber, um sich von bösen Anschlägen zu läutern, der Soldat will seine Kriegslisten versuchen, der Schmied bringt Missgriffe[2], der Musiker versucht Dissonanzen und Fugen, der Arithmetiker Rechnungen, der Maler sucht Perspektiven, Hintergründe und Schatten, der Fechtmeister Angriffe. Endlich hält sich von der Börse weder der Hofmann, der

---

1 *„Engländer sind in diesem Saal, Mailänder, Genuesen, eine große Zahl. Der ward geboren an des Arno Ufer und diese einige Schritte vom Louvre. Hier stehen vier Herren aus Lyon, zehn aus Rouen und einer aus Avignon." Frei übersetzt nach Le Jolle, La semaine burlesque, 1666, S. 78, 79.*

2 *Wortspiel:* Yerros *heißen Irrtümer, Hierros Ketten.*

sich an Geduld, noch der Landmann[1], der sich an Unhöflichkeit gewöhnt, fern. Auch der Franzose findet hier seine Leidenschaft, der Engländer findet seinen Jähzorn, der Türke seinen Lärm, der Italiener seine Verstellung, der Holländer seine Kaltblütigkeit, der Deutsche seinen Hochmut. Der Pole kann hier prahlen und der Spanier Flüche ausstoßen.

Philosoph: Dies geschieht auf gut Glück und wir schließen aus der Allgemeinheit des Spiels, dass es beständig sei, denn ich habe von meinen Philosophen gelernt, dass nur die allgemeinen Dinge beständig sein können.

Ich bemerke nur noch, dass du von „Opsies" oder Prämiengeschäften sprichst, ohne eine Erklärung hierüber zu geben. Auch hast du das unruhige Treiben der Börse mit einem Zauberschloss verglichen, wo alle Arten von Berufen in Aufregung leben. Es fehlen aber hier zu ihrem Leidwesen Ärzte.

Aktionär: Du machst eine richtige Bemerkung und ich bitte, ohne die geringsten Bedenken mir die Einwürfe zu machen, die dir einfallen, denn es würde mich trösten, alles zu erforschen, was zur Aufklärung, zum Vergnügen und zum Wegweiser dienen kann.

Doktoren fehlen nicht in der Börsenversammlung, wo man mehr mit den Zungen als mit den Armen kämpft und wo es so viele von ihnen gibt, dass ich oft Äskulap für den Erfinder dieser Wissenschaft und Galen für ihren Vollender gehalten habe. *Loredano* fragt in seinen „Bizarias Academicas"[2], weshalb gewöhnlich die Ärzte Bärte tragen (obgleich er so nicht in diesem Lande fragen würde, wo die meisten Menschen bartlos sind), und er antwortet, dies geschehe, um sich ihrer Wissenschaft, die die Kranken aus der Gewalt des Todes befreie,

---

1 „Alle Landleute dieser Dörfer (Zaandam etc.) verfehlen nicht Montag, Mittwoch und Freitag [nach] Amsterdam zu kommen, wo sie ihre Geschäfte auf der Börse und dem Getreidemarkt machen." Ricard, Negoce d'Amsterd., S. 14, 15.

2 Die angeführte Schrift von G. F. Loredano, einem vornehmen Venezianer, erschien in den gesammelten Werken 1653.

als eines Zweiges der Gottheit zu rühmen. Da die Alten glauben, dass der Bart ein kostbares Geschenk der Götter sei, so sind die Ärzte stolz auf den verehrungswürdigen Schmuck und prahlen mit dem himmlischen Abzeichen. Weil aber in dem jetzigen Jahrhundert Ärzte sich mehr menschlich als göttlich zeigen, so fügt der Schriftsteller hinzu, dass die Medizin von Wahrsagungen ihren Ausgang genommen hat und dass die Bärte nicht wegen göttlicher Dinge von den Ärzten getragen werden, sondern weil Wahrsager, Schwarzkünstler und Zigeuner bärtig zu sein pflegen. Da in dem Börsengeschäft zu Bereicherung Divination nötig ist, so glauben die Ärzte, dass sie im Hinblick auf den Ursprung der Medizin aus Wahrsagungen auch hier den Erfolg vorhersagen und das Glück erjagen können. Trotzdem erwähnte ich vorher die Ärzte nicht, denn da sowohl in der Medizin als auch an der Börse der Kranke durch falsche Behandlung getötet werden kann, wollte ich nicht eine Liste der unglücklichen, sondern der erfolgreichen Operationen geben.[1]

Was die „Opsies“ betrifft, so sind es Prämien oder eine Hingabe von Werten, um die Effekten zu sichern oder den Gewinn zu erlangen; sie dienen als Segel, um bei guter Konjunktur glücklich zu fahren, und als Anker,[2] um im Sturm sich zu sichern.

Die Aktien stehen jetzt 580. Es scheint mir, dass sie wegen der großen Verschiffungen, die von Indien bevorstehen, wegen der guten Geschäfte der Kompanie, des Ansehens ihrer Waren, der in Aussicht stehenden Dividende und des Friedens in Europa auf einen viel höheren Preis steigen werden. Ich entschließe mich trotzdem nicht, Effekten zu kaufen, aus Furcht, dass, falls diese Berechnung fehlschlägt, mich ein Verlust treffen und mir eine Unannehmlichkeit

1 *Es folgt eine schwer verständliche Erzählung, wie der Arzt einen Spekulanten, der einer Panik zu erliegen droht, vergeblich behandelt, bis der Patient seine kräftige Leibesbeschaffenheit erkennt und wieder Beruhigung an der Börse antritt.*

2 *Denselben Vergleich gebraucht auch Pinto, Traite, S. 303.*

zustoßen kann. Ich wende mich deshalb an die Personen, die Prämien nehmen wollen, und frage sie, wie viel sie für die Verpflichtung, bis zu einem bestimmten Zeitpunkt das Stück zu 600 zu liefern, verlangen. Ich verabrede also die Prämie, lasse sie sofort bei der Bank überweisen und weiß, dass ich jetzt nicht mehr als die verauslagte Prämie verlieren kann, denn ich gewinne den ganzen Betrag, um den der Kurs über 600 steigt, beim Rückgang aber brauche ich keine Angst, keine Unruhe wegen meiner Ehre und keinen Schrecken, der mich aus dem Gleichmut bringt, zu haben. Wenn der Kurs etwas mehr oder weniger als 600 beträgt, ändere ich meine Ansicht und komme dahinter, dass nicht alles so günstig steht, wie ich angenommen habe; ich verkaufe die Aktien (auf Zeit) ohne Gefahr, denn alles, worum sie fallen, ist Gewinn, und der Prämienempfänger ist verpflichtet, mir die Papiere zum verabredeten Preis zu liefern, auch beim Steigen des Kurses aber kann ich nur die Prämie verlieren.[1] Dasselbe Geschäft kann ich auch umgekehrt machen, wenn ich auf einen Kursrückgang rechne. Ich zahle dann Rückprämien statt der Vorprämien und indem ich daraufhin mein Glück abwarte oder daraufhin während der Zeit kaufe, mache ich verschiedene erfolgreiche Wendungen, der Prämienempfänger aber gewinnt die Prämien vollständig zum bestimmten Termin, wenn er auch ein Risiko[2] läuft und sie mit Schrecken einstreicht.

Die Holländer nennen das Prämiengeschäft *Opsies*, abgeleitet von dem lateinischen Wort *Optio*, was „Wahl" bedeutet, weil es in der

---

1 *Es handelt sich hier um zwei Geschäfte. Im ersten Fall zahlt der Spekulant eine Vorprämie, weil er auf Kurssteigerung rechnet. In diesem Fall gewinnt er den Betrag, um den der Kurs über 600 steigt, tritt aber die Hausse nicht ein, so erfolgt eine Spekulation in umgekehrter Richtung. Der Spekulant verkauft dann ohne Gefahr, da er sich billiger decken kann.*

2 *In ganz ähnlicher Weise werden die Prämiengeschäfte in der von P. J. Blok veröffentlichten Denkschrift über Handel und Schifffahrt der Holländer aus dem Jahr 1699 beschrieben (Bijdr. Hist. Gen. 24, 1903, S. 292 ff.).*

Es ergibt sich aus den obigen Ausführungen, dass unter Opsies à entregar, Vorprämien zu verstehen sind, unter Opsies à recibir Rückprämien, während Ehrenberg glaubt, dass es sich umgekehrt verhält.

Wahl des Prämienzahlers steht, die Aktien an den Prämiennehmer zu liefern oder sie von ihm zu fordern. Da der berühmte Calepino *Optio* „Wahl" von *optare, optando* „wünschen" ableitet, so zeigt sich hier die Richtigkeit der Etymologie, weil der Prämienzahler das zu wählen wünscht, was ihm am meisten zusagt, und beim Fehlschlagen immer das, was er zu wählen gewünscht hat, unterlassen kann.

Philosoph: Die Naturforscher kennen einen nelkenfarbigen Fisch, der so schön wie eine Blume und so leicht wie eine Feder ist. Er schwimmt in jedem Unwetter, obgleich er aus natürlichem Instinkt den Sturm vorhersieht. Er schwimmt an das Ufer und trägt zwischen den Flossen ein Steinchen, das als Ballast dient, so widersteht er tapfer und sicher den Stürmen. Nach deiner Darstellung leben die Spekulanten wie dieser Fisch, mit Leichtigkeit jeder Gefahr und jedem Angriff ausgesetzt. Aber da ihnen diese Prämien als Sicherung dienen, so verspreche ich euch, dass auch ich die Verluste aus diesen Geschäften vermeiden werde.

Kaufmann: Zum Gebrauch der Waffen bereits entschlossen, haben wir Grund, auch den Gott dieser Kriegskunst kennenzulernen, und obgleich wir schon den *Ursprung* des Geschäfts kennen, so wollen wir doch auch den *Erfinder* des Börsenspiels erfahren.

Aktionär: Das ist eine große Aufgabe, die noch niemand bisher gelöst hat. Um den Wunsch zu befriedigen, werde ich aber wenigstens die Ansichten über die Frage zusammenstellen, damit ich deinem Verständnis zu Hilfe komme.

Bibelfeste Leute versichern, dass Hiob die Börse erfunden haben kann, da er seine Anhänger lehrte, die Beleidigungen von Verleumdern, die schlimmer als die Krätze sind, mit Geduld zu ertragen. Es ist daher notwendig, dass sie Goldbarren nehmen, um den Kummer zu mildern, in Anbetracht, dass sie in dieser Zeitlichkeit keine andere Hoffnung haben, die sie aufrecht hält, und keinen anderen Beruf, der sie begeistert.

Die Schriftgelehrten behaupten, dass Absalom die Börse erfunden hat zur Zeit, als er, wie die Heilige Schrift berichtet, sich dem Vater widersetzte und die Herzen an sich riss; denn an der Börse gibt es Leute, die von ihm gelernt haben, die Gelegenheit bei den Haaren herbeizuziehen, während andere wie er das Unglück aus der Luft greifen.

Argwöhnische Menschen geben an, dass Lucifer die Börse erfand, da er die Spekulanten durch sein Versprechen täuschte, dass sie wie Gott etwas aus nichts schaffen könnten.

Die Prediger halten Bileam für den Erfinder der Börse, weil dieser krumm war und an der Börse vielfach keine geraden Sachen gemacht werden oder weil auch an der Börse Esel zu reden anfangen.[1] Auch die Börse besuchen viele falsche Propheten und ihr Mund redet das Gegenteil von dem, was sie beabsichtigen. Sicher ist, dass die Nachahmer den Meister übertreffen, denn Bileam versuchte, für Geld andere zu verfluchen, aber die Börsenleute verfluchen auch sich selbst, indem sie Verwünschungen ausstoßen und kein einziger rein bleibt.

Die Don Quichottes verteidigen den Satz, dass Sancho Pansa die Börse erfunden habe, weil viele Börsenleute, wenn sie zwei Dukaten besitzen, sofort glauben, dass sie zwei Inseln regieren. Auch dienen sie wie Sancho einem Narren, der mit Windmühlen kämpft, oder dem Glück, das närrischer ist als der anmutige Ritter von la Mancha. Auch der Bauch (Pansa), den viele bei guten Geschäften sich zulegen, weist auf Pansa als Urheber des Geschäfts hin.

Wissbegierige Forscher schreiben, dass Pallas die Börse erfand, weil dieses Geschäft ganz verschieden von den übrigen entstand, denn es ist ein ausschweifendes Spiel, ein unerhörtes Spiel, ein ungeheuerliches Spiel; das Börsengeschäft mit seinen Betriebsamkeiten, seinen Spitzfindigkeiten und seiner Unruhe entsprang wie Pallas aus dem Kopfe, während die übrigen, durch die Notwendigkeit des Nahrungsunterhaltes eingeführten Erwerbszweige gewöhnlich den Bauch beschäftigen.

---

1 *Die Eselin Bileams fing an zu reden. 4. Moses 22, 28.*

Verzweifelte Spieler verkündigen, dass ein rasender König die Börse erfand, weil alles an ihr Raserei und mehr als Raserei, Ekel und mehr als Ekel, Sorge und mehr als Sorge ist: Wenn der Käufer von Aktien sieht, dass sie fallen, rast er, gekauft zu haben, wenn sie steigen, rast er, nicht mehr gekauft zu haben, wenn die Aktien steigen, der Verkauf Gewinn bringt und sie dann einen noch höheren Kurs erreichen, so rast er, dass er sie zu billigerem Preise abgegeben hat, wenn er weder kauft noch verkauft und der Kurs steigt, rast er, dass er, obwohl Veranlassung zum Kauf vorlag, diesen nicht ausgeführt hat, wenn der Kurs sinkt, so rast er, dass er, obwohl Grund zum Verkauf vorlag, sich zu diesem nicht entschlossen hat. Wenn man ihm irgendeinen Wink oder Ratschlag gibt, so rast er, dass man es ihm nicht früher sagte. Wenn es ein Irrtum ist, so rast er, dass man es ihm sagte. Alles an der Börse ist somit Unruhe, Reue und Wahn. Ein unausstehliches Treiben liegt immer mit dem Glück im Kampfe, ungebändigte Leidenschaft mit der Ruhe und Raserei mit dem Vergnügen.

Seekundige Leute stellen fest, dass Neptun die Börse erfand, die jedoch nicht an seine stummen Fische, sondern an das Getöse seines Meeres erinnert. Als Grund für die Behauptung führt man an, dass Meer und Börse viele Muscheln (Conchas) beherbergen,[1] dass, wenn das Meer milchweiß ist, sogar die Wellenschäume der Spekulation silbern glänzen und dass in den Wellen der Börse der Verstand und das Vermögen vieler Menschen untergegangen ist. Endlich, dass im Zentrum der Börse viele Sirenen sitzen, deren Gesang tötet, und viele Schwäne, die noch im Sterben singen.

Schließlich nehmen die Mythologen an, dass Merkur die Börse erfand, denn Merkur ist der Name des Quecksilbers und quecksilbern ist das Wesen der Spekulanten. Ferner ist der Gott Merkur der Schutzherr von Räubereien, wie Vulkan mit seinen Waffen, Venus

1 *Ein Wortspiel: Conchas heißt „Muscheln", aber tener muchas conchas heißt „schlau sein".*

mit ihrem Gürtel, Apollo mit seinem Vieh und Argos mit seiner Io erfuhr.

Es bestätigt obige Meinung der Umstand, dass Merkur von den Dichtern auch für den Gott des Handels gehalten wird, weshalb auf der Insel Candia die Merkurialspiele gefeiert wurden, es nannten nämlich die Astrologen die Kaufleute *Merkuriales.* Noch bezeichnender ist die Tatsache, dass es an der Börse viele Ehrgeizige gibt, die nicht nur Flügel an den Füßen wie Merkur tragen, um wie Dädalus herabzufliegen, sondern auch mit Flügeln am Kopf hoch emporsteigen wollen, um wie Phaeton zu verbrennen. Sogar die Abzeichen des Merkur weisen auf diese Spekulanten hin oder bedeuten ihre Verurteilung. Der Stab des Gottes besteht aus einem Zepter umgeben von zwei Schlangen (dem Symbol der Ewigkeit bei den Ägyptern). Die Spekulanten aber wollen nicht nur Alleinherrscher sein, sondern ewig regieren. Es gefällt ihnen das Zepter wie dem Adam, aber die Schlangen reizen sie wie Adam, mehr zu sein, als sie vermögen, um schließlich weniger zu werden, als sie zuerst waren.[1] Sogar Alexander, der ein Gott sein wollte, blieb ein Sterblicher und Nabuch, der nach Göttlichkeit strebte, endete als Vieh.

Kaufmann: Wie mir scheint, ist es Zeit, uns zurückzuziehen, denn zu viel Honig schadet, während er mit Maß genossen nützt. Wenig nützte es dem Xerxes, 1.207 Schiffe gegen 180 griechische Schiffe aufgeboten zu haben, wenn der Golf von Salamis nur 180 Schiffe fasste. Ich bin mit meinem einfachen Verstand nicht in der Lage, auf einmal so viele Darbietungen zu verdauen. Es wird besser sein, dass so viele Speisen für eine andere Zusammenkunft aufbewahrt werden.

Sogar die Uhr erinnert uns, dass die Stunden unserer Zusammenkunft verfliegen und dass sich die Sonne gewandt hat, um die andere Halbkugel zu erleuchten. Wir werden daher angeregt, eine günstigere

---

1 Der Sinn dieser Stelle ist dunkel. Der Stab des Merkur wird anscheinend mit den Stäben, welche die Makler in Amsterdam als Abzeichen ihres Amtes trugen, verglichen. Es soll der Ehrgeiz der Makler getadelt werden.

Gelegenheit wahrzunehmen, um deine sonnenklare Darstellung zu untersuchen.

Ich erkenne, dass man im Börsengeschäft die Augen offen halten muss, und glaube, dass keine Gelegenheit dazu ist, wenn wir sie vor Langeweile schließen. Wenn wir daher den Faden der Diskussion morgen aufnehmen, so werden wir einen neuen Anstoß erhalten, um mit diesem Faden in das Labyrinth der Börse einzudringen.

Ich gestehe, dass ich nicht im Stande bin, bei der ersten Lektion so viele neue und verwickelte Operationen, die mir den Verstand rauben, zu begreifen. Überschlafen wir unsere Absichten und denken daran, dass der Gegenstand schwierig genug ist, um ihn gründlich zu überlegen; wenn wir ein unruhiges Geschäft kennenlernen wollen, so haben wir Grund, unsere Ruhe aufzugeben.[1]

Wenn der Schlaf der Zwillingsbruder des Todes ist und das Leben nicht ohne Schlaf bestehen kann (bewundernswert ist übrigens der Gedanke, dass der Zwillingsbruder des Todes der Vater des Lebens ist), so wollen wir von dem Tode fröhlich zu dem Leben, auf das du hingewiesen hast, gelangen.

Philosoph: Ich richte mich immer nach dem Geschmack meiner Freunde, besonders dann, wenn sie schon zu Gefährten geworden sind.[2]

Ich widerspreche nicht, wenn wir uns nach unseren Bemühungen erholen, nur bedauere ich, dass ich bisher nur die Oberfläche dieser kontinuierlichen Quantität kennengelernt habe, während nur eine der fünf Eigenschaften der *kontinuierlichen Quantität* die Oberfläche ist.

Die Frau eines venezianischen Dogen soll nach Sabelli alle Morgen den Tau der Blumen gesammelt haben, um Tropfen für Tropfen ein gesundheitsstärkendes und erfrischendes Bad herzustellen. Destilliert

1 *Vergleich mit Adam.*

2 *Der Wert der Erholung wird durch Hinweis auf Lykurg und Plinius bewiesen.*

Tropfen um Tropfen diese Lehren, ich hoffe, es wird sich aus diesen Gewässern ein See bilden.

Aktionär: Genug der Komplimente. Haltet Gefäße und Krüge bereit, denn ich will euch zu der indischen Quelle führen, deren Wasser in Kännchen gesammelt sich in Gold verwandelt.[1] Die Unwissenden erstaunen schon, dass Menschen, die aus einer Quelle auf den Glücksinseln[2] getrunken hatten, sich totlachten. Aber ich versichere euch, dass ihr bei der Glücksquelle, zu der ich euch führe, noch mehr Ungeheuerlichkeiten, Blendwerk und Gaukelspiel finden werdet.[3]

Es bedeutet demgegenüber auch wenig, dass Philemon sich totlachte, als er einen Esel Feigen fressen sah. Als bei einer plötzlichen Mondfinsternis ein Esel aus dem mondbeglänzten Fluss trank, glaubte man törichterweise, dass der Esel den Mond verschluckt habe. Als in Pistoja ein Esel sich in den Sessel des Magistrats setzte, hielt man dies für ein Vorzeichen der Besetzung des Amtes. Ihr werdet daher nicht das Lachen unterdrücken können, wenn ihr hört, dass es auch an der Börse einige Esel gibt, die die von den Philosophen gekauften Feigen fressen, dass einige Spekulanten den für Endymion bestimmten Mond[4] verschlucken und dass Dummköpfe den Thronhimmel der Gelehrten einnehmen.

Ende des ersten Dialogs

---

1 Von einer indischen Quelle ist die Rede, weil ein Vergleich mit dem Geschäft in indischen Aktien beabsichtigt ist.

2 Die Glücksinseln oder Insulae fortunatae. So heißen bei den Römern die Kanarischen Inseln.

3 Die Glücksquelle der Spekulation.

4 Luna heißt „Mond" und „Silber".

Zweiter Dialog

Aktionär: Guten Tag, m. H., ich glaube, dass wir genug geschlafen haben, wenn ihr nicht den Epimenides nachahmen wollt, der, ohne aufzuwachen, fünfzig Jahre schlief.

Gebt acht, wer Feinde hat, soll nicht schlafen. Es ist unvermeidlich, an der Börse Gegner zu haben. Obgleich der Tag für alle anbricht, stehen die einen auf, wenn die Sonne strahlend aufgeht, die anderen, wenn sie sich neigt, sodass, wenn die einen sich des Glanzes erfreuen, auf die anderen Finsternis fällt.

Philosoph: Weise hast du gestern erklärt, dass Merkur dieses Spiel erfunden hat, und da nach Philostrat die Tochter des Merkur Palästra heißt, so habe ich die ganze Nacht geträumt, voll Verwunderung in einer Palästra zu kämpfen, wo nicht *Kompanien* für die Bataillone und *Regimenter* für die Schlachten fehlen.[1]

Während Epimenides in der Höhle des Zeus träumte, dass er Gespräche mit der Wahrheit führte, so träumte ich immer, dass ich mit der Lüge Unterredungen hatte. Bald traf eine Nachricht ein, die die Kurse bis zum Himmel trieb, bald kam eine andere, die sie in den Abgrund stürzte, bald prahlte ich mit großem Reichtum, bald jammerte ich elend, bald erhoben sie gegen mich den Differenzeinwand, bald berief ich mich darauf, und schließlich erkannte ich sogar noch im Traum, mit wie viel Recht du behauptest, dass ein toller König diesen Schwindel erfunden hat. Er wütete sogar in den Delirien der Fantasie, dass er nicht gekauft habe, als die Kurse stiegen, und dass er nicht verkauft habe, als die Kurse fielen. Da die gestrige Diskussion zu dem brutalen Resultat führte, dass nur Esel, Dummköpfe und Ignoranten vorhanden sind, so gab es keine Fantasie, die mich nicht diese Nacht beschäftigte, auch kein Tier, dass mir diese Nacht nicht

---

1 Unter Palästra ist die Börse zu verstehen. Regimenter hießen, wie schon im ersten Dialog erwähnt, die Abschlüsse von 20 Aktien. Die Kompanien weisen auf die an der Börse gehandelten Aktien der beiden indischen Kompanien hin.

den Kopf verdreht hätte. Ich hatte diese Woche den größeren Teil der Heiligen Schrift gelesen und da Nemesio[1] die Träume Torheiten der Fantasie nennt, so wechselten in barbarischer Verrücktheit Göttliches und Menschliches, Heiliges und Profanes. Ich bildete mir ein, ein Heiliger zu sein, und träumte wie Jakob, dass eine Leiter von der Erde zum Himmel reichte, worauf die einen herauf-, die anderen herabstiegen. Ich wandte das Analog auf die Kurse an, die bald tief sanken, bald bis zu den Wolken stiegen, und bemerkte, dass die Besitzer der Aktien teils zum Erfolg gelangten, teils ins Unglück gerieten. Ich betrachtete mich als König und träumte wie Pharao, dass Bestien sich gegenseitig verschlangen.[2] Ich brüstete mich, ein Weiser zu sein, und träumte wie Salomo, dass ich zu wählen hatte zwischen Reichtum, Ehre und Wissenschaft. Meine Wahl war der seinigen entgegengesetzt, da ich erkannte, dass die Wissenschaft hier nichts nütze. Um die Ehre zu bewahren, war es für mich notwendig, aufmerksam nach Reichtum zu streben. Ich kam mir als Daniel in der Löwengrube vor, und mir erschienen gewisse Raubtiere[3] mehr ungeheuerlich als unvernünftig. Ich hielt mich für ein Vieh wie Nabuch. Dein Vergleich der (Ostindischen) Kompanie mit einem Baum brachte mich auf die Idee eines Baumes, der die ganze Welt beschattet und der unzählige Wesen unter seinem Schatten beschützt. Schließlich merkte ich, dass ich von einem Dämon besessen war.[4]

Philosoph: Die Erfahrung lehrt uns, dass ein Bild im trüben Wasser auch trübe erscheint. Wir beschäftigen uns mit den Schwierigkeiten des Börsengeschäfts, und es ist daher erklärlich, dass wir auch schwere Träume haben. Der Spiegel ist beschlagen und es wird das Bild undeutlich zurückgeworfen. Deshalb lassen wir diese törichten

1 *Vielleicht ist der Kirchenvater Nemesios, Bischof von Emesa, gemeint.*

2 *Es folgen noch weitere Beispiele aus der Bibel.*

3 *Unter den Raubtieren sind gewisse Spekulanten zu verstehen.*

4 *Vergleich mit dem Dämon, von dem Saul besessen war.*

Fantasien und untersuchen, auf welche Nachrichten hin die Kurse steigen und auf welche hin sie fallen (wenn euch dies nicht beschwerlich fällt, Freund Aktionär), damit uns die Kenntnis davon zum Kompass dienen kann.

Aktionär: Das ist ein so unauflöslicher Knoten, dass ihn kein Alexanderschwert durchhauen kann, denn den Aktien kann man göttliche Eigenschaften zuschreiben; je mehr man von ihnen spricht, desto weniger versteht man sie, und je mehr man über sie nachdenkt, desto mehr irrt man. Es bleibt nur übrig, blindlings zu kaufen und zu verkaufen, wenig zu tun, sich mit Geduld zu wappnen, bei Verlusten aus Zeitgeschäften die Differenz zu zahlen (welche *Surplus* heißt, was französisch den Überschuss bedeutet) und die Engagements zu prolongieren. Hierbei folgt man beständig der Börsenmeinung, außer wenn eine wichtige Neuigkeit dazwischenkommt. So ist man weder genötigt, nach Zwang und nicht nach freier Wahl zu handeln, noch braucht man auf die Ausnutzung der Tageskonjunktur zu verzichten, denn die Aktien gleichen den zwei Theatern von Cayo Curión,[1] wo mitten im Spiel die Bühne sich drehte und die Mitwirkenden in der Luft schwebten, da sich die Szene unvermutet und schnell verwandelte.

Die Alten pflegten auf der Vorderseite der Medaillen einen Alkibiades, auf der Rückseite einen Äsop zu gravieren, auf der einen Seite einen Ochsen, auf der anderen eine Minerva, hier einen Steinbock, dort einen Augustus. Tertullian bezeichnet, wie du mich selbst gelehrt hast, die Elementarwelt als veränderlichen Körper mutationibus corporatum; es kann daher keinen besseren Vergleich für die Aktien geben als diese Welt und kein besseres Bild für die Spekulanten als diese Medaillen. In jedem Augenblick ändern sie sich, in jedem Zeitpunkt verwandeln sie sich. Hier ein seltsamer Jüngling, dort ein

1 *Vielleicht ist der Verfasser des Stückes identisch mit Celio Secondo Curione (1503–1569), einem Italiener, der in Basel die Klassische Literatur lehrte. – Der Vergleich soll nur besagen, dass an der Börse ein Szenenwechsel ebenso rasch erfolgt wie im Theater.*

schrecklicher Philosoph, auf der einen Seite die Irrationalität, auf der anderen die Wissenschaft, auf der einen Seite ein Cäsar, auf der anderen ein Monstrum. Aber damit du nicht annimmst, dass die Börsenbewegungen unerklärlich seien und nichts feststehe, so höre, dass es drei Ursachen für das Steigen der Kurse gibt und drei für das Fallen: *die Verhältnisse in Indien, die europäische Politik und die Börsenmeinung*. Deshalb nützen oft die Nachrichten nicht, da von anderer Seite die entgegengesetzten Strömungen kommen.

Beeifert sich der kluge Spekulant, Korrespondenzen mit Indien zu führen, um über England, Aleppo[1] und anderweitig zu erfahren, ob Ruhe herrscht, ob die Tätigkeit der Kompanie fortschreitet, ob ihre Geschäfte in Japan, Persien, China günstig verlaufen, ob viele Schiffe nach dem Mutterlande segeln, ob sie reich beladen, besonders mit Gewürzen, sind, so hat sich gezeigt, dass, obgleich diese Geschäfte schwer erfassbar sind, doch Informationen zu erhalten sind. Aber selbst im Besitz derselben wird es verständiger sein, nicht im Vertrauen darauf wild zu spekulieren, denn wenn der Spekulant mehr, als seine Kräfte erlauben, unternimmt und Senecas Rat, dass der Tisch nicht größer sein soll als der Bauch, verlacht, so ist es unvermeidlich, dass er mit der Last umwirft und dass die Welt, da er kein Atlas ist, von seinen Schultern gleitet.

Angenommen, dass die Nachrichten gut und richtig sind (was man aus Privatbriefen nur vermutungsweise wissen kann) und dass die Berichte zur rechten Zeit eintreffen und sie die glückliche Ankunft der Schiffe melden und dass von der Nachricht bis zum Geschäftsabschluss nicht irgendein Zufall dazwischenkommt, der diese Pracht und Glückseligkeit vernichten kann, so können trotzdem im Angesicht des Hafens die Schiffe scheitern und die Hoffnungen vereitelt werden.

---

1 In Aleppo hielten sich damals viele niederländische Kaufleute auf, vgl. Heeringa, Bronnen tot de gesch. van den Levantschen Handel II, S. 392 ff. – Für den Verkehr mit Indien war ein Posthalter in Aleppo stationiert. C. T. Diferee, de gesch. v. d. nederl. Handel, S. 253.

Aber wäre selbst alles, was Indien betrifft, günstig, so müsste man sich auch über die europäischen Zustände orientieren, ob nicht besorgniserregende Flottenrüstungen vorgenommen werden, ob Allianzen Beunruhigung verursachen und andere Vorbereitungen einen Kurssturz herbeiführen können. Deshalb sahen wir bei verschiedenen Gelegenheiten einen Teil der Spekulanten auf die indischen Nachrichten kaufen, den anderen auf die unklare europäische Lage verkaufen. Denn dann leidet die Sicherheit der Warenrücksendungen, andererseits steigen die Kosten (in Europa) mit den Steuererhöhungen; deshalb ändern sich die Entschlüsse der Spekulanten und ihre Entscheidungen werden schwankend, wenn es auch wunderbare Mittel gibt, die verborgensten Absichten der Fürsten zu erfahren[1] (abgesehen von einem Fall wie die Eroberung von Babylon, welche erst nach drei Tagen in den Vorstädten bekannt wurde).

Kaufmann: Und bei dieser Verschiedenheit der Ansichten und diesen sich entgegenstehenden Meinungen, was ist da die größte Klugheit?

Aktionär: Nur immer der Strömung folgen und den Wellen, die vorn auf dem Wasser tanzen.

Philosoph: Und das genügt?

Aktionär: Nein, denn da gleichzeitig ein Teil der Spekulanten kauft, ein anderer verkauft, so ist es schwer, sich ein sicheres Urteil über die herrschende Strömung zu bilden.

In Pisa steht ein kunstvoll erbauter Turm (von welchem Karl V. sagte, dass er nur den Fehler habe, nicht in einem Magazin zu stehen, weil er als Rarität noch größeres Ansehen haben würde), der nach jeder Seite, von der man ihn betrachtet, zu fallen scheint. Ebenso verhält es sich mit den Aktien für den leidenschaftslosen Geist. Vom Standpunkt der Verkäufer scheint es, dass sie fallen, vom Standpunkt

---

1 Der Verfasser suchte Beziehungen zu Fürstlichkeiten und rühmte sich 200 Briefe an Fürsten geschrieben zu haben.

der Käufer, dass sie steigen. Von welcher Seite man sie auch betrachten mag, es scheint, dass sie nach dieser Seite sich hinneigen; hierdurch bestätigt sich mein Grundsatz, dass man bei diesen Geschäften nichts Besseres tun kann, als die Augen zu schließen und das Erstbeste zu wählen, weil es schon Fälle gab, wo die Aktien in der Erregung der Kriegszeit himmelhoch stiegen und wo sie beim Verlust einiger indischer Schiffe ebenfalls hoch bezahlt wurden.

Mit diesen Kursveränderungen verhält es sich ähnlich wie mit dem Fisch, der gegen die Wellen entgegengesetzt zu den übrigen Fischen schwimmt, und wie mit Diogenes, der rückwärts ins Theater ging, umgekehrt als die anderen Menschen. Und ungeachtet der Dunkelheit der Entscheidung und des geheimen Zieles muss man sich für das, was größere Wahrscheinlichkeit des Erfolges bietet, entschließen, weil dem Menschen nur die Wahl und Gott die Entscheidung zusteht.

Bei einem Kampfspiel, das Nero veranstaltete, befahl er, dass plötzlich vier Löwen vorspringen sollten, um die Kämpfer zu verschlingen. Die Tiere stürzten sich auf sie, und es war ein angenehmes Schauspiel für den Tyrannen, zu sehen, wie die Kämpfer flohen und schrien, wie die einen hinausliefen, die anderen sich verbargen, alle verzweifelten, bis Nero sie im höchsten Schrecken erkennen ließ, dass die Bestien weder Zähne noch Klauen hatten, ihre Angriffe also mehr lächerlich als entsetzlich waren. Dringt eine unerwartete Nachricht in den Kreis der Spekulanten, so glauben einige, dass jeder Umstand ein Löwe ist, um sie zu unterwerfen, eine Bestie, um sie zu verschlingen, sie fliehen vor den Aktien, sie verzweifeln am Gewinn, sie schreien, es wäre Betrug, und zuletzt entdecken sie mit ebenso viel Beschämung wie Schmerz, dass die Zähne den Verbreitern der Gerüchte und die Klauen den gierigen Gegnern fehlen. Und so haben weder ihre Befürchtungen noch ihre Verkäufe Hand und Fuß.

Von Demophon, dem Diener Alexanders, berichtet man, dass er in der Sonne vor Kälte zitterte, im Schatten vor Hitze schwitzte. Nichts kann geeigneter sein, das Unverständliche des Aktiengeschäftes darzustellen als dieses Wunder, denn im hellen Sonnenschein wanken die Kurse, im Schatten erhitzt sich die Spekulation, im Glanze verliert sie den Mut und im Dunkel schöpft sie Atem. Als Wunder erzählt Aretaios[1], dass ein Melancholiker von seiner Krankheit geheilt wurde, indem er ein Mädchen liebevoll ansah. Es erscheint nämlich als Wunder, den Verstand bei einer Gelegenheit wiederzufinden, die vielen Verständigen den Verstand raubt. Man wird sich wenig über diese Seltsamkeit wundern, wenn man jeden Augenblick bei den Aktien Ähnliches erfährt: Bald fallen sie wie Anakreon über eine Rosine, wie Fabius über ein Haar, bald nähren sie sich wie Saturn von Steinen, wie Mithridates von Giften. Unser Spiel ist nicht das Damenspiel, wo man nicht vom weißen auf das schwarze Feld übergehen kann, denn an unserer Börse verwandelt sich plötzlich der Glanz in schreckliche Dunkelheit. Es werden die einen weiß, die anderen schwarz und viele geraten ins Dunkel. Handlungshäuser werden erschüttert, die Orders werden verwirrt und die Register (der Makler) werden weggeweht. Eher scheint die Börse ein Schachspiel zu sein, dessen Figuren außergewöhnliche Züge machen, bald ernst, bald durchgängerisch, bald verwegen, bald verdreht, bald bedächtig, und indem jede Figur an der Börse ihr Ziel verfolgt, scheint jede zum Sieg zu gelangen, einige gehen, einige laufen, diese gehen durch, jene springen, und alle finden ihre Nahrung. Der römische Konsul Marcus Valerius brachte aus der Beute von Catania eine Sonnenuhr nach Rom, die, anstatt den Bürgern die Stunde richtig anzuzeigen, zuletzt nach Verlauf von 90 Jahren nur die Zeit verwirrte und die Stunden verschob. Denn zeigte der Schatten sechs Uhr, so war es in Wirklichkeit acht Uhr, zeigte er drei Uhr, so war es zwölf. Ich habe niemals ein ausdrucksvolleres Gleichnis unseres Schwindels gefunden als diese römische Trophäe. Nach den Berichten müssen die Aktien auf

---

1 *Griechischer Arzt aus der römischen Kaiserzeit, der als bester Beobachter nach Hippokrates galt.*

1.000 steigen, aber der Kurs bleibt hartnäckig auf 500, der Schatten dreht sich auf 400 und sie steigen, obwohl man wie Nero vom Tarpejischen Felsen auf die Zerstörung des Vaterlandes blickt. Eines Tages gleichen die Aktien dem Georg von Epirus, der, als man seine Mutter begrub, im Sarg geboren wurde, ein anderes Mal sind sie wie ein Phönix, der nach dem Tode aus der Asche ersteht. Mutmaßt man, dass die Aktien begraben werden, so feiern sie in derselben Urne Geburtstag, und wenn sie zu sterben scheinen, kommen sie verjüngt in stärkster Bewegung aus der Grube heraus. Asvestino nannte man eine Leinwand, die im Feuer nicht verbrannte,[1] bevor sie nicht in den Flammen gereinigt wurde und ihre Flecken in der Glut verschwunden waren. Nach Antigonos von Karystos[2] war ein Salz im Wasser unlöslich, löste sich dagegen im Feuer auf. Ebenso sind die Aktien in ihrem Wechsel und sie spotten jeder Berechnung. Scheint es, dass sie nahezu wertlos werden, so schnellen sie in die Höhe, und wenn sie steigen sollen, so erfolgt ein Rückgang. Fürchten wir, dass sie verbrennen wie jene Leinwand, so versengt sie die Glut nicht infolge irgendeiner günstigen Nachricht, nehmen wir an, dass sie sich in Asche verwandeln, so verschwinden die Flecken und sie strahlen in neuem Glanz.

Es gibt Zeiten, wo ein Stein genügt, um den Koloss der Spekulation umzuwerfen, und ein David, um diesen Goliath zu bezwingen. Zu anderen Zeiten dagegen genügt nicht eine Armada gegen diesen Kynaigeiros[3] und ein Heer gegen diesen Horaz. Bald tut den Spekulanten eine Lilie[4] weh, bald interessiert sie nicht ein *Löwe*, bald beachten sie nicht einen *Elefanten*, bald gehen sie wie Vögel auf den Leim.

---

1 *Offenbar Asbest.*

2 *Bildhauer und Kunsthistoriker aus dem 3. Jahrhundert v. Chr.*

3 *Kynaigeiros, der Bruder des Dichters Aischylos, galt als besonders tapfer.*

4 *Welche Bedeutung die Lilie hat, ist nicht klar. Vielleicht ist eine Anspielung auf die Lilie im Wappen der Bourbonen und den Einfluss der französischen Politik auf die Börse beabsichtigt.*

Es gab Konjunkturen, wo der Schritt eines Großen hier an der Börse die Erde öffnete, in deren Schlund die *Kores*[1] versanken und viele Spießbürger hinabstürzten. Es gab keinen Konflikt, in dem wir nicht unser Vermögen verloren haben, weil ein Fürst den Hut ins Gesicht drückte. Es war eine Warnung für die Spekulanten, dass sie die Freiheit verlieren sollten, von der ein Hut das Sinnbild ist. Aber wunderbar ist, selbst in diesen Stürmen steigen die Kurse zu schwindelnder Höhe,[2] wenn die Börse, dieses Ungeheuer, ein Meer wäre, würde sie nicht die Wellen im Sturm beruhigen und die Schiffe vom Untergange retten? Diese Schwierigkeiten und furchtbaren Zwischenfälle des Börsengeschäftes, das nach Ansicht der klügsten Leute wechselt wie ein Polyp, sich verändert wie ein Chamäleon und wie Proteus, sich verwandelt wie *Acheloos* und sich wie *Vertumnus*[3] umgestaltet, sie haben den Spekulanten einige Grundsätze beigebracht, die, obwohl oft wiederholt, doch verständig bleiben.

Der erste Grundsatz: *Man soll niemandem einen Rat erteilen, Aktien zu kaufen* oder zu verkaufen, weil da, wo der Scharfblick getrübt wird, auch der wohlwollendste Rat schlecht nützen kann.

Der zweite Grundsatz: *Man soll jeden Gewinn mitnehmen, ohne Reue wegen entgangenen Nutzens zu empfinden*, weil ein Aal eher, als man denkt, entgleitet. Es ist klug, sich mit dem zu freuen, was möglich ist, ohne auf Beständigkeit des Zufalls und Gleichmäßigkeit des Glücks zu hoffen.

---

1 *Das Wort Kores musste unübersetzt bleiben, da es sich in keinem Wörterbuch findet und selbst in dem großen Lexikon der Madrider Akademie nicht verzeichnet wird. – Nach einer ansprechenden Vermutung des Herrn Prof. Brann ist aber Koreas oder Korah zu lesen. Die Rotte Korahs wurde nach dem biblischen Bericht (Numeri 14) von der Erde verschlungen. Nach der Hagada war Korah nicht nur ein böser, sondern auch ein reicher Mann. Die ganze Stelle lautet dann etwa: „Es gab Konjunkturen, wo der Fußtritt eines Großen die Erde öffnete, in deren Schlund sowohl gewissenlose Reiche als auch viele Spießbürger hinabstürzten."*

2 *Über das Steigen der Kurse bei ungünstigen Nachrichten vgl. den vierten Dialog.*

3 *Acheloos, griechischer Flussgott, der die Fähigkeit hatte, sich in die verschiedensten Gestalten zu verwandeln. – Vertumnus ist bei den Römern der Gott alles Wandels und Wechsels.*

Der dritte Grundsatz: *Die Börsengewinne sind Koboldschätze.* Bald sind sie Karfunkelsteine, bald Kohlen, bald Diamanten, bald Kiesel, bald Morgentau, bald Tränen.

Der vierte Grundsatz: *Wer in diesem Spiel gewinnen will, muss Geld und Geduld haben,* da die Kurse so wenig beständig und die Gerüchte so wenig begründet sind; wer die Schläge aushält, ohne über die Widerwärtigkeit zu erschrecken, ähnelt dem Löwen, der den Donner mit Brüllen beantwortet und nicht der Hirschkuh, die, vom Donner betäubt, hinwegeilt. Es ist sicher, dass derjenige, der die Hoffnung nicht aufgibt, gewinnt und Geld für das erhoffte Geschäft behält. Infolge der Wechselfälle machen sich viele lächerlich, da einige Spekulanten durch Träume, andere durch Weissagungen, diese durch Illusionen, jene durch Launen und unzählige durch Chimären geleitet werden.

Kaufmann: Die Leute, welche sich auf diesen Schwindel einlassen, ähneln den englischen Quäkern, die im Körper einen Geist zu haben glauben, der mit ihnen spricht. Sie sind dabei ganz unsinnig, voll Bewegung, Wahnsinn, Hochmut und Torheit. Sie werden verkaufen, ohne das Motiv zu kennen, sie werden ohne Grund kaufen. Sie werden das Rechte finden oder irren ohne Grund, sie werden annehmen, dass sie der Geist überrede, aber der Geist wird zuweilen der Geist Ahabs sein, welcher betrügt, zuweilen der Geist Sauls, welcher tobt.

Aktionär: Deine Vermutung ist unbestreitbar. Denn es träumte ein Spekulant von der Statue Nebukadnezars; als er dann den Verkauf der Aktien bemerkte, erklärte er den Traum: Wie die Statue durch einen Kiesel *(china)* umgeworfen worden sei, so sei auch das Geschäft mit China für die Kompanie verloren und beim Eintreffen der indischen Schiffe müsse ein Zusammenbruch erfolgen.

Ein anderer träumte vom Brande und der Zerstörung Trojas und hielt folgende Rede: Der Brand Trojas geschah wegen Helena, und wenn unsere Schiffe auf der Rückfahrt von Batavia das Kap nicht umschiffen könnten, so bedeute das ein ähnliches Unglück. Der Untergang von Schiffen beschäftigte die Fantasie dieses Spekulanten.

Er glaubte, dass die Nachricht davon wie ein Ausbruch des Ätna und des Mongibelo[1] auf die Börse wirken könnte.[2]

Ein Jobber betritt bestürzt den Börsensaal, kämpft mit sich selbst, ohne zu wissen, welcher Gedanke ihn irreführt, welcher richtig ist. Da kommt ihm plötzlich eine Eingebung und er ruft: „Vende los Kirios" (das ist ein Börsenausdruck, dessen Bedeutung niemand versteht), ohne ein Motiv, außer dass eine Wolke vorbeigezogen oder ein Leichenzug in der Gasse vorübergegangen ist. Ein anderer Matador erscheint auf dem Schauplatz, eifrig bemüht, eine ruhige Haltung zu bewahren. Er schwankt, wie er am besten Geld verdienen könnte, er kaut an den Nägeln, reißt an den Fingern, schließt die Augen, macht vier Schritte und hält dabei vier Selbstgespräche, fasst mit der Hand an die Backe, als ob er Zahnschmerzen hätte, nimmt eine nachdenkliche Miene an, streckt einen Finger aus, reibt sich die Stirn, begleitet mit geheimnisvollem Hüsteln diesen Tanz, als ob er das Glück zwingen könne, plötzlich stürzt er sich mit heftiger Bewegung in die Menge, schlägt mit der einen Hand ein Schnippchen, macht mit der anderen eine verächtliche Gebärde und beginnt in Aktien zu handeln, als ob es Rahmkäse wäre. Er kauft *a resto abierto* (ein Börsenausdruck: mit unbestimmtem Einsatz spielen), er nimmt auf, so viel er kann, er erwirbt, was sich trifft, ohne anderes Motiv und Grundlage, als dass ein Trompetenstoß sein Ohr getroffen hat. Und er macht einen sonderbaren Eindruck, wenn er diesen Umstand zu seinem Nutzen verwenden will, während das Börsenpublikum denkt, dass seine Trompete ihn ebenso gut zu einer Dummheit wie zu einer Klugheit verleiten kann.

Es tritt ein anderer sehr verschlagen in die Gruppe, als ob er vollkommen ruhig wäre. Plötzlich verfällt er in Aufregung und beginnt, Aktien zu verschleudern, ohne einen anderen Beweggrund, als dass

---

1 *Ein Berg der Ätnagruppe.*

2 *Die Annahmen des Spekulanten werden mit abergläubischen Meinungen des Altertums verglichen.*

er die Rockknöpfe zwischen die Finger genommen und ihre Zahl ungerade gefunden hat. Gewinnt er, so hält er jeden Knopf für eine Rosenknospe, verliert er, so hält er den Knopf für einen Dorn. Die Spekulanten unterlassen nicht, einen Schutz gegen solche Ausschreitungen zu suchen. Sie klügeln die Gründe aus, um bisweilen die Aktien bei schlechter Konjunktur zu steigern, bei guter herabzusetzen. Unter Antiperistasis verstehen die Gelehrten, dass das Entgegengesetzte stärkere Kraft erhält. Wenn die Luft mit der Flamme kämpft, springen die Funken mit desto stärkerer Gewalt hervor. Aus diesem Grunde nahm Jacob Cacia das vom Wind bekämpfte Feuer als Sinnbild zu dem Motto: „Vim ex vi", und der berühmte Ludwig Ursino hatte den Wahlspruch: „Contraria juvant". Weil man den Ausgang fürchtet, macht man größere Anstrengungen für den Triumph. Manchmal wird ein ruhiger Kursstand erreicht und die Börse weder durch günstige noch ungünstige Meldungen beeinflusst. Obwohl keine besonderen Fortschritte der Unternehmungen zu verzeichnen sind, hofft man, dass dieselben glücklich zu Ende geführt werden. Der Kurs wird daher behauptet (ähnlich wie gewisse Sterne in der Nähe des Südpols seit 6.000 Jahren in unaufhörlichem Kreislauf sich bewegen, ohne an unserem Horizont zu erscheinen). Da zieht plötzlich eine Wolke herauf, die Sturm anzeigt. Die Verkäufer der Papiere freuen sich und ergeben sich in Mutmaßungen über die Unklarheiten und Verwüstungen. Da eilen blitzschnell die Käufer herbei, um diese Überschwemmung aufzuhalten und diese Schmach zurückzuweisen. Sie gleichen dem Aeneas, der am Eingang in die Unterwelt ein Heer von Harpyien, Schlangen und Zentauren traf, aber mutig sein Schwert zog, ohne dass ihn Furcht befiel oder Sorge die Unerschrockenheit lähmte. Das Scharmützel dauert an, und schließlich steht der Kurs höher als vor der Verwirrung, weil diejenigen Börsenkreise, die arglos nicht an den Kampf dachten und ohne Gewalttätigkeit ihren Weg verfolgten, durch die Angriffe aufgerüttelt, sich mit allen Kräften der Sache zuwenden und ihren Stolz darin suchen, eine schwache Position zu halten. So wird aus dem Hindernis ein Vorteil, und die Kräfte, die die Effektenkäufer in den Abgrund stürzen sollten, dienen ihnen nur zur Ermutigung.

Und ungeachtet aller dieser Ungereimtheiten, dieser Verwirrung, dieses Wahnsinns, dieser Zweifel und Ungewissheit des Verdienstes fehlen nicht die Mittel, um zu erkennen, welche politischen und geschäftlichen Ansichten die einflussreichen Personen vertreten. Wer sich die Aufgabe stellt, diese Dinge mit Aufrichtigkeit ohne verblendende Leidenschaft und störenden Eigensinn zu verfolgen, wird unzählige Male, aber nicht immer das Rechte treffen. Beim Abschluss der Rechnung wird er aber finden, dass doch kein Scharfsinn das Spiel errät und keine Wissenschaft hier ausreicht. Denn da die reichen Leute (an der Börse) auch bei ungünstiger Tendenz nach einer Gegenwirkung suchen und eine Verstimmung der Börse ebenso behoben wird wie in Asien das Leiden eines Leprakranken durch ein giftiges Heilmittel,[1] so braucht man auch ungünstige Nachrichten nicht immer als unheilvoll zu betrachten.

Lucilius, Virgil, Seneca, Plinius versichern, dass die Marser die Schlangen durch Musik bezaubern, sodass sie durch den Wohlklang das tödliche Gift verlieren. Wenn es Spekulanten gibt, die, während sich die glattesten Schlangen an ihr Geschäft heranschleichen, die Gefahr unterschätzen, so haben sie den Schaden zu tragen. Möchten sie alle ein undurchdringliches Fell gegen die unaufhörlichen Schläge besitzen.

Einem todkranken Reichen wollten einige Bösewichte das Vermögen rauben. Um ihren Zweck ohne Gefahr zu erreichen, legten sie ihm ein Band so leicht um den Hals, dass man mehr an einen Zufall als eine geheime Absicht denken konnte. Sie riefen einen Notar und sagten ihm, ihr Onkel hätte die Sprache, aber nicht den Verstand

---

1 *Nach Galen wurde ein Leprakranker durch Wein, in dem sich vorher eine Schlange befand, geheilt.*

verloren. Wenn man ihn über sein Testament befragen würde, so würde er durch Bewegung des Kopfes antworten. Sie führten den ahnungslosen Notar an das Bett, damit er getreulich das Gesehene bekunde, und bei Vorlegung der ihnen passenden Fragen zogen sie so geschickt und schnell an der Schnur, dass sie ihr Opfer durch Kopfbewegung ihre Behauptungen bekräftigen und stoßweise ihre Wünsche bestätigen ließen.

Auch an der Börse gibt es Schlingen und Kniffe, durch die gewaltsame Menschen vorher beabsichtigte Kopfbewegungen ausführen lassen und mit denen sie die Kehle zuschnüren. So haben sie Vorteil von den Drangsalen und wissen den Todeskampf der Spekulation auszunutzen. Die berechtigten Personen haben das Nachsehen, während die Preller sich ins Fäustchen lachen, und da wir schlechte Geschäfte in der Börsensprache „Ohrfeigen bekommen" und „Schlummern" nennen, so ist es begreiflich, dass, wer dieses Kopfschütteln nicht beachtet, diese Ohrfeigen erhält.[1]

Vor allem sei bemerkt, dass es zwei Klassen von Spekulanten in dieser Spielhölle gibt, die einander so entgegengesetzt sind, dass sie Antipoden in ihren Entschlüssen und, wie ich glaube, in ihrem Schicksal zu sein scheinen. Die erste Klasse besteht aus den Haussiers oder *Liefhebberen* (was „Liebhaber" auf Holländisch heißt). Es sind das diejenigen Börsenmitglieder, die das Geschäft durch Käufe einleiten, gleichsam als ob sie Liebhaber[2] des Vaterlandes, des Staates

---

1 *Auch hier lässt sich das Wortspiel nicht wiedergeben. Dar cabezadas heißt sowohl „schlummern" als auch „kopfschütteln".*

2 *Der Verfasser gebraucht für Haussier stets den Ausdruck Liefhebber. Die Bezeichnung Liefhebbers des gemeinen Nuts oder Liefhebbers des Vaterlands findet sich bereits in Flugschriften aus den Jaht 1608 und 1622. Bei Pinto wird dieselbe Bezeichnung in der Übersetzung „Amateur" gebraucht. Nach Fritz Schmidt, a. a. O., S. 10 heißen die Haussiers noch jetzt in Frankfurt „Liebhaber". Während der Verfasser die Haussiers verteidigt, nimmt dagegen Mirabeau in seiner Anklage gegen die Agiotage die Baissiers in Schutz. „Sobald der Baissier ein Feind des Staates ist, ist natürlich der Haussier dessen Freund; es geben sich die Letzteren den Anschein, dass auf ihren Schultern das Staatswohl ruht. Mag sein, dass wir Spieler sind, sagen sie, da wir eher zum Nutzen des Vaterlandes spielen, hört das Wort auf, ein Schimpf zu sein" (S. 22).*

und der Kompanie seien. Sie wünschen immer, dass die Aktien steigen und dass infolge glücklicher Nachrichten in einem Augenblick der Markt in Bewegung gerät und die Kurse hoch emporfliegen.

Die zweite Partei besteht aus den Baissiers oder Contremine (dieser Name erklärt sich dadurch, dass Indien eine Mine ist und dass die Baissepartei daraufhin arbeitet, dass die Mine sich erschöpft). Die Baissiers leiten das Geschäft immer durch Verkäufe ein. Einige von ihnen übertreffen sogar Timon von Athen, der allein den Alkibiades liebte, um dessen Mission zu teilen, der Henker des Vaterlandes zu sein. Diese Baissiers muss man meiden wie die Pest und nur bei außergewöhnlichen Gelegenheiten auf ihre Seite treten, um ein „Bichile" zu machen (was bei den holländischen Kindern „Schmetterling" bedeutet[1]). Es ist das ein Ausdruck, den wir bei einer blitzschnellen Kurssteigerung gebrauchen, die, wenn man sie nicht festhält, entfliegt und, wenn man sie nicht mitnimmt, einem entgeht.

Die Haussiers sind wie die Giraffe[2], die vor nichts erschrickt, oder wie der Zauberer des Kurfürsten von Köln, der in seinem Spiegel die Damen viel schöner, als sie in Wirklichkeit waren, zeigte: Alles lieben sie, alles loben sie, alles schmücken sie aus. Und so wie bei der Belagerung von Priene Bias den Gesandten des Alyattes täuschte, indem er ihm Sandberge bedeckt mit Weizen zeigte und ihm so nahelegte, dass eine so reiche Stadt sich nicht aus Not ergeben könne, ebenso lassen die Haussiers das Publikum glauben, dass ihre Kunstgriffe Reichtum bedeuten und auf Gräbern Nahrungsmittel wachsen.

Werden sie von Schlangen angegriffen, so halten sie diese wie die Indianer für eine ebenso feine wie wohlschmeckende Speise. Werden sie durch ein feines Gift bedroht, so machen sie daraus Brot wie jene

1 *Das Bikkelspiel oder das Bikkelen ist ein uraltes Kinderspiel, bei dem es hauptsächlich auf Behändigkeit ankommt. Ebenso wie hier mehrere Knöchelchen schnell aufgerafft werden müssen, müssen Kursgewinne rasch mitgenommen werden. Vgl. Johanna W. P. Drost, Het nederlandsch Kinderspel voor de 17. Eeuw., 1914, S. 100 ff., S. 106 ff.*

2 *Im Text Zorafa. Ehrenberg scheint dies für einen Eigennamen zu halten. Zorafa oder zirafa bedeutet aber nur „Giraffe".*

Wilden aus der Yuca[1]. Auf sie macht weder ein Brand einen Eindruck, noch beunruhigt sie der Untergang.

Bei Erdbeben sagen sie, dass die Erde ein wenig tanze, bei ägyptischen Finsternissen sagen sie, es seien leichte Nebel: Wenn Blitze zucken, sind es Raketen, und Drachen verwandeln sich in harmlose Tiere.

Die Baissiers dagegen sind ganz aus Furcht, Bestürzung und Nervosität zusammengesetzt. Mücken werden zu Elefanten, Wirtshausschlägereien zu Rebellionen und leichte Schatten zum Chaos. Aber wenn es in Afrika Schafe gibt, die als Esel, und Hammel, die als Pferde dienen, was ist es da wunderbar, dass den Baissiers jeder Zwerg zum Riesen wird?

Iwan II., Großfürst von Moskau, soll nach Korman durch den Anblick jeder Frau so bestürzt worden sein, dass er ohnmächtig wurde. Aber diese feigen Baissiers übertreffen noch diese Seltsamkeit, da eine Mücke für sie zum Riesen wird und ein Atom zu einem Berg.

Ein König von Kambodscha soll, nachdem er Gift erhalten hatte, durch seinen Blick getötet haben, und die Baissiers bilden sich ein, alle Potentaten seien wie dieser Monarch, denn sie nehmen an, dass sie uns mit ihren Blicken verschlucken und mit ihren Augen vernichten können.

Miguel de Medina verbot, eine Henne auf den Eiern zu lassen, wenn sich Schlangen vor ihr zeigten. Es würden nämlich aus den Eiern nicht Hühner, sondern Schlangen hervorgehen. Die Baissiers bestätigen diese Ansicht. Sie beschäftigen sich immer mit Unglücksfällen, Unheil, Umsturz, Überschwemmungen, Vernichtungen, Elend, Ruin, Katastrophen und Tragödien, und es erreicht sie keine Nachricht, die nicht ungünstig gefärbt wird, ähnlich wie das Vieh Jakobs die Farbe der Stäbe annahm.

---

1 *Gemeint ist wohl Yuca amara oder Bittere Kassave. Diese tropische Pflanze enthält Blausäure. Ein hier folgender unwesentlicher Satz ist weggeblieben.*

Das Auftreten der Baissiers hat nichts Wunderbares, wenn man sich erinnert, dass im Jahre 1546 vor den deutschen Bürgerkriegen ein Kind mit einem scharfen Messer im Bauch geboren wurde; denn es scheint, dass diese Baissiers alle mit einem Messer im Bauch geboren werden, welches alles, was es findet, zerschneidet, alles, was es trifft, zerstückelt. Wenn unklare Nachrichten eintreffen, so werden sie im Munde der Baisse verhängnisvoll: Sind sie zweifelhaft, so machen sie sie furchtbar, und wenn es keine Nachricht gibt, die ihnen günstig ist, so erfinden sie sich eine. Einige Baissiers bestechen einen Matrosen oder einen Lotsen, um das zu verbreiten, wonach es sie gelüstet hat, und wie die Taube des Archytas flog und die Kraniche des Boethius krächzten und die Schlange des Aeneas zischte, obwohl sie nur aus Holz und Stecken verfertigt waren, so bewirken die Baissiers, dass ihre Strohmänner das, was sie ihnen beibringen, nachsprechen wie der Papagei des Cäsar und dass diese Holzfiguren ihre Worte wiederholen wie der Rabe des Augustus.

Noch lieblicher ist das Geschrei der Baissiers, dass die Welt untergehe, indem sie mit unerhörten Übertreibungen gewisse Vermutungen über die Regierungen aussprechen, die falscher sind als die Lehren der Astrologen. Der große Theon[1] malte ein Bild; nachdem er es mit einem Tuche bedeckt hatte, rief er das Publikum zusammen, es sollte den Kampf zweier Heere so ähnlich dargestellt sehen, dass die Leinwand infolge der Hiebe zu zerreißen und infolge der Schüsse zu verbrennen drohte; um den Geist der Zuschauer auf etwas Schreckliches vorzubereiten und die Fantasie der Menschen fortzureißen, befahl der Maler, dass Militärmusik ertönen sollte. Der Vorhang wurde hochgezogen, und während die Versammlung einstimmig glaubte, dass die Alexanderschlacht gegen diesen Kampf nichts bedeute, fand sie den Froschmäusekrieg Homers gemalt, und aus dem furchtbaren Eindruck war ein lächerlicher geworden.

---

1 *Der Maler Theon aus Samos lebte gegen 300 v. Chr.*

Es kann keinen treffenderen Vergleich des Treibens dieser Flaumacher geben als diese Anekdote, da sie die Gefahren übertreiben und die Not vergrößern; wer sie hört, muss glauben, dass der Tod besser sei als die Todesdrohung und der Untergang angenehmer als die Gefahr. Immer reden sie im Geheimen, als ob sie sich fürchten, die Tatsachen offen zuzugeben; immer machen sie große Augen und halten Selbstgespräche, als ob sie sich ihres Wissens schämen; immer weissagen sie wie Propheten, raten wie Freunde, geben feierliche Versicherungen wie Richter und sind Seelsorger wie Geistliche: Schließlich geht der Vorhang auf, es erscheinen die Frösche und Mäuse, und nachdem der Berg ein Mäuslein geboren hat, erweist sich der ganze Sturm als Windbeutelei und die ganze Verwirrung verschwindet.

Im Flusse Arotan lebt ein Fisch, der nach Nikolaus Commites dem Fischer Fieber verursacht, sodass er mit der Krankheit zu kämpfen hat, bis er ihn wieder ins Wasser wirft. Wunderbares Bild der Baissiers, die, wenn sie eine Aktie aus Übereilung oder Furcht, dass sie steigen könne, gefangen haben, unter unerträglichem Kummer leiden, bis sie das Spiel aufgeben, sie ins Wasser werfen und so zu Ruhe kommen.

Sie würden die Behandlung sehr nötig haben, die der berühmte Marliano[1] einem Narren angedeihen ließ, der glaubte, Frösche im Körper zu haben. Denn diese Baissiers ruhen nicht eher, als bis man dem Wasser die Frösche zurückgibt. Ihnen fehlen auch die Mittel, welche die Ärzte bei einer bestimmten Geisteskrankheit, genannt Licantropia, verschreiben, bei der die Patienten sich einbilden, Wölfe zu sein, und die ganze Nacht auf dem Kirchhof herumlaufen; denn wir werden die Baissiers immer mit Vermutungen über Begräbnisse, Todesfälle, Totenschädel, Kadaver und Skelette beschäftigt finden, sie sprechen nur von traurigen Vorfällen, unterhalten sich nur von beklagenswerten Ereignissen und berühren nur verhängnisvolle Begebenheiten.

---

1 *Leibarzt der Herzöge von Mailand im 15. Jahrhundert.*

Avicenna und Albertus Magnus berichten, dass ein Huhn mit einem Sperberkopf geboren wurde und dass sich unzählige Naturforscher gestritten hätten, ob es in Wirklichkeit ein Sperber oder ein Huhn wäre. Nach Licinius Mucianus gab es einen Mann, genannt Ariscon, der vorher ein Weib war und sich Ariscusa nannte; die Gelehrten stritten über das Geschlecht, ein Teil behauptete, dass er sich ein Weib, der andere, dass er sich einen Mann nennen müsse.

Gelangt eine Nachricht an unsere Börse, die gut oder übel gedeutet werden kann, so entsteht eine Zänkerei zwischen beiden Parteien, ob es ein Huhn oder Sperber, Ariscon oder Ariscusa ist. Sie begnügen sich nicht, mit der Zunge und den Armen zu kämpfen, die Hände zu schlagen, mit den Füßen zu stoßen und mit geistigen Waffen zu streiten, sondern sie bekriegen so hartnäckig die Taschen des Publikums, dass sie den Kampf nicht einstellen, bis diese geleert sind.

Philosoph: Und es ist schwer, sich ein kluges Urteil bei diesen Verwicklungen zu bilden?

Aktionär: Leidenschaftslos bleiben, beide Teile, ohne sich zu alterieren, anhören, sich über ihre Stützpunkte informieren, ihre Gründe erörtern, ihre schlauen Tricks in Anschlag bringen, die Notizen gegeneinander abwägen, jeder Partei die Einwendungen, die ihr Standpunkt erlaubt, machen, um zu sehen, ob sie sie widerlegen oder nicht, und nach allen diesen ebenso plausiblen wie vorteilhaften Vorsichtsmaßregeln sich dazu entscheiden, was einem das Passendste erscheint. So wird man nicht immer den Sieg verkünden, aber auch nicht unzählige Male Verluste erleiden.

Nach Eudicus waren in Hestiäotis[1] zwei Quellen, Cerone und Melan; wenn die Schafe von der ersten tranken, wurden sie weiß, und wenn sie von der zweiten tranken, schwarz; wenn aber von beiden, so wurden sie scheckig. Wenn du bei deinen Unternehmungen

1 *Eine Landschaft in Thessalien. Vgl. Plinius, H. N. B. 31, 9.*

Erfolg haben willst, so wirst du nicht immer aus der Quelle der *Hausse* trinken, weil es nicht immer gut ist, weiß zu sein, noch wirst du beständig aus der Quelle der *Baisse* trinken, weil es nicht immer gut ist, schwarz wie ein Rabe zu sein, obgleich ein Rabe manchmal Brot bringen kann, wie der des Elias, und in seltenen Fällen auch hochfliegen, wie der des Noah.

Schließlich nicht immer schwarz und nicht immer weiß, aber immer Haussier aus Naturanlage und Baissier nur bei Gelegenheit, weil die Erfahrung gelehrt hat, dass gewöhnlich die Hausse siegt und die Baisse verliert.

Die Kompanie ist wie der unsterbliche Baum, der, wenn ein Ast abgeschnitten wird, unversehens einen neuen hervorbringt; daher liegt kein Grund vor, sich über ihre Lage zu beunruhigen, weil sie sogleich jede Störung durch einen neuen Aufschwung überwindet. Folgt daher diesem Wegweiser und drückt die Sohlen in diese Fußspuren, damit euch diese Aussicht nützlich ist, mögt ihr in ehrlicher oder unehrlicher Absicht handeln. Denn bei unreeller Absicht gibt es im Falle einer ungünstigen Wendung den Differenzeinwand. Ein reeller Käufer kann die Aktien entweder abnehmen oder verpfänden, und der Gewinn ist fast ganz sicher, sodass nur ein Krieg (den Gott verhüten möge), und auch dieser nur, wenn er heftig ist, das Geschäft gefährden und uns einschüchtern könnte.

Man muss die verschiedenen Zeiten beachten und nach dem Wind die Segel richten. Früher beherrschten 20 Spekulanten die Börse, und da der geringste Umstand von Einfluss war, so fielen die Aktien wegen einer Befürchtung um 30 Prozent und wegen eines Briefes um 50 Prozent. Heute gibt es ebenso viele Spekulanten wie Kaufleute (denn diejenigen, welche das Spiel aus Unterhaltung, nicht aus Gewinnsucht betreiben, sind leicht herauszufinden), und diese haben bereits traurige Erfahrungen mit unbegründeten Befürchtungen gemacht. Deshalb behält jeder seine Effekten wie ein Juwel und überlegt, dass man genug Schmerz empfindet, wenn ein Verlust wirklich eintritt. Die Angst aber vor einer bloßen Drohung heißt, Sorge und Kummer doppelt und verfrüht zu erfahren.

Der Schatten eines indischen Baumes tötet auf der einen Seite und belebt auf der anderen. Ich habe euch die (ostindische) Kompanie, weil sie blüht, unter dem Bilde eines Baumes dargestellt und füge jetzt hinzu, dass sie diesem indischen Baum gleicht. Wenn ich ihn immer von der Seite der Contremine betrachte, verliere ich das Leben, wenn ich ihn dagegen vom Standpunkt der Haussiers ansehe, werde ich das Kapital vermehren. Denn die Baissiers rühren sich nur wegen der Zweige, die Haussiers begießen die Wurzeln,[1] jene spekulieren nur auf den Schatten, diese auf die Früchte.

Zwei verschlungene Hände mit einer Krone und Laute waren in den Stamm eines Apfelbaumes in Holland eingeschnitten worden. Ihr werdet das Rechte treffen, wenn ihr zum Symbol der Kompanie diesen Apfelbaum nehmt. Seht die verschlungenen Hände, das Sinnbild der Eintracht bei den Ägyptern, und wünscht immer die Eintracht. Betrachtet das königliche Abzeichen, die Krone, und gebt dem prächtigen Geschäft die Krone. Denkt an die Laute, ein Zeichen der Freude, und seid zufrieden mit den Erfolgen und erfreut über die Verdienste.

Als Michelangelo die Decke der (Sixtinischen) Kapelle in Rom malte, hatte er die Augen immer nach oben gerichtet. Er konnte sie auch auf der Straße nicht niederschlagen und richtete sie zum Himmel, als ob er mehr Astronom als Maler wäre. Seid ihr gewohnt, in der Hausse zu sein, so hebt das Haupt, seht auf die Höhen und ihr werdet großen Verdienst und Hausse für eure natürliche Aufgabe halten. Ihr macht es nicht wie der Riese, der sich zum Zwerg immer niederbeugte und davon krumm wurde. Ihr folgt lieber dem Beispiel Michelangelos. Je mehr ihr nach den Gipfeln schaut, desto männlicher, weiser und geachteter werdet ihr sein.

---

1 *Dies soll wohl so viel heißen: Die Haussiers gehen auf den Grund der Sache.*

Ein hoher Kursstand erregt Besorgnis bei vielen, die ihn nicht gewöhnt sind. Aber einsichtsvolle Männer brauchen hieran keinen Anstoß zu nehmen. Denn jeden Tag wird die Lage der (Ostindischen Kompanie) glänzender, der Staat reicher und der Ertrag festverzinslicher Anlagen geringer, da man das Geld kaum unterzubringen vermag. Beträgt doch der Zinsfuß für gewöhnliche Darlehen nur 3 Prozent jährlich, wenn der Gläubiger ein Pfandrecht besitzt, sogar nur 2 ½ Prozent. Es sind daher selbst die Allervermögendsten gezwungen, Dividendenpapiere zu kaufen, und es gibt Leute, die diese bei gesunkenem Kurs nicht verkaufen, um den Verlust zu vermeiden; aber auch bei steigendem Kurs nichts abgeben, weil sie keine sichere Anlage für ihr Kapital kennen. Auch lässt sich dasselbe bei dieser Anlage am schnellsten realisieren, da bei der Lebhaftigkeit des Geschäftes man jeden Augenblick zu seinem Geld kommen kann.

Die Möglichkeit rascher Umsätze erhöht den Wert der Effekten dergestalt, dass die Aktien der Kammer von Amsterdam höher bezahlt werden als die aller anderen Kammern. Dies geschieht nur wegen der Spekulation, die an den anderen Plätzen dieser Provinzen fehlt. Denn die Dividenden sind, abgesehen von geringen Unkosten, für die auswärtigen Kammern dieselben. Trotzdem notieren die Aktien der Kammer von Zeeland 150 Prozent, die von Enkhuysen 80 Prozent, die von Hoorn 75 Prozent, die von Rotterdam 30 Prozent und die von Delft 70 Prozent weniger als die Aktien der Amsterdamer Kammer.

Die Kursbewegung verläuft nicht wie jener Fluss, der 14 Tage nach Osten und 14 Tage nach Westen strömt, noch ist eine Ähnlichkeit mit dem persischen Brunnen vorhanden, in dem das Wasser 30 Jahre steigt und ebenso lange fällt. Das Sinken der Kurse braucht keine Schranke zu haben und auch für das Steigen ergeben sich unbegrenzte Möglichkeiten. Als ein Kaufmann einen Diamanten von unermesslichem Wert von Goa nach Europa brachte, tadelte ihn der französische König[1]

1 *Marte gallico. Es kann auch ein Prinz von Wales gemeint sein.*

und fragte: „Wie konntest du mit diesem Stein ein ganzes Vermögen aufs Spiel setzen?“ Die kluge und höfliche Antwort lautete: „Ich dachte nur daran, dass Ew. Majestät in der Welt wäre.“ Mögen euch daher die himmelhoch getriebenen Kurse nicht beunruhigen. Denn niemals fehlen Fürsten der Börse und Könige des Geschäfts, die die Aktien lieben. Denkt, dass es ebenso viele Spekulanten wie Menschen gibt und dass ihr immer Abnehmer finden werdet, die euch von der Sorge befreien. Ihr werdet sehen, dass wir große Summen für ein Juwel und Schätze für einen Stein geben.

Trotzdem ist es klug, sich schnell zurückzuziehen, ähnlich wie die ägyptischen Hunde aus Furcht vor Krokodilen, sobald sie getrunken haben, davonlaufen. Sogar die Sterne erster Größe erzittern, und auf die Gunst der Glücksgöttin, die nur in der Unbeständigkeit beharrlich ist, darf man nicht bauen.

Wenn euch Fortuna die Hand reicht und ihr erfolgreich spekuliert, so nehmt dies bescheiden hin, preist anständig euer Geschick und verscherzt nicht durch Hochmut die günstige Fügung.[1]

Belisar bemühte sich, dass sein Feldherrnstab zu einem Zepter werde, aber statt eines Zepters erhielt er einen Bettelstab. Begnügt euch, wenn sich der Hirtenstock in einen Stab verwandelt und der Stab zu einem Feldherrnstab wird. Verlangt nicht, dass sich der Feldherrnstab in ein Zepter verwandelt, denn es kann auch (wie in der biblischen Erzählung) aus dem Stab eine Schlange werden, und anstatt dass ihr Wunderdinge erlebt, könnt ihr empfindliche Verluste haben.

Wenn du ein Kiesel bist, so beanspruche nicht, ein Fels zu sein, und wenn enger Raum dein Haus ist, so versuche dort nicht, einen Koloss aufzustellen.

Nicht alle glauben an den Bericht der Klassiker, dass ein Pferd aus Bronze in Konstantinopel durch Wiehern den Sieg vorhersagte. Daher

---

1 *Es wird auf Antigonos verwiesen, der einen plötzlichen Tod fand, als er sich zu laut des Sieges rühmte.*

soll man nicht auf das Schicksal vertrauen und nicht einen Sieg als Vorspiel eines neuen feiern. Eher ist anzunehmen, dass auf den Erfolg die Niederlage folgen wird. Und nur wenn uns der Eisenkopf des Albertus Magnus[1] begleitete, der auf Fragen zu antworten wusste – worüber Tostado gelehrt und scharfsinnig geschrieben hat –, könnte man auch bei einer Wendung des Schicksals den Verdienst mitnehmen.

Der Grundsatz der erfahrensten Spekulanten ist, sich nicht mit den Aktien zu verheiraten. Wenn ihr aber in die Schlingen der Spekulation geratet, so macht lieber nur ein kleines Geschäft mit geringerem Nutzen; denn wenn ihr wenig macht, seid ihr immer imstande, dem Geschäft leicht eine Wendung zu geben.[2]

Man überreichte Xerxes die Früchte Attikas, und er entschied sich, sie erst in Athen zu verzehren. Folget an der Börse diesem Beispiele nicht, denn es gibt dort keine größere Klugheit als die Früchte sofort zu verzehren, die der Zufall uns schenkt, ohne eine Verbesserung ihres Aussehens und Geschmacks zu erwarten.

Auf die Börse macht die Erwartung einer Tatsache mehr Eindruck als die Tatsache selbst. Erwartet man eine hohe Dividende oder eine glänzende Einfuhr, so steigen die Aktien, tritt aber die Tatsache wirklich ein, so fallen sie oft. Denn die Freude über diesen Gewinn und der Jubel über diesen Glücksfall haben sich inzwischen bereits gelegt. Es fehlen nicht natürliche Gründe für diese Erfahrung, denn wenn die Lage bedrohlich aussieht, fürchten gewöhnlich die Baissiers den Schlag: Sie wagen nicht, sich zu engagieren, während die Haussiers optimistisch sind aus Freude über die ihnen beständig günstige Konjunktur und ihre Stimmung so zuversichtlich ist, dass auch weniger günstige Nachrichten keinen Eindruck machen und Besorgnisse nicht Platz greifen. Sobald aber die Schiffe eingetroffen oder

---

1 *Der Eisenkopf war eine Sprechmaschine. – Tostado war ein spanischer Bischof (1400–1455).*

2 *Ein spartanischer König hatte eine kleine Frau geheiratet; auch an der Börse soll man nur eine kleine Frau heiraten oder kleine Geschäfte machen.*

die Dividenden einkassiert sind, fassen die Verkäufer neuen Mut, berechnen, dass in einigen Monaten die Käufer nicht sehr günstige Dinge zu erwarten haben – es zittern beim leisesten Wind die Blätter, der kleinste Schatten erregt Furcht –, und es ist daher kein Wunder, dass die Aktien fallen, da sie von der einen Partei aufgegeben, von der anderen angegriffen werden. Deshalb nehmen geschickte Leute die Vorteile gewandt wahr, die das Schicksal bietet, so wie es dem Peralvillo die Kirschen reichte, denn wenn ein Umschlag erfolgt, können sie kaum die Füße herausziehen und bei großer Bedrängnis höchstens ihre Glieder gesund behalten.

Beim Einzug Karls V. in Nürnberg wurde ein Automat in Form eines Metalladlers aufgestellt, der die Schlüssel der Stadt überreichte, auch flog eine eiserne Fliege an der Tafel des Kaisers um seine Stirn und setzte sich auf seine Hände.[1] Das ist eine wunderbare Geschichte, denn nicht immer geben gerissene Menschen wie jener Adler die Schlüssel zum Geldschrank heraus, nicht immer kommt das Geld zum Besitzer zurück.[2]

Von einem indischen Baum berichtet Cursio, dass sich die Blätter jede Nacht in Zuckergebäck verwandelten, bei Sonnenaufgang der Zauber aber verschwand. Vorübergehende Erscheinungen, wie der Efeu des Jonas, der ihn in der Dämmerung erfreute und bei Sonnenaufgang verdorrte.[3] Denkt an diesen Baum und versteht die Verhältnisse der Ostindischen Kompanie, die ich wiederholt mit einem Baum verglichen habe, richtig zu behandeln. Wenn sich die Blätter dieses Baumes in Süßigkeiten verwandelt haben, so verlangt nicht noch mehr, sondern begnügt euch mit wenigem,[4] wenn ihr vermutet, dass

1 *Die Angaben sollen sich vielmehr auf den Einzug Kaiser Maximilians im Jahre 1470 beziehen. Jedoch erklärt Feldhaus, D. Technik d. Vorzeit, 1914, S. 50 auch diese Berichte für unrichtig.*

2 *Aguila heißt sowohl „Adler" wie „listiger Mensch". Mosca heißt sowohl „Fliege" wie „Geld". Das Wortspiel ließ sich nicht vollkommen wiedergeben.*

3 *Jona 4.*

4 *Dieser Gedanke wird durch Vergleiche mit Alexander und Artaxerxes erläutert.*

ein größerer Gewinn nicht zu erreichen ist. Nehmt zur Grundlage für eure Operationen die zwei Sätze: Hoffe bei Verlusten, ziehe dich, wenn du verdient hast, zurück. Das sind die beiden Stützen eures Geschäftes. Sie lassen sich mit den Säulen im Tempel Salomos vergleichen. Die eine hieß Jachin, das heißt Vorsicht, die andere Boas, das heißt Mut;[1] denn mit Mut hofft man bei diesen Widerwärtigkeiten auf Besserung, mit Vorsicht zieht man vor dem Sturm die Segel ein. Und wie Salomo die Kapitäle der Säulen in Rosenform bilden ließ, so wird derjenige, welcher sich an die Säulen obiger Grundsätze hält, rosige Aussichten haben.

Kaufmann: Potztausend, was hast du eingefädelt? Ein solcher Redefluss, ein solches atemloses Sprechen! Feuer im Wortschwall, Blitz im Wasserstrahl! Ist das die Torheit, die du uns von den Spekulanten verraten willst? Als Schelm nehme ich an, dass der ganze Höllenrat davon nur so viel versteht wie du allein. Fürwahr, die an der Börse üblichen Ausdrücke sind nicht sorgfältig gewählt, da ich finde, dass diese Sprache Arabisch gepfropft auf Griechisch ist und dass zum Verständnis auch für den Erfahrensten ein neues Wörterbuch, zur Erklärung ein neuer Calepino[2] und zum Unterricht ein neuer Covaruvias nötig sind. Es gibt hier keinen Ausdruck, der nicht ebenso unbegreiflich ist wie Gott. Ich glaubte in der Tat, als ich an der Börse die Sprachenverwirrung und Sprachenmischung hörte, beim Turmbau von Babel zu sein. Bald brauchte man lateinische Worte, wie *Opsie*, bald holländische, wie *Bichile*, bald französische, wie *Surplus*[3].

Gestern las ich, dass Tertullian Athen „linguatam civitatem“ oder die geschwätzige Stadt nannte. Wenn er dich gekannt hätte, so hätte er von einer Aktionistenstadt gesprochen, denn ich weiß nicht, ob du dich mit einer derartigen Wiederholung von Gründen und An-

---

1 1. Könige 7.

2 Calepino verfasste ein berühmtes Lexikon in neun Sprachen.

3 Surplus heißen die Differenzen, die bei Regulierung der Zeitgeschäfte gezahlt werden.

häufung von Notizen nicht zu Tode hetzt.[1] Homer hielt Thersites wegen seines Redens für einen Schwätzer. Könntest du nicht mit größerem Recht so heißen?

Die Alten maßen die Dauer ihrer Reden an einer Wasseruhr, deren Tropfen die Zeit angaben. Deine Redezeit bemisst sich nicht nach Tropfen, sondern nach Teichen, Seen und Meeren. Da wir uns deiner Autorität unterworfen haben, wünschst du sicher, dass wir das Beispiel der Schüler des Pythagoras befolgen, die fünf Jahre schwiegen. Es scheint, dass sie mehr beim Verstummen als beim Reden lernten, denn du redest, damit wir schweigen, und schnatterst, damit wir verstummen. Obgleich du viel weißt, musst du die Behauptung des Aristoteles beachten, dass man in der Rhetorik einen sparsamen Gebrauch von der Gelehrsamkeit machen soll. Die Spartaner schrieben, nachdem sie das Heer Philipps zum Rückzug gezwungen hatten, nur: „Dionysios in Korinth". In dieser feinen und lakonischen Art gaben sie zu verstehen, dass, ebenso wie Dionysios Schulmeister in Korinth geworden war, die Soldaten Philipps sich in Schüler, sein Zepter in einen Bakel und der Feldherrnmantel in einen Leibrock verwandelt hätten.

Richtig wird auf wissenschaftlichen Zeichnungen ein Königreich durch einen Punkt dargestellt. Man bildete Polyphem in einem Kirschkern ab, schrieb die ganze Ilias in eine Nuss und strafte (nach Bocalini[2]) jeden, der in drei Worten seinen Gedanken ausdrückte, wo zwei genügten. Die Spartaner nahmen sogar an, dass sie zu ausführlich waren, als sie den mazedonischen König warnten. Ein anderes Mal antworteten sie auf seine Vorschläge nur mit „Nichts". Sie gaben ihm dadurch zu verstehen, dass er mit seinen Forderungen nichts erreichen würde oder dass seine Drohungen nichts für sie bedeuteten.

1 *Weitere Anführungen aus Tertullian und Athenaios verfolgen nur dieselben Gedanken.*

2 *Satiriker des 17. Jahrhunderts, der in Rom lebte.*

Als ein Sturm einen Sekretär überfiel, schrieb er klug seinem Freunde: „Ich bleibe, ich weiß nicht wo, ich teile euch mit, ich weiß nicht wann, ich weiß nicht, wo ich schreibe, datiert am Tage der halben Köpfe, im Monat der zwei Köpfe, im Jahr der drei Köpfe." Das nenne ich epigrammatisch schreiben. Er sagt: „Ich bleibe, ich weiß nicht wo", denn die Schwingungen des Schiffes werfen ihn hin und her, er weiß nicht, wann er seine Mitteilung macht, denn der Sturm hindert ihn. Er schreibt, er weiß nicht wo, denn das Schiff wird von den Wellen hin- und hergeworfen. Er unterzeichnet: „Am Tage der halben Köpfe", das ist Montag, denn der Mond beherrscht die Mondsüchtigen und Narren. „Im Monat der zwei Köpfe", das ist Januar, denn Januar stammt von Janus, der zwei Köpfe hatte. „Im Jahr der drei Köpfe", das ist 1417, in welchem Martin V. zum Papst gewählt wurde, Benedikt und Gregor als Gegenpäpste auftraten.

Die bedeutendsten Köpfe machten witzige Bemerkungen über den Grund, weshalb in Athen Neptun und Minerva in einem Denkmal vereint dargestellt wurden. Den Vogel schoss der große Koch Scappi ab. Weil Minerva die Göttin des Ölbaumes und Neptun der Gott der Fische sei, bedeute die Vereinigung der Gottheiten, dass man Fisch nicht ohne Öl essen solle. Das nenne ich ergötzlich reden.[1] Nur Feinheit und Einfachheit wirken auf den menschlichen Geist, der große Lärm, der die Mauern von Jericho zum Einsturz brachte, ist hier wirkungslos. Was sollen die Hyperbeln, die manchmal so kalt sind, dass man sie mit Recht Hyperboreer genannt hat? Zu dichtes Laub beschwert die Bäume und unter der Last der Früchte sinken sie zusammen.[2]

Aktionär: Der Kessel sprach von der Pfanne: Nehmt sie hinweg, damit sie mich nicht beschmutzt. Dasselbe kann ich sagen, wenn du

1 *Eine Anekdote über den Einzug des Kardinals Aldobrandini in Mailand dient ebenfalls nur dazu, um auf den Wert kurzer witziger Bemerkungen hinzuweisen.*

2 *Es wird noch bemerkt, dass ein großes Schiff in Ägypten wegen zu starker Belastung scheiterte.*

meine Darstellung als eine Sintflut hinstellst.[1] Der Krebs tadelte sein Junges, weil es nicht vorwärts ging. Dieses antwortete: „Führe du mich!“ Wer verbessern will, darf nicht das Gegenteil tun von dem, was er predigt.[2]

Von deinem Urteil kann man wohl sagen, dass es nicht reif ist, ebenso wie dem Fuchs die Trauben zu sauer waren. Ich glaube auch, dass man es, da es noch ziemlich roh ist, auf einer Diamantmühle schleifen müsste. Du hast zwei Anthologien gelesen, davon sind drei Bemerkungen, vier Witze und sechs Anekdoten sitzen geblieben. Du hast höchstens in dem poetischen Wörterbuch von Etienne, im geografischen Lexikon des Ortelius, in den philosophischen, chemischen, mathematischen und etymologischen Sammelwerken des Goclenius[3], Roland, Dasypodius[4] und Funger geblättert. Aber schon nimmst du an, dass Aristoteles nicht tiefer, Seneca nicht moralischer war und dass du andere Denker übertriffst.[5]

Ich glaube, dass du als Kaufmann bei deiner mühseligen Arbeit bleiben solltest,[6] du bist nicht dazu geschaffen, im Börsenspiel die Lanze zu schwingen, wo der Übermut alle verständigen Absichten vereitelt und Dünkel zum Ruin führt.

Wer brachte Saul unter die Propheten, um mir den Ruin zu weissagen? Gestern noch bei den Eselinnen, heute mit der Krone geschmückt? Und dabei begreifst du nichts von der Materie, denn es ist zwar rühmlich, ein Weiser, aber großtuerisch, ein Spötter zu sein.

---

1 *Ein Zitat aus Ovid.*

2 *Dies wird durch zwei Beispiele von Philipp von Mazedonien und einem römischen Senator erwiesen.*

3 *Rudolf Goclenius, Professor in Marburg, 1547–1628.*

4 *Konrad Dasypodius, in Straßburg gegen 1600.*

5 *Es werden eine Anzahl antiker Koryphäen angeführt.*

6 *In diesem Zusammenhang wird erzählt, dass die Athener beschlossen, den Aegineten so die Sehnen zu zerschneiden, dass sie die Ruder führen, aber nicht die Lanze schwingen könnten. Es ist ein Wortspiel beabsichtigt, da remo sowohl „Ruder“ als auch „schwere Arbeit“ bedeutet.*

Ptolemäus tadelte den großen Musiker Stratonikos[1], worauf dieser erwiderte: „Etwas anderes ist ein Zepter als das Plektrum. Begreifst du beiläufig, dass Pilot und Redner zu sein, gleichsam dasselbe ist? Ans Ruder, an die gewöhnliche Arbeit, Freund, du gehörst nicht in die Wissenschaft, sondern an den flachen Strand."

Trauriges Los großer Geister, Vorwürfe von denen zu erfahren, die sie aus Mangel an Verständnis tadeln! Wie weise war der berühmte Kommentator des Plato, als er verbot, seine Lehre zu vulgarisieren, um sie nicht verächtlich zu machen und zu verhindern, dass die in kurze Begriffe zusammengedrängte Lehre[2] in oberflächlicher Weise missverstanden werde.[3]

Wie kannst du wünschen, dass ich in lakonischer Weise die Börsengeschäfte erkläre, die auch in ausführlicherer Darstellung kaum erfasst werden?

Wollte Gott, dass sich mit 100 Beispielen erläutern ließ, wofür du ein Beispiel für ausreichend hältst, ohne zu bedenken, dass bei allgemein interessanten Themen gerade die Wiederholung und eingehendere Behandlung erfreut. Überdies darf man die Reichhaltigkeit der Darstellung nicht mit Wiederholung verwechseln, denn letztere langweilt, jene belehrt, letztere verdoppelt die Worte, jene die geistreichen Gedanken. Die Sonne stört nicht, weil sie alle Tage leuchtet, und noch mehr wird sie bewundert, wenn sie wie im Jahre 1593 in Wien, Prag und Wittenberg einen mannigfachen Anblick gewährt und bald als Palme, Pfeiler, Schiff, Obelisk, Schwert, Lanze und Krone erscheint.

Eine der am meisten gepriesenen Metaphern ist die Hypotyposis oder eine Rednerfigur, durch welche eine Sache so lebhaft geschildert wird, dass man sie gewissermaßen mit leibhaftigen Augen sieht. Um

---

1 Stratonikos aus Athen, bekannt durch musikalische Leistungen sowie durch witzige Einfälle.

2 Ein Vergleich mit Minerva.

3 Eine Anekdote über Stratonikos erläutert denselben Gedanken.

die Börse mit gleichem Vergnügen zu erkennen, muss man die Vorgänge an ihr mit so lebhaften Farben darstellen, dass sie erfreuen und sich gut einprägen. Ich mache es nicht wie der Löwe, der seine Fußstapfen verwischt, damit man ihm nicht folgen kann.[1]

Giovanni de Bologna[2], der gern große Figuren bildete, beklagte sich beim Großherzog Franz[3], dass er nur einen Auftrag erhielt, Vögel zu modellieren. Nichtsdestoweniger leistete er auch in Kleinplastiken Vorzügliches. Auch meine Neigungen richten sich mehr auf größere Aufgaben (als die vorliegende[4]). Aber ich versichere euch, um die Arbeit befriedigend zu leisten, habe ich meine Fantasie gezügelt, und wenn ich kein schönes Bild malen kann, soll es wenigstens reich sein.

Was die Sprachverwirrung an der Börse[5] betrifft, so bin ich nicht daran schuld; der Jargon ist durch das Bedürfnis des Verkehrs entstanden, hat sich dann eingebürgert und als praktisch erwiesen. Ich verkaufe die Redensarten zum Kostenpreis und verdiene nichts als die Mühe, sie vorzubringen und zu erklären. Viel schlimmer ist die Gewohnheit der Philosophen, durch neue Kunstausdrücke ihre Dogmen auszuschmücken und so ungewöhnliche Worte zu gebrauchen, dass sie, wie Homer spottet, aus der Sprache der Götter zu stammen scheinen.

Sei daher nicht wie der Hahn, der die Körner statt des Juwels sucht, und nicht wie der Schweizer, der den großen Diamanten aus der Beute Karls des Kühnen für drei Flaschen Wein verkaufte.[6]

---

1 *Es folgen einige unerhebliche Bemerkungen über den Gebrauch von Perlen als Heilmittel und über einen Flötenspieler in Athen.*

2 *Der Künstler lebte von 1524 bis 1608.*

3 *Franz, Großherzog von Toskana, 1574–1587.*

4 *Wörtlich: Mehr Pyramiden als Vögel zu meißeln.*

5 *Auch bei Le Jolle, Description de la Ville d'Amsterdam en vers burlesques, 1666, S. 74 ist von dem Kauderwelsch der Börsensprache die Rede. Vgl. über den internationalen und polyglotten Charakter der damaligen Börsen auch Sombart, Der moderne Kapitalismus II, S. 564 ff.*

6 *Es folgen einige unerhebliche Bemerkungen über die Böotier und einen Witz, den man mit ihnen machte.*

Sieh, wie entgegengesetzt unsere Ansichten sind! Du meinst, dass ich übertreibe. Ich finde, dass ich kaum die Tatsachen berichte. In der Rhetorik nennt man es eine *Verschweigung*, wenn nicht alle Gedanken ausgedrückt werden, und wenn man das Ganze durch den Teil beschreibt, so heißt diese Figur *Synekdoche*. Ich verspreche dir, alle meine Beschreibungen in Form von Synekdochen und alle meine Ideen in Form von *Verschweigungen* vorzutragen. Calcanino verfasste einen Lobgesang auf den Floh, Lucian auf die Fliege, Melanchthon schrieb ein Loblied auf die Ameise, Dousa[1] auf den Schatten, Bilibaldo auf die Gicht. Alle diese Schriftsteller würden meine Beschreibung der Börse anerkennen, denn sie müssten gestehen, dass alles, was ich vorbringe, nicht mehr ist als ein Tropfen von einem Strom.

Lerne nur, und du wirst verstehen, dass sowohl in der Rhetorik als auch in der Medizin die durch Leere verursachten Übel schlimmer sind als Überladung. Deshalb scheue ich nicht die Fülle der Darstellung, denn wird dieselbe verstanden, so ist es besser, wenn sie langweilt, als wenn Missverständnisse zur Enttäuschung führen.

Frage unseren anwesenden Freund, den Philosophen: Er wird dir gerne bestätigen, dass sogar die Lakonier nicht den Wortreichtum, sondern nur überflüssige Reden für entbehrlich hielten.[2]

Doria befahl, einige Spanier, die sich an der Plünderung Roms[3] beteiligt hatten, in ein Tuch einzunähen und dieses mit einer Kiste Zwieback ins Wasser zu werfen. Ein Spanier verlor auch in Lebensgefahr seinen Witz nicht und sagte: „Viel Wasser für so wenig Brot." Betrachtet die Unermesslichkeit der Börsengeschäfte, achtet auf die Ausdehnung des Themas und wenn ihr nicht zugebt, dass alles, was ich gesagt habe, sagen werde und sagen kann, wenig Brot für so viel

---

1 Janus Dousa, Bibliothekar in Leiden 1570–1596.

2 Um zu zeigen, dass ein großer Gegenstand eine ausführliche Darstellung erfordere, wird noch eine Anekdote über ein Bild Michelangelos angeführt. Auch wird auf Plato und Aristoteles verwiesen.

3 Im Jahre 1525.

Wasser ist, so soll meine Mühe umsonst gewesen sein, und ich will meinen Ruf einbüßen.[1]

Schließlich hatte ich beschlossen, dir zu antworten, weil Salomo sagt, man solle dem Narren antworten, damit er sich nicht für klug hält, aber ich beachte jetzt die Warnung desselben Weisen, dass man den Narren nicht antworten solle, damit die Erwiderung nicht auch für Narrheit gilt. Zwei Soldaten des Antigonos äußerten ihre Unzufriedenheit; dieser ließ sie aber nicht bestrafen, weil sie wie Hunde waren, die bellen, aber nicht beißen.[2]

Philosoph: Ich bitte dich, lass es genug sein an Hieben und Anzüglichkeiten, Geringschätzung soll nicht an die Stelle von Anerkennung treten. Du hast, o vortrefflicher Spekulant, das Börsengeschäft, das wir betreiben, so lebendig geschildert, deine Darstellung ist ein solches Kunstwerk, dass im Vergleich damit selbst die Naturtreue jenes Bildes von Pferden, die von anderen Pferden angewiehert wurden, nichts bedeutet.[3]

Die von Zeuxis gemalten Trauben, das Tuch des Parrhasios sind Kleinigkeiten dagegen. Sogar der Alexander des Apelles, wo die mit dem Blitz bewaffnete Hand aus dem Rahmen herauszutreten schien, verschwindet dagegen. Denn jeder ist von dem Kolorit deines Bildes entzückt, und Furcht entsteht, wenn du düstere Seiten schilderst. Deine wahrhaft homerische Anordnung der Skizzen macht jeden Kritiker verstummen.[4]

Ein unangenehmer Vorwurf schließt erhabene Gedanken nicht aus. Eines der schönsten Kunstwerke des Lysipp war eine Greisin

---

1 *Eine unwesentliche Anekdote über Themistokles ist übergangen.*

2 *Derselbe Gedanke wird noch durch andere Beispiele erläutert.*

3 *Wie Plinius berichtet. Eine ähnliche Erzählung von Hunden wird nach Gellius angeführt.*

4 *Die Darstellung wird mit einem Bildwerk des Phidias verglichen, das Fische darstellte, denen, wie man sagte, nur das Wasser fehlte, um zu schwimmen, nur die Sprache, um zu reden.*

von furchtbarem Aussehen.[1] Die Feinheit des Künstlers zeigt sich (nicht in den Stoffen), sondern, dass er zu malen versteht. Der Meister kann aus Ungeheuern Engel, aus Klecksen Blumen, aus Wolken Sonnen gestalten.

Auch auf seinen großen Gemälden brachte Protogenes Schiffe, Pflanzen und andere Kleinigkeiten an.[2] Es ist daher nicht seltsam, wenn du dich bei einem höchst umfassenden Thema dieser Ausschmückungen bedienst, noch mehr, wenn es sich um eine kleine Maschine, die aber die Welt bedeutet, wie Theoderich von dem wunderbaren Planetarium des Archimedes sagte, handelt. Und ich bin gerade der entgegengesetzten Ansicht unseres Freundes, des Kaufmannes, der die Wiederholungen tadelt, ich lobe sie, weil die Lehre sich so besser einprägt.

Apelles staunte über den Ialysos des Protogenes.[3] Auf diesem Gemälde waren drei Farben übereinander gelegt, sodass, wenn im Laufe der Zeit die oberen Schichten verschwanden, immer dasselbe Bild hervortrat. Die Börsentechnik, die du schildern willst, ist höchst verwickelt. Es ist daher richtig, die Darstellung dreifach zu schattieren, damit deutliche Merkmale, auch wenn sich einzelne Tatsachen verwischen, im Gedächtnis bleiben.

Die Rhetoriker stimmen darin überein, dass gut durchdachte Dinge sich auch gut ausdrücken lassen. Sokrates behauptet in Bezug auf diesen Grundsatz, dass jeder beredt sei, der vollkommen vorbereitet, was er zu sagen wünscht. Horaz erläutert denselben Gedanken mit den Worten: „Verbaque praevisam rem non invita sequntur“. Ich aber gestehe, dass, obwohl ich deine Schilderung durchaus begriffen habe, ich doch deine Gedanken niemals in deiner vollendeten Weise darstellen könnte. Eher würde ich mich in meiner Unzulänglichkeit

1 *Es folgen noch ähnliche Hinweise auf antike Kunstwerke.*

2 *Der Verfasser zitiert Philostrat.*

3 *Der Ialysos war das berühmteste Bild des Protogenes. Es wurde für einen Tempel in Rhodos gemalt und kam später nach Rom, wo es verbrannte.*

auf den hochgelehrten Augustinus stützen, der aufrichtig versicherte, er wisse, was die Zeit sei, wenn er dies aber anderen klar machen sollte, sei er hierzu nicht imstande. Nur habe ich mit Verwunderung, vielleicht auch mit Besorgnis bemerkt, dass einige Eigentümlichkeiten des Börsenverkehrs der Schicklichkeit widersprechen, andere gänzlich mit der Philosophie unvereinbar sind.

Wenn auf das Eintreffen unerwarteter Nachrichten hin die einen, die sie für günstig halten, kaufen, die anderen, die sie ungünstiger beurteilen, verkaufen, so gilt es für besonders klug, mit den Käufern zu reden, mit den Verkäufern sich zu unterhalten, Meinungen und Gründe abzuwägen und nach diesen Bemühungen die vorteilhafteste Richtung einzuschlagen und die aussichtsvollsten Geschäfte zu machen.

Dies widerspricht der Schicklichkeit. Ich möchte fragen, ob die Spekulanten verpflichtet sind, mir ihre Geheimnisse mitzuteilen oder ob eine Spekulation auf der Hoffnung einer solchen Mitteilung beruhen kann. Wenn du selbst bemerkst, dass die günstige Gelegenheit in einem Augenblick verpasst wird, wie kann es dann verständig sein, die Zeit mit Gesprächen zu verlieren? Alexander schickte einen Soldaten fort, weil er bei Beginn der Schlacht das Schwert suchte. Als König Alfons X. sich mit seinen Ephemeriden und astronomischen Tafeln beschäftigte, verlor er Deutschland und Kastilien, und während er den Himmel zu besitzen suchte, entging ihm die Erde.[1] Während man in einer Stadt Spaniens die Zeit verlor und sich stritt, welcher Umschlag für ein Schriftstück passend wäre, zwang der Feind die Stadt zur Übergabe.[2] Es ist nicht mit der Philosophie vereinbar, wenn die Contremine verkauft, auch nachdem die Veranlassung zu ihren Verkäufen nicht mehr besteht. Denn meine Philosophen lehren, dass *mit Aufhören des Grundes auch die Wirkung aufhört*. Wenn die Baissiers hartnäckig weiter

1 *Alfons X., König von Leon und Kastilien (1252–84). Er trat als Mitbewerber um die deutsche Kaiserkrone auf.*

2 *Es folgen noch Beispiele von Saturn, Atlas, einem Thebaner, Jupiter und Atilius, die aber lediglich zeigen sollen, dass man nicht die Zeit verlieren dürfe.*

verkaufen, so tritt die Wirkung auch nach Verschwinden der Ursache ein. Während die Philosophie lehrt, dass verschiedenartige Wirkungen auch aus verschiedenartigen Ursachen hervorgehen, verkaufen an der Börse auf dieselbe Nachricht hin die einen und kaufen die anderen, sodass hier eine Ursache verschiedene Wirkungen hat.

Aristoteles gibt nicht zu, dass ein Gegensatz ohne den anderen bestehen kann. Wenn jedoch die Contremine im Hinblick auf eine günstige Dividende oder das Eintreffen von (reich beladenen) Schiffen den Kampf aufgibt, bemerke ich, dass dann die Haussiers ohne Gegner sind und allein das Feld behaupten, wo sie mutig siegen wollen.

Meine Meister versichern, dass niemand das geben kann, was er nicht besitzt. Ich erfahre aber, dass du, ohne reich zu sein, uns mit Ratschlägen bereicherst, und du hast uns, wie der Prophet Elias, ein zwiefaches Teil von deinem Geiste gegeben, und wir haben, wie der Prophet Elisa, deinen Geist doppelt empfangen.[1]

Einige Eigentümlichkeiten (des Börsenverkehrs) enttäuschen mich jedoch nicht, noch widersprechen sie meinen Dogmen. Zunächst versichert der Stagirit, dass die Gegensätze im Verein mit anderen Gegensätzen mehr hervortreten. Dies wird auch in der Heiligen Schrift bestätigt, denn Gott sah am dritten Schöpfungstage, dass es gut war, während die Schrift vom zweiten Tage, wo die Wasser sich schieden, dies nicht sagt. Daher erschien das Werk des dritten Schöpfungstages doppelt gut im Vergleich mit dem zweiten. Einen Beweis für die Richtigkeit der Lehre finde ich auch in dem von dir erwähnten kräftigen Widerstand der Haussiers oder *der Liebhaber des Vaterlandes* gegen die Angriffe der Contremine oder der Feinde der Mine, der bewirkt, dass kraft des Streites der Gegensätze auch in der größten Gefahr die Aktien steigen, weil das Feuer des Widerstandes durch die Sorge vor den Gegnern mehr angefacht wird.

1 *Der Prophet Elisa bat den Elias, der ihn zu seinem Nachfolger bestimmte, dass ein zweifaches Teil seines Geistes auf ihm ruhen möge. 2. Könige 1–3.*

Ich wundere mich nicht, dass beide Börsenparteien aufs Äußerste mit Reden, mit Händen und Füßen, mit geistiger Anstrengung und mit Einsatz des Vermögens kämpfen, denn jeder Naturphilosoph kennt das Bestreben aller Wesen, ihre Gegner niederzuwerfen und ihre Mitbewerber zu besiegen.

Es befremdet mich nicht, dass an der Börse auf eine Nachricht hin die einen kaufen, die anderen verkaufen, die einen gewinnen, die anderen verlieren. Denn ich erinnere mich an den Magnet mit einem anziehenden und einem abstoßenden Pol, an die Krone, die ebenso schmückt wie bedrückt, an die Lanze des Achilles, die verwundet und heilt.

Dass die einen eine Nachricht für günstig, andere für ungünstig halten, finde ich noch weniger sonderbar. Denn die Leidenschaften verändern die Tatsachen, und sie erscheinen jedem Menschen anders gefärbt. Den Moabitern schien das von der aufgehenden Sonne beschienene Wasser rot wie Blut zu sein, weil sie an das Blut des feindlichen Heeres dachten. Der Wunsch war auch hier der Vater des Gedankens.[1]

Das Steigen der Kurse bei schlechten Nachrichten und ihr Fallen bei guten setzt mich nicht in Erstaunen, denn es gibt ja auch Gewitter bei heiterem Himmel[2] und Quellen sollen, statt emporzusteigen, herabgeflossen sein. Dass aber die Kurse auf ungünstige Nachrichten hin steigen, ist ähnlich dem Erscheinen eines wundervollen Regenbogens, den die Sonne aus den gewöhnlichsten Dünsten bildet. Es ist nicht wunderbar, dass die Aktien wie ein Ball nach dem Schlage emporfliegen, sich wie der Phönix verjüngen, wie ein niedergedrückter Baum sich aufrichten.

Der Rat, wenig Geschäfte zu machen, findet meinen Beifall; denn abgesehen davon, dass er meiner Geistesverfassung entspricht, lehrt

---

1 *2. Könige 3, 4.*

2 *Es wird noch angeführt, dass nach Aristoteles es in einzelnen Gegenden hagelt, ohne dass sich Wolken gebildet haben.*

mich die Philosophie, dass die Kräfte nicht durch viel Essen, sondern durch gute Verdauung wachsen. Nicht alle haben wie Heinrich VIII. von England die Möglichkeit, wenn sie zu fett werden, Tore und Mauern verbreitern zu lassen, eher müssen sie fürchten wie der Fuchs, der nicht durch das Gartentor konnte, zu platzen.[1] Übermäßige Nahrung kann der Magen nicht verdauen, sie verwandelt sich in schädliche Gase.[2]

Den Gewinn mitzunehmen, auch wenn man nicht gleich alle Reichtümer und Annehmlichkeiten erlangt, ist sehr verständig. Denn auch in den Köchern des Reichtums sind Pfeile, die uns bedrohen, und auch das Glück, wenn es freigebig war, kann umschlagen. An der Börse nennen die Spekulanten ihre Misserfolge *Ohrfeigen*. Ich halte den für einen Narren, der sich diesen Ohrfeigen aussetzt, ohne besser dagegen gewappnet zu sein als Sokrates. Dieser erhielt nämlich eine Ohrfeige, worauf er bedauerte, dass die Philosophen vorher nicht wüssten, wann sie sich bei ihren Ausgängen durch eine Sturmhaube schützen müssten. Ich wünsche nicht, als ein Herkules ohne Säulen Geschäfte ohne Schranken zu machen, sondern ich setze auf meine Säulen die Inschrift „Non plus ultra", um zu zeigen, dass man nicht Wunder vom Schicksal erhoffen darf und dass nur, wer sich mit den ersten Erfolgen begnügt, ruhig auf die Gunst des Schicksals rechnen darf.[3]

Schließlich versichere ich dir, dass meine Neigung stets auf die Hausse gerichtet ist, obgleich ich mich mit den Baissiers unterhalte. Diese sind immer Schwarzseher, ich aber will in der größten Hitze des Kampfes leidenschaftslos bleiben.[4]

---

1 *Es wird ein Gesetz Theoderichs angeführt, das verbot, schwache Pferde zu stark zu beladen.*

2 *Dieser Gedanke wird noch breit ausgeführt und durch einen meteorologischen Vergleich erläutert.*

3 *Der Gedanke von der Unsicherheit des Glücks wird noch durch viele Vergleiche erläutert.*

4 *Die Vergleiche sind schwer wiederzugeben. Dieselben lauten wörtlich: „Die Baissiers sind wie der Fluss Lusias, der die Fische pechschwarz machte, ich wie die Quelle Akis, welche am Ätna entspringt, aber nichts von der Glut des Vulkans annimmt."*

In der heiligen Sprache heißt die Seele Luft (vielleicht aus dem Grund, weil Gott sie mit einem Hauch eingeblasen hat). Niemand zweifelt, dass der Weise mehr Seele hat als ein Tor. Ich werde mir alle Mühe geben, als ein rechter Philosoph mit meiner Seele gleich der Luft in alle Höhen und Tiefen zu dringen;[1] gleichgültig gegen Gewinn und Verlust werde ich bald in die Höhe zu neuem Fluge steigen, bald in der Tiefe die Flügel sinken lassen.

Aktionär: Auf dreierlei stützte sich deine Erwiderung, und ich werde hierüber Auskunft geben. Zuerst hast du meine Ungeschicklichkeit gerühmt, und da ich die Mängel meines Stiles kenne, ist mir klar, dass deine Komplimente nur dazu dienen sollten, meinen Ärger bei dem Streit mit unserem Freund, dem Kaufmann, zu mildern. Du bist alt, was bei den Gelehrten gleichbedeutend mit weise ist. Die Römer nannten deshalb die Senatoren Väter.[2] Daher ist es erklärlich, dass du mich als Weiser nicht kränkst, dass du mich als Greis beruhigst und dass du als Freund mir schmeichelst. Zweitens hast du den Einwand erhoben, dass die Spekulation einige mit Philosophie unvereinbare Eigentümlichkeiten besitzt. Diese Bemerkung erledigt sich durch den Hinweis, dass die Spekulanten sich nicht verpflichtet haben, Philosophen zu sein, noch die Grundsätze der Philosophie auf die Spekulation anzuwenden. Drittens hast du angeführt, dass es einer richtigen Politik widerspricht, Zeit bei Spekulationen zu verlieren, die sonst nutzbringender angewandt werden könnte. Aber wenn man bedenkt, dass nur Gott den Menschen mit einem Hauche beleben konnte, die Menschen dagegen ihre Entschlüsse reiflich überlegen müssen, wenn sie nicht fehlgreifen wollen, so ist der von dir gerügte Zeitverlust unvermeidlich.

---

1 *Diese Eigentümlichkeit der Luft ist in einer naturphilosophischen Betrachtung ausführlich geschildert.*

2 *Es wird die Etymologie des Wortes Senator erörtert, auf griechische Gesetze und einen Ausspruch des Solon hingewiesen, die ein bestimmtes Alter für den Rat in öffentlichen Dingen forderten.*

Agatarchos[1] malte in einem Tage, was Zeuxis in einem Monat malte. Aber die Bilder jenes Künstlers verblassten ebenso leicht, wie sie gemalt waren, während die Gemälde des anderen noch von der Nachwelt bewundert wurden. Als Sinnbild der Weisheit wurde die Schlange dargestellt, weil sie in die Ferne sieht und weil die Weisheit nicht nur in der Erkenntnis des Gegenwärtigen, sondern auch des ferner Liegenden besteht. Tertullian nennt die Eile blind, und die Naturphilosophen versichern, dass die Hunde blind geboren werden wegen der Eile der Mütter, sie zur Welt zu bringen.[2]

Aber wenn es auch verständig ist, die Schnelligkeit oder den schnellen Entschluss zu berücksichtigen, so zweifelt trotzdem niemand, dass es besser ist, das kleinere Übel zu wählen und nicht das Glück durch Eile zu verscherzen, sondern es mit Geduld festzuhalten.

Die Schlange setzt ihren ganzen Körper den Schlägen aus, nur um den Kopf, den Sitz des Lebens, zu verteidigen. Wenn daher der Verlust so leicht möglich und die Hoffnung so schwach ist, wer ist so verrückt, nicht das kleinere Übel zu wählen und die Klugheit der Gefahr, die Gewissheit dem Zweifel vorzuziehen? Aber ich glaube, es ist Zeit, uns zurückzuziehen. Überdies muss ich zeitig zu Bett gehen aus vier Gründen, die ebenso wahr wie wichtig sind.

Erstens ist es besser, euch erwartungsvoll als überdrüssig zu verlassen.

Zweitens muss ich morgen früh nach Brüssel abreisen, um der Einladung eines ebenso hochherzigen wie wohlwollenden Fürsten[3] nachzukommen, und mich diese Nacht noch über den ehrerbietigen

---

1 Maler aus der Zeit des Perikles.

2 Im Gegensatz hierzu wird die langsame Entwicklung des Elefanten erwähnt. Beispiele von karthagischen Feldherren, von den Florentinern, von Kolumbus, Sallust und einem byzantinischen Kaiser sollen den Wert der reiflichen Überlegung dartun.

3 Dieser Fürst war wahrscheinlich König Pedro II. von Portugal, der sich am 2. Juli 1687 mit der pfälzischen Prinzessin Maria Josepha in Heidelberg vermählte. Er reiste von dort nach Portugal. Bei der Anwesenheit des königlichen Paares in Brüssel soll eine Hochzeitskomödie von Miguel Levi de Barrios, der ein Freund de la Vegas war, aufgeführt worden sein.

Empfang unterrichten und für diesen bestimmte Lobgedichte heraussuchen; denn da die göttliche Weissagung bestätigt, dass ein freiwilliger Gehorsam verdienstvoller als ein erzwungenes Opfer ist, so ist Demut, welche Gehorsam mit der Hingabe verkettet und die Unterwürfigkeit aufgibt, noch besser.

Drittens. Auf antiken Darstellungen wird die Schildkröte mit den Füßen des Saturn (eines Alten und Weisen) abgebildet. Ein Akademiker vermutet, dass dieser Einfall durch den Umstand veranlasst wurde, dass man Betten aus Schildkrot herstellte.[1]

Man wollte mit dieser Verbindung des Saturn und der Schildkröte andeuten, dass es für alte Leute nur eine Wohltat und ein Heilmittel gäbe, nämlich das Bett. Es scheint mir Zeit, dass unser Freund, der Philosoph, sich seinem Alter gemäß Ruhe gönnt und nicht wegen der Unrast (der Börse) seine Erholung aufgibt. Wenn Terentius auf demselben Altar den Musen und dem Schlaf opferte, so weist dies darauf hin, dass der Schlaf die Erholung nach der Arbeit der Musen bildet.

Viertens. Ich bin gewohnt, wenn wir uns trennen, den ganzen Inhalt unserer Unterhaltungen niederzuschreiben, damit mein sonst schwerfälliges Gedächtnis noch lebendig ist und alle Feinheiten wiedergeben kann.

Da ich das Werk in Form von denkwürdigen Dialogen drucken lassen will, so bedarf ich großer Sorgfalt für die endgültige Fassung und Verbesserung. Ich will es wie der athenische Feldherr machen, der die Wachen von den Weinbergen entfernte, damit alle ungehindert die Trauben genießen konnten. Ich gebe die Vorträge in Druck, um sie allgemein zugänglich zu machen.

Kaufmann: Der Erfüllung deines Wunsches stehen zwei Schwierigkeiten entgegen, die ich näher bezeichnen will, obgleich du annehmen kannst, dass ich die Einwendungen mehr aus Missgunst als aus Freundschaft mache.

---

1 *Zitate aus Philo und Apuleius.*

Erstens sind deine Mitteilungen nicht frei von Schärfe. Die Anzüglichkeit wie die Justiz wollen alle anderwärts, niemand will sie bei sich haben. Sie schmeichelt dem Hörer, beleidigt aber den, der sie fürchtet, und immer sind ihre Gegner zahlreicher als ihre Freunde.

Zweitens: Der Stil deiner Darstellung der Börse ist zu erhaben für das Publikum, zu gelehrt für die große Menge und verwerflich für diejenigen, welche, wenn sie auf philosophische, mathematische oder astronomische Belege stoßen, eine solche Überfülle wissenschaftlicher Bildung verwünschen, wodurch die Begriffe und das Beweismaterial ein fast königliches Aussehen erhalten. Viel besser wäre diejenige Anmut am Platz, welche eine persische Königin mit dem Ausdruck „Worte von Seide" bezeichnete.[1] Dein früherer Vergleich der Börse mit einem Meer führt zu der Annahme, dass deine Darstellung wie ein Trank und so durchsichtig wie das Wasser sein soll.

Von den drei Baustilen, dem dorischen, ionischen und korinthischen, wählte man beim Bau eines Tempels den dem Charakter der Gottheit entsprechendsten. Der ernste und strenge dorische Stil schien zum Beispiel für Mars, Herkules und Pallas geeignet.[2] Du hast diese Regel wenig befolgt, da du dich des hohen Stils bei der Schilderung des vulgärsten Geschäftes bedient hast, und ich glaube, dass du mehr Spott als Lob ernten, mehr eine abfällige Kritik als Bewunderung erfahren wirst. Denn wenn im Allgemeinen auch das Nichtbegriffene bewundert wird, schon weil man nicht den Mangel des Verständnisses zugeben will, oder weil die Bewunderung infolge von Unwissenheit entsteht, so wird doch in diesem Fall deine Darstellung von denen, die sie nicht erfasst haben, angegriffen werden; wer sie aber begriffen hat, wird die Auswahl tadeln und mindestens durch Totschweigen das Verdienst der Arbeit herabsetzen.

---

1 *Es folgt ein unübersetzbares Wortspiel:* seda *„Seide" und* se da *„man gibt".*

2 *Es folgen ähnliche Beispiele für die anderen Stile.*

Aktionär: Ich werde diesen Bedenken Rechnung tragen, und du wirst an meinen Bemühungen erkennen, dass ich die Einwendungen bekämpfe, aber ihren freundschaftlichen Charakter, der jede Missgunst ausschließt, zu schätzen weiß.

Dass der Stil etwas Verstiegenes hat, gebe ich zu und suche mich deshalb im Vorwort zu entschuldigen, da ich sowohl eure Einwürfe wie meine Antwort überliefern muss; wenn unser Philosoph sich nicht von seinen philosophischen Lehren, metaphysischen Dogmen und dialektischen Feinheiten losmachen kann, so ist das kein Grund, ihm im Dialog dieses Ornat und diese Krone zu entreißen.

Sodann erregt das gewöhnliche Essen bei den Menschen so viel Widerwillen, dass sie ohne die Bemühungen der Kochkunst sogar dieses Genusses überdrüssig würden.

Die ersten Seefahrer achteten nicht auf die Schönheit, sondern nur auf die Sicherheit der Schiffe. Jetzt ist die Gefahr so gewöhnlich und der Schrecken hat sich so sehr gelegt, dass alle Schiffe mit geschnitzten Löwen und Tigern geschmückt werden und so gegen den Sturm kämpfen.

Abgesehen von dieser Betrachtung veranlassten drei Gründe meine Darstellungsweise.

Erstens entspricht sie meiner Geistesart, und was diese hindert, hat für mich keine Bedeutung. Es handelt sich um eine wasserreiche Ader, daher wird die Darstellung beflügelt und ihr Strom fließt schnell dahin.

Zweitens hast du selbst bemerkt, dass einige wenige auch verstehen werden, und dies genügt mir. Wenn es einen Philosophen gab, der sich begnügte, dass ihm ein Plato lauschte, so sind auch mir Hörer von dieser Bedeutung genügend. Aber wenn du erst vor einer Stunde ausgesprochen hast, dass ein einziger Spekulant mehr weiß als der ganze Rat der Hölle, warum merkst du da nicht, dass die Spekulanten nicht so stumpfsinnig sind, wie du sie jetzt hinstellst? Wäre übrigens ein Teil wirklich stumpfsinnig, beginge ich da nicht eine schöne

Torheit, ihnen dies in einer herabsetzenden Weise kundzugeben? Mein lieber Freund, die Spekulanten sind nicht so unwissend, wie du annimmst; es gibt vielmehr keine Wissenschaft, die sie nicht probieren, um bei wichtigen Nachrichten zu einer richtigen Entscheidung zu gelangen. Bald treiben sie Politik, ob es sich für einen Fürsten zieme, eine bestimmte Unternehmung ins Werk zu setzen, ob er Erfolg haben werde oder die Sache vermeiden müsse. Bald beschäftigt sich die Börse mit Geografie, zur Widerlegung eines bestimmten Gerüchtes wird darauf hingewiesen, dass die Nachricht von einem so entfernten Ort stammt, dass sie noch gar nicht eingetroffen sein kann, außer wenn sie durch die Luft fliegt. Ferner wird erörtert, dass die Schiffe in einem bestimmten Hafen nur beschädigt einlaufen können, da dessen Größe nicht genügt oder für ihre Reise unpassend oder als Zufluchtsort ungeeignet ist. Auch arithmetische Künste werden versucht, Rechenfehler aufgefunden und mathematisch bewiesen, wo der Fehler steckt, ob in einer unrichtigen Addition oder einer falschen Aufstellung der Abrechnungen und Notierung der Abschlüsse.

Selbst die Rhetorik steht im Dienst der Spekulation; sie soll Ungeschicklichkeiten gutmachen, die Aufmerksamkeit anlocken, die Absichten verschleiern, die Wirklichkeit vergrößern und das Standesgefühl zur Schau tragen. Die Spekulanten entscheiden auch als Juristen über alle vorgelegten Streitfragen und rühmen sich, für jedes Geschäft die rechtlichen Gesichtspunkte zu finden.

Wenn also die meisten Spekulanten in der geschilderten Weise sich betätigen, warum soll ich nicht meine Sätze mit mathematischem Scharfsinn, juristischen Unterweisungen, geografischen Bemerkungen, politischen Betrachtungen und rhetorischen Figuren ausschmücken, wenn es fast sicher ist, dass all dies verstanden wird.

Drittens. Ich hatte mich entschlossen, diese Gespräche ins Französische zu übersetzen, damit die Kenntnis der Börse, über die bis heute niemand geschrieben hat,[1] allgemein werde. Da ich einsah, dass viele Stellen, die auf Wortspielen beruhen, nicht übersetzt werden können, so erschien es mir richtig, Anekdoten und Ausschmückungen beizufügen und Gelehrsamkeit wie ernste Gedanken durch eine geschmackvolle und harmonische Darstellung zu ergänzen.

Was die Anzüglichkeiten betrifft, so fehlen sie nicht an einzelnen Stellen, wo ich den Bericht der Tatsachen mit jenen Einfällen begleitet habe, welche die Griechen *Scommata,* die Lateiner *Acumina* und die Spanier *Sales* nennen. Man muss aber Spott und Albernheit nicht verwechseln sowie den Pfeffer, der verbrennt, von dem Pfeffer, der würzt, unterscheiden.

Da die Börsenwitze, soweit sie nicht verletzend sind, einen Hauptreiz des Geschäftes ausmachen, so sind auch in einer Beschreibung der Börse die Anzüglichkeiten am Platze. Ich verletze nicht, sondern berichte nur, oder um es besser zu sagen, ich schieße in die Luft, denn da man nicht die Angriffe gegen einzelne Personen richten kann, so trifft der Pfeil nur ins Weiße. Ich habe versprochen, einen wahrheitsgetreuen Bericht zu geben und könnte dies nicht ohne genaue Wiedergabe der Wirklichkeit.

Und wenn strenge Kritiker erwidern, dass die Wahrheit nicht der verletzt, der sie verbirgt, sondern der sie verändert, so habe ich euch versichert, dass ich nicht die kleinste Eigenschaft, die ich kenne, unterdrücken würde; daher bin ich dieser Verpflichtung treu, falls ich sie nicht für unanständig halte.

Diogenes sah einen schlechten Schützen anlegen und stellte sich an das Ziel mit der Bemerkung, dass er nirgendwo sicherer wäre. Ich glaube, besser zu treffen als jener Schütze, aber es möge sich niemand an ein Ziel stellen, wo niemand getroffen wird, noch möge niemand die Angriffe auf sich beziehen, da es meine Absicht war,

---

1 *Diese Behauptung des Verfassers ist nicht ganz richtig, da schon 1642 und 1687 einige Flugschriften über die Aktienspekulation erschienen waren. Der Verfasser kennt dieselben überhaupt nicht oder erwähnt sie nicht, weil sie ihm zu unbedeutend erschienen.*

niemanden zu verletzen. Mein Pfeil verwundet nicht, obwohl er geflügelt ist.[1] Wer die Börse besucht, wird gestehen, dass ich noch nicht die Hälfte meines Materials bei meinen Angriffen benutzt und die angegriffenen Personen weder offen noch verblümt bezeichnet habe. Auch wird sich niemand rühmen können, Prophet zu sein; selbst wenn er seine Hand nach dem Beispiel des Propheten Elisa[2] auf die meinige legt, wird er meine Absichten nicht erraten, denn meine Aufrichtigkeit und Unparteilichkeit sind über Verdacht und Tadel erhaben.

(Der Prophet) Nathan versuchte, David durch ein Gleichnis zu verurteilen. Aber heute glaubt niemand, dass er selbst der Reiche sei, der das Schäfchen des armen Mannes genommen hat, und da es keinen Propheten gibt, hat er dessen Strenge nicht zu fürchten.[3]

Als ein ausgezeichneter Prediger gegen ein Laster eiferte und mit einem Stein den, der sich schuldig bekennen würde, zu treffen drohte, senkte im Augenblick des Wurfes ein Anwesender das Haupt und gestand so seine Sünde. Schuldig bekennt sich dagegen keine der meinen Angriffen ausgesetzten Personen, und ich weiß selbst nicht, gegen wen meine Polemik sich richtet.

Das Gericht von Toulouse verurteilte statt der Mörder, die nicht gefasst werden konnten, ihre Schwerter. In Persien wurden die Kleider statt der Menschen bestraft. Ich geißele nicht die Menschen, sondern die Art, wie sie ihre Handlungsweise bemänteln, ich kenne (an der Börse) nicht die einzelnen Frevler, daher begnüge ich mich, die Mittel, deren sie sich zu anfechtbaren Geschäften bedienen, zu verurteilen.

---

1 *Vergleich mit geflügelten Pfeilen bei Jeremias.*

2 *Der Vergleich ist in der Tat weiter ausgeführt. Der König Joas schloss im Beisein des Propheten Pfeile ab, um sich seinen Sieg über Aram weissagen zu lassen. Da er nur die Hälfte der Pfeile abschoss, zürnte Elisa (2. Könige 13–15).*

3 *Es folgt eine unwesentliche Bemerkung, die durch einen Vergleich mit den Wundern des Moses erläutert wird.*

Jeder, der frei von Schuld ist, mag glauben, dass die Angriffe sich nicht gegen ihn richten, und da sie ihn nicht berühren, liegt kein Grund zur Schande vor.[1]

Michelangelo besuchte das Atelier eines anderen Malers, während dieser nicht zu Hause war. Um sich über diesen lustig zu machen, setzte er auf jedes der in einem Gemälde dargestellten Tiere eine Bezeichnung, er schrieb bei der Figur des Löwen: „Das ist ein Löwe", bei der Figur des Wildschweins: „Das ist ein Wildschwein", bei der Figur des Bären: „Das ist ein Bär". Der andere Künstler malte darauf in demselben Bild ein Teufelchen in Gestalt eines Satyrs mit Pinsel und Palette und neiderfüllten Augen und schrieb dazu „Michelangelo". Der Witz machte Eindruck, denn es gibt nichts Löblicheres als die Wirklichkeit zu verspotten, ohne die Ehre zu beeinträchtigen. Ich bin aber hierüber absichtlich noch hinausgegangen. Ich verspotte wahrheitsgetreu nicht nur ohne Ehrenkränkung, sondern bezeichne die angegriffenen Personen nicht einmal mit Namen.

Antigonos war einäugig, Apelles malte ihn deshalb im Profil, um den Fehler zu verbergen. Philipp war einäugig und hinkte, deshalb malte ihn Protogenes in Gestalt eines Jägers, der das Auge zusammenkniff, um das Korn zu nehmen, und auf dem Boden niederkniete. Daher kamen die körperlichen Mängel des Königs nicht zum Vorschein. Ich schlage einen anderen Weg ein. Ich beschönige nicht, ich putze nichts auf, ich schildere genau, was ich vorfinde, ich übersetze treu, was ich erfahre, ich beschreibe, was ich weiß. Ich setze nicht wie der Nebenbuhler des Michelangelo den Namen auf meine Figuren, noch gebe ich der Darstellung persönliches Gepräge.[2] Daher kann man die Personen, von denen die Rede ist, nicht erkennen, weder an den Umrissen noch am Kolorit der Darstellung, denn ich

---

1 Vergleich mit einem spartanischen König, der, irrtümlich mit Wasser begossen, sich nicht rächen wollte.

2 Der Verfasser sagt wörtlich, dass er nicht wie Phidias auf seiner Bildsäule sein Bild anbringe.

gebe nur eine Vorstellung von (wirtschaftlichen) Vorgängen unabhängig von allen Personen, ich beschäftige mich mit Ereignissen, unbekümmert, wem sie begegnen, ich lehre die gewöhnlich vorkommenden Tatsachen und beachte nicht die Täter.[1]

Ende des zweiten Dialogs

1 *Der Verfassser spricht hier und auf den vorangegangenen Seiten unbeholfen denselben Gedanken aus, der sich klarer bei Marx im Vorwort zum „Kapital" findet, nämlich, dass es sich (in der Wissenschaft) nur um die Personen handelt, soweit sie Personifikationen ökonomischer Kategorien, Träger von bestimmten Klassenverhältnissen und Interessen sind.*

Dritter Dialog

Philosoph: Ach über mich Elenden!

Kaufmann: Ach über mich Unglücklichen!

Aktionär: Was habe ich im Tode zu büßen, Himmel, welche Schuld habe ich durch meine Geburt begangen? Der Dichter sagt: Der Vogel ward geboren usw.[1]

Kaufmann: Was bedeutet das? Ist ein Dämon in dich gefahren, bist du verhext?

Aktionär: Was heißt das? Bedeutet das, dass ihr die große Komödie „Das Leben ist ein Traum" nachzuahmen beabsichtigt? Da ihr mich zu der Rückkehr von Brüssel mit Seufzern beglückwünscht habt, halte ich es für passend, eine Komödie im Leben zu spielen, obwohl viele Philosophen das Leben mit einer Komödie verglichen haben. Als Augustus im Sterben lag und erkannte, dass sein Ende herannahte, zog er den Vorhang zu und gab seinen Geist auf. Die Anwesenden glaubten, dass er den Untergebenen nicht sein vom

---

1 Der Verfasser spielt mit diesen Worten auf eine berühmte Stelle aus Calderons „Das Leben ein Traum" an. Hier stellt Sigismund im Kerker eine lange Selbstbetrachtung an und sagt:

„Ich Armer, Weh! Wie bin ich zu beklagen!
Himmel lass mich Kund' erlangen,
Da du so verfährst mit mir,
Welch Verbrechen ich an dir
Schon durch die Geburt begangen!
Denn des Menschen größte Sünde
Ist das er geboren ward.
Was dich treibt, mich mehr zu hassen,
Da mich mehr straft dein Gericht
Wurden auch die andern Wesen nicht?
Auch der Vogel wird; und kaum
Durch den bunten Schmuck der Glieder,
Ist er Blume mit Gefieder
Blütenstrauß von zarten Flaum,
Und schon wird des Äthers Raum
Seines raschen Fluges Bahn;
Und ich soll bei größerer Seele
Minder Freiheit nur empfahn?"

Tode gezeichnetes Gesicht zeigen wollte, ähnlich wie Cäsar, der sein Gesicht im Sterben bedeckte; denn bis zum Ableben müssen die Monarchen verehrungswürdig sein und bis in den Tod hinein müssen sie zeigen, dass sie Monarchen sind. Ich bin nicht überzeugt, dass dieser kluge Kaiser aus Furcht vor Unschicklichkeit den Bettvorhang zuzog. Er betrachtete vielmehr das Leben als Komödie und versuchte, durch das Zuziehen des Vorhanges seinen Günstlingen anzudeuten, dass er aufgehört hatte, die Komödie des Lebens zu spielen.

Aber unter den Schauspielen, welche die Menschen aufführen, indem sie verschiedene Rollen in dem prächtigen Welttheater übernehmen, wird die größte Komödie an der Börse gespielt, wo die Spekulanten in unnachahmlicher Weise sich in Kunstgriffen hervortun, Geschäfte eingehen und Auswege finden, wo Schlupfwinkel, Verschleierungen, Streitigkeiten, Herausforderungen, Spöttereien, Geschwätz, heftige Begierden, Verdunkelungen, raffinierte Täuschungen, Verrätereien, Betrügereien und der tragische Ausgang nicht fehlen. Horaz besingt die süße Verzückung eines Narren, der sich einbildete, stets in einem schönen Theater zu sitzen, wo ihn die Schauspieler unterhielten und die Verwicklung des Stückes erfreute. Ebenso unterhaltend ist es, die Komödien anzuführen, die als Sinnbild des Geistes der Spekulanten gelten können.

So wird die ganze Börse dargestellt in dem Drama „Der Palast in Verwirrung“[1], die Haussiers werden dargestellt in „Viel leiden, um viel zu verdienen“, die Baissiers in „Die Bestie, der Blitz und der Stein“[2], die Unbeteiligten in „Das Spiel ist eine Sache der Narren“[3], die geschickten Spieler in „Es gibt kein Leben, als die Ehre“[4], diejenigen Börsenleute, die den Differenzeinwand erheben, in „Glück und

1 *„Palacio confuso“ von Antonio Mira de Mescua, einem von Cervantes und Lope gepriesenen Dichter (1602–1635).*

2 *Drama Calderons.*

3 *Ein Drama von Francisco de Rojas Zorilla, Zeitgenosse Calderons.*

4 *Verfasst von Juan Perez de Montalvan, gest. 1638.*

Unglück des Namens"[1], die glücklichen Spekulanten in „Glück gebe dir Gottes Sohn", die unglücklichen Spekulanten in „Sich dem Geschick entgegenstellen"[2]. Und schließlich würde ich wünschen, dass ihr das Stück „Das Auge öffnen" spielt, obgleich ich im Begriff bin aufzuführen „Alles geben und nichts geben", denn obgleich ich euch sorgfältig lehre, was ich weiß, so bin ich doch überzeugt, dass ich euch nichts gebe, wenn ich alles geben will.

Philosoph: Dann stelle ich dar: „Was in einer Nacht geschah"[3], denn in der letzten Nacht verwandelte sich meine Ruhe in Unruhe, meine Gelassenheit in Verzweiflung, meine Ehrfurcht in Spott, meine Wissenschaft in Unwissenheit, meine Bonhomie in Raserei, mein Respekt in Schimpf. Es betrog mich ein Spekulant, es nahm mich beim Wort ein Betrüger, es raubte mir den Kredit ein Verräter. Es fanden sich zufällig einige Freunde, die von den Aktien sprachen und einen Kurs von 576 angaben, sie erklärten den Furchtsamen, dass der Kurs übertrieben, und den Mutigen, dass er mäßig sei. Es freute mich, die Bestätigung meiner Meinung zu hören, und da ich den Rat, in die Hausse zu gehen, mir wohl gemerkt hatte und die Partei, welche das Vaterland und die Kompanie liebt,[4] stützen wollte, so bot ich, um meine Ansicht durch die Tat zu bekräftigen, einem den Ruin des Staates verkündenden Baissier 586 für die Aktie. Kaum war die Offerte abgegeben, so antwortete man mir ebenso schnell wie aufgeregt, dass die Aktie mein sei, so groß war der Lärm, das Geschrei und das Gelächter, das die Mitspieler über meine Kühnheit und ihre Ängstlichkeit anstimmten, dass ich nicht wegen meiner Torheit, sondern vor Zorn und Scham errötete.

---

1 *Ein Stück von Calderon.*

2 *„Oponerse a las estrellas", das Werk dreier spanischer Dichter, das von Grillparzer in seinen Studien über das spanische Theater besprochen wird.*

3 *Vielleicht ist das Drama „Was sich um Mitternacht begab" von Antonio Enriquenz Gomez gemeint.*

4 *Die Haussiers.*

Die ganze Nacht verbrachte ich unruhig in Erwägung, dass sie mir das Geld aus dem Beutel genommen hatten. Ich erkundigte mich diesen Morgen bei Tagesanbruch, was dieses Papier wert sei, da unterrichtete mich ein Bösewicht (nicht in ernster Absicht, sondern um mich zu quälen), dass es 64 stände und in Kürze auf 20 sinken würde; es war ein Wunder, dass ich dabei nicht tot oder wenigstens ohnmächtig hinfiel, ähnlich wie Hippolytos, der vor Trauer starb, als er die Schlacht gegen die Athener verloren hatte, oder wie Lepidus, der, von Pompeius besiegt, seinen Geist aufgab.

Kaufmann: Die Gauner behaupteten, dass wir von der Tarantel gestochen seien, und brachten die Rede auf Prämiengeschäfte; sie fanden mich voll Groll wegen des Ärgers, den sie unserem Philosophen zugefügt hatten, und getrieben vom Zorn fragte ich, wie hoch sich die Vorprämie zu 80 bis Oktober stellt? Es antwortete mir ein dunkler Ehrenmann sehr verschmitzt, dass er sich zu keinem Kurs verpflichte, aber dass er die Prämie auf 20 Prozent berechne; ich bot ihm 15 Prozent und er nahm es an mit der Bemerkung, dass er das Risiko, um mir gefällig zu sein, auf sich nähme. Und während ich mich dankbar über seinen schneidigen Eifer zeigte, so unterrichtete man mich heute, dass die Prämie höchstens 9 beträgt.

Jedoch trotz dieser Widerwärtigkeiten tröste ich mich bei alledem, dass ich nicht von einem so hohen Dach falle wie jener Freund, denn ich weiß, was ich verlieren kann und die Differenz war nicht mehr als 6 Prozent, während er schon einen Verlust von 10 Prozent beklagt, ohne zu wissen, wie hoch derselbe noch werden kann und wie lange seine Sorge dauert.

Aktionär: Damit du nicht so aufgeblasen prahlst, so will ich dir sagen, dass man ihn eher aus der Bedrängnis als dich vom Ärger befreien kann, denn es ist ein unverbrüchlicher Börsengebrauch und ein Gewohnheitsrecht, dass, wenn ein Irrtum von 10 Prozent bei einem Geschäft, das nicht zum Tageskurs geschlossen wird, besteht, die im Irrtum befindliche Partei nicht verpflichtet ist, für ihre Erklärung aufzukommen. Bei einer unerwarteten Nachricht kann es ein Kunstgriff sein, Angebote über und unter dem Kurs zu machen und dadurch Käufer oder Verkäufer anzureizen. Man muss jedoch das Geschäft anerkennen, auch wenn es nicht vorteilhaft ist, sobald sich die andere Partei im Irrtum befunden hat; obgleich es bei derartigen unvorhergesehenen Veränderungen keinen festen Kurs gibt, so hat doch die Praxis diese bestimmte Regel eingeführt. Daher kann man ihn (den Philosophen) nicht nur nicht zwingen, die Effekten zu mehr als 576 zu übernehmen, sondern er kann es auch ablehnen, das Geschäft überhaupt auszuführen. Überdies, da es das erste Geschäft ist, das er gemacht hat, und da es allgemein bekannt ist, dass er kein Geschäftsmann ist, so ist es leicht, das Angebot zu vereiteln und den Verlust zu verhindern.

Philosoph: Das nicht, obgleich es mich das Leben und das Vermögen kostet, weil ich mehr die Ehre als Leben und Vermögen schätze. Die Dialektiker nennen die metaphysischen Substanzen Zweideutigkeiten und da ich annehmen muss, dass die Spekulanten in dieser Beziehung diesen Substanzen gleichen,[1] ist das Vergessen des angetanen Unrechts das Einzige, was mich erleichtert, wenn der Schmerz nicht zu einer schweren Verbitterung werden soll.

Cato erhielt von einem dreisten Menschen eine Ohrfeige und als man ihn aufforderte, sich zu rächen, erklärte er, niemand könne so keck sein, ihn zu beleidigen, folglich könne er an niemandem sich rächen. Wenn ich in diesem Geschäft eine Ohrfeige erhalte, so werde ich mein Missgeschick weise verbergen, um nicht verstehen zu geben, dass sich jemand einen Angriff auf mich erlauben kann. Ich versichere euch, dass für mich die Erkenntnis, von einem verächtlichen Tiere gemartert zu werden und über einen kleinen Stein zu

1 *Secundae intentiones heißen den Scholastikern die reflektiven Begriffe. Dieselbe Bezeichnung wird auch für Zweideutigkeiten gebraucht.*

stürzen, schmerzlicher ist als der Tod selbst.[1] Aber obgleich es unvermeidlich für mich ist, die Komödie „Für die Tat gibt es kein Heilmittel" zu spielen, so verspreche ich euch, gleichzeitig die Komödie „Seine Verpflichtungen zu erfüllen" zu spielen, denn es könnte wohl das Geschick mich zwingen, unglücklich, aber nicht ehrlos zu sein.

Juvenals Behauptung ist übertrieben, dass für die Verständigen nur die Weisheit das Geschick bestimmt.[2] Ich war so weit davon entfernt, an meine Verluste zu denken, dass sich nicht einmal meine Fantasie damit beschäftigte. Und nun sehe ich, dass mich das Schicksal in meiner Sorglosigkeit gepackt und mich in mein Unglück gestürzt hat.

Meine Unachtsamkeit hat sich empfindlich fühlbar gemacht und ich erkenne, dass das Glück selten die Gelehrten und die Wissenschaften begünstigt. Augustinus spricht von der Fortuna Barbata[3], unzählige Glücksgöttinnen werden von den Abergläubischen verehrt, ich will mich aber um die Gunst der Fortuna Publica bemühen, wenn auch die Fortuna Brevis, der Servius Tullius einen Tempel weihte, für mich in Betracht kommt, denn ich werde gewiss nicht ein zweites Mal aus allzu großem Vertrauen solche Verluste erleiden.[4]

Ich werde den Besuch der Börsenversammlungen unterlassen, weil ein Philosoph an der Börse ebenso zornig würde wie Achilles, als er unter den Mädchen von Skyros spann.[5]

---

1 *Dieser Satz wird durch Vergleich mit Aristeides und Abimelech erläutert.*

2 *Es wird auf philosophische Ansichten über den Einfluss der Gestirne auf das Menschenlos verwiesen.*

3 *Bei der Bärtigen Fortuna betete die männliche Jugend.*

4 *Es folgt ein unwesentlicher Vergleich mit Abisay und eine Bemerkung über Sokrates.*

5 *Achilles wurde als neunjähriger Knabe auf die Insel Skyros gebracht, wo er Mädchenkleider anlegte und mit den Töchtern des Königs spinnen musste. Es folgt ein in diesem Zusammenhang nicht klarer Hinweis auf des Aristoteles Lehre von der Bewegung der Himmelskörper.*

Warum Erde und Wasser im Zentrum der Welt vereinigt seien, fragen die Naturphilosophen. Der berühmte Tassoni[1] beweist, dass die Kälte die Ursache sei und nicht, wie die Peripatetiker meinen, die Schwere, indem daher diese beiden Körper, auf denen das Prinzip der Kälte und der Ruhe beruht, sich von ihrem Gegensatz, dem Himmel, möglichst entfernen, so halten sie sich aufrecht und bleiben sie bestehen.

Aktionär: O ich Unglücklicher, der ich Zeit und Öl verloren habe wie der Mann, der einen Raben sprechen lehrte. Ich könnte bei meinen Bemühungen an den Neger denken, den einige Nymphen weißwaschen wollten, und dass man dazu bemerkte: „Verlorene Zeit".

Warum habe ich dir wiederholt Lehren gegeben über das, was für dich passt, wenn dies nur dazu dient, die Narrheit größer und die Unvernünftigkeit schrecklicher zu machen. Wenn dieses Geschäft eine Komödie ist, warum benutzt du nicht so viele Versuche, um die Komödie gut zu spielen?

Bevor die Römer in See stachen, opferten sie dem Meer, die Germanen warfen die Kinder ins Wasser, um sie an die Kälte zu gewöhnen. Die Athener betrieben eine Schifffahrt im Sande (ohne an das Sprichwort *e litore nauta* „alle sind gute Seeleute am Strande" zu denken), bevor sie sich den Wellen anvertrauten.[2] Aber wozu haben die Opfer gedient, die du dem Meer dargebracht hast,[3] ehe du seine Wut erfahren hast, wenn du die Studenten in Athen an Ängstlichkeit übertriffst, denn diese waren beim Eintritt in den Unterricht Schüler,

---

1 Alessandro Tassoni, einer der hervorragendsten Denker Italiens. Er war Gegner des kopernikanischen Weltsystems. Sein Hauptwerk „Pensieri diversi" erschien 1608 und umfasst 10 Bücher. – Der gequälte Vergleich soll nur besagen, dass der Philosoph durch Entfernung von der Börse ebenso bestehen bleibt wie Erde und Wasser durch Entfernung vom Himmel. Es folgt noch ein Vergleich des Philosophen mit Tannen, die hinter Felsen Schutz vor Stürmen finden.

2 Es folgen noch mehrere ähnliche Beispiele.

3 Es folgen noch ähnliche Beispiele. Mit dem Meer dargebrachten Opfer sind die ersten erfolglosen Spekulationen des Philosophen gemeint.

beim Verlassen der Schule ganz unwissend. Denn je mehr sie studierten, desto mehr erkannten sie ihre Unzulänglichkeit für die Unterrichtsfächer und bekannten, je mehr sie sich bemühten, ihre Einfalt.

Aber bedauernswerter ist, dass deine Torheit auf sieben Pfeilern ihre Hütte baut, während nach Salomo der Palast der Weisheit auf sieben Pfeilern ruht. Erstens ist es eine Torheit zu gestehen, dass sie dich betrogen haben, zweitens anzuerkennen, dass du das Geschäft nicht rückgängig zu machen brauchtest, die dritte Torheit ist die Beschämung, die du über das Ereignis empfindest. Torheit ist viertens, die durch einen feigen Feind verursachte Niederlage für schlimmer als den Tod selbst zu halten. Torheit ist fünftens die Einbildung, dass dir die schlimme Behandlung nicht noch einmal begegnen kann. Töricht ist es zu äußern, dass du nur gezwungen dieses Geschäft betreibst, und sich vorzustellen, dass du dich von der Börse zurückziehen und ihre Versammlungen meiden kannst.

Es ist Torheit, wenn man es unterlässt, dich zu betrügen, weil dein Irrtum nach so vielen Ratschlägen unentschuldbar ist. Gab ich dir nicht zu verstehen, dass die Spekulanten den Orakeln gleichen und einige Spekulanten so spitzfindig sind wie das delphische Orakel, denn es gibt keinen Kunstgriff, den sie nicht versuchen, keine Spitzfindigkeit, die sie nicht ausüben. Die Mehrzahl unter ihnen sucht, wie der König Arsakes, im Netzeknüpfen ihr Vergnügen und denkt nur daran, Angelhaken zu machen.

Als der Admiral von Kastilien, Rudolf II., den Glückwunsch des Reiches darbrachte, trat beim Empfang ein Riese von furchtbarer Statur auf, der einen Zwerg in die Handtasche steckte: Das ist der Dünkel der Riesen, dass sie sich gewöhnlich bemühen, die Welt zu verschlucken, und dabei sich einbilden, dass sie das Kapital der Gegenpartei wie in eine Handtasche einstecken können; sie sehen keinen Menschen, den sie nicht für einen Zwerg halten, im Gegensatz zu den Kundschaftern des Moses, denen die Zwerge als Riesen erschienen. Die großen Geschäftsleute bilden sich ein, dass alle Zwerge sind und sie allein Riesen.

Mit der Zeit würdest du, wenn auch spät, bedauern, die Belehrung nicht befolgt zu haben. Mit der Zeit würdest du einsehen, dass euer Aristoteles, der Ebbe und Flut des Meeres nicht begriff, die Veränderungen und Strömungen der Börse, die dem Meer an Getöse, Unruhe und Gefahr gleichkommt, nicht erkennen könnte und dass ihm ihre Manöver dunkel sein würden. Nero brauchte, um Seneca zum Selbstmord zu treiben, ihm nicht ein Bad zu schicken, er könnte ihn in eine Gruppe von Spekulanten verbannen, wo er nach mehr Qualen als Ixion sie litt, allmählich auszehren und Geld wie Blut verlieren würde. Denn Antiphanes nennt das Geld das Blut der Menschen und das hebräische Wort für Geld und Blut ist dasselbe.

Eine Missgeburt in Bacherona hatte ein Auge wie eine Orange und eine Adlerklaue im Lide. Wenn es daher Wesen mit Klauen *(unas)* im Auge gibt, so muss man im Börsenspiel die Augen auf die Klauen *(unas)* der Übervorteilung richten; überdies wirft sogar die Heilige Schrift die Kaufleute mit den Räubern zusammen. (Es folgen Zitate aus Zacharias und Jeremias.) Ein Vergleich, der einen Modernen zu der Annahme veranlasste, dass *negotium* und *negatio*, *mentire* und *metiri* dasselbe sei.[1]

Beim Überschreiten des Äquators auf der Reise nach Indien verschwinden die Gestirne des nördlichen Himmels und es richten sich die Piloten nach den Sternen des südlichen Himmels: Wer unser Börsengeschäft, das auf Indien beruht, betreiben will, muss aus seinen Gedanken die Geschäfte Europas streichen und sich klar machen, dass ohne einen anderen Wegweiser, andere Sterne, anderen Pol und anderen Kurs mit jedem Schritt Vernichtung und mit jedem Unternehmen Ruin droht.[2]

---

1 *Es folgen unwesentliche Hinweise auf Dion und Solinus.*

2 *Es folgt eine Notiz über zwei Monstra, die 1628 in Portugal geboren wurden.*

Es ist Torheit, das Geschäft nicht rückgängig zu machen, wenn dies ohne Bedenken vor Entehrung geschehen kann, eine Schlechtigkeit wäre es nur, wenn dies für ehrlos gilt. Wunderbar ist das Aktiengeschäft und das Getriebe der Abschlüsse, die bei einer unvorhergesehenen Nachricht gemacht werden, niemand ändert die Entschlüsse, die er in der Leidenschaft des Augenblicks gefasst hat, und geheiligt sind die Worte selbst bei Kursunterschieden von 50 Prozent: Und obwohl ungeheure Geschäfte beständig von den Kaufleuten selbst ohne Vermittlung von Maklern, die als Zeugen dienen können, abgeschlossen werden, so gibt es doch keine Verwirrung und keine Streitigkeiten.

Um die Vollendung der Gemälde des Apelles zu rühmen, genügte es, dass man sagte: „Apelles hat es gemacht"; um die Behauptungen des Xenokrates hervorzuheben, genügte der Satz: „Er hat es gesagt"; an der Börse genügt es, wenn einer sagt: „Ich habe es gemacht" oder „Ich habe es gesagt", um Wahrheit und glatte Abwicklung zu sichern.

So viel Realität, soviel Kulanz, soviel Korrektheit sind bewundernswert und erstaunlich. Aber Zahlungen für Verpflichtungen, die nach Börsengebrauch nicht bestehen, zu leisten, wenn der Kredit nicht gefährdet ist und die Achtung nicht leidet, ist nicht Freigebigkeit, sondern Irrsinn, ist nicht Pünktlichkeit, sondern Verschwendung, ist nicht Mut, sondern die Narrheit eines Don Quichotte.

Töricht ist die Beschämung, die dir ein Zwischenfall verursacht, da man unmöglich ein guter Spekulant mit so viel Schamgefühl sein kann. Adam schämte sich nach dem Sündenfall, aber an der Börse gibt es viele, die ihre Sünden nicht begreifen, da sie sich nicht schämen und das Erröten verlernt haben.

Mit einem Festspiel Neros, das den Zuschauern Vergnügen, den Spielern Beschwerde verursachte, vergleicht Zavaleta[1] das Ballspiel, dabei geht dem Spieler der Anstand schon vor Beginn des Spieles verloren. Er nimmt den Mantel ab, entledigt sich des Halskragens,

---

1 Juan de Zaveleta schrieb „Festtage in Madrid" (1667).

des Huts und des Degens, er heftet die Nadeln ab, um freier die Arme bewegen zu können, entfernt den Gürtel, der die Hosen festhält, und macht so einen unanständigen und nachlässigen Eindruck.

Auch das Börsengeschäft lässt sich mit diesem Spiel vergleichen, denn obgleich unter den Börsenbesuchern einige sich wie Fürsten benehmen und mit Zuvorkommenheit Strenge, mit Klugheit Liebenswürdigkeit verbinden, so gibt es auch Jobber, die ihren Ruf verlieren und den Ernst vermissen lassen, bevor das Spiel beginnt.

Ein geistreicher Mann beschäftigte sich mit der Sache, betrachtete das Treiben an der Börse, erfuhr dort Unhöflichkeiten und erklärte, dass das Börsenspiel wie der Tod alle gleich mache. Denn in dem Getriebe verschwinden die Ungleichheiten und wird eine Überlegenheit nicht geachtet. Alexander wollte nur an den olympischen Wettläufen teilnehmen, wenn Könige seine Rivalen wären, aber an der Börse laufen alle um die Wette, ohne sich zu schämen.

Es ist Torheit, mehr den Tod von der Hand eines feigen Feindes als den Tod überhaupt zu fürchten.[1]

Überdies kannst du dich bei deinen Verlusten mit der Tatsache trösten, dass die reichsten Gemeinwesen von Ungeziefer heimgesucht wurden, Spanien wurde von Kaninchen verwüstet, Thessalien von Maulwürfen und Gallien von Fröschen.[2]

Es ist Torheit zu behaupten, dass dich nicht ein zweites Mal ein Rückschlag treffen kann, weil er dir, der du wenig an Unannehmlichkeiten gewöhnt bist, beim ersten Versuch begegnet; Mut, Mut, obgleich du annimmst, dass du geschädigt wirst, kann Gott auch Segen geben und nicht immer bedeutet ein Unglück dauernde Sorgen, sondern es kann auch ein Vorspiel der Freude sein, da auf den Regen unfehlbar der Sonnenschein und auf die Dämmerung das Morgenrot folgt.

---

1 *Es wird das Beispiel von Aristeides und Abimelech nochmals angeführt, weitere Beispiele von Elias, David, Nero und Seneca werden hinzugezogen.*

2 *Es folgen noch weitere Beispiele.*

In einer Grotte Dalmatiens entstand beim Hereinwerfen eines schweren Gegenstandes, wie uns Plinius berichtet, ein furchtbares Gedröhn, das Öffnen der Tore eines ägyptischen Labyrinths verursachte einen erschreckenden Lärm; diesem Labyrinth und dieser Grotte willst du gleichen, da bei der geringsten Sorge du zur Furie wirst und bei dem ersten Tor, dass das Unglück öffnet, du in der Hölle zu sein glaubst.

Nach Diodor züchteten die Vornehmen Äthiopiens gewisse Vögel, die ihre Jungen fliegen lehrten. Hierbei fielen die jungen Vögel tausendmal hin, ehe der Flug gelang, so mussten sie öfters fallen, um später vor einem jähen Absturz sicher zu sein. Ich bin der Vogel oder der Schlaukopf[1], der dich den Flug lehren wollte, und obgleich du gefallen bist und den Körper beschädigt hast, so begnüge dich mit dem Umstand, dass der Schlag nur mäßig war und dass die größte Gefahr, die ich erkenne, die Furcht vor dem Schaden war.

Geduld, Geduld, mein Freund, ein Kursverlust von 20 Prozent ist nicht erheblich genug, um als bedeutende Schädigung zu gelten, und wenn ein Geschäft unhaltbar geworden ist, so nannte man das in alter Zeit sich auf die Verordnung Friedrichs berufen; deine Sache ist aber nicht so verzweifelt, dass du den Einwand der Unklagbarkeit zu machen brauchst und genötigt bist dich auf *Friedrichs* Verordnung zu berufen.

Wenn du vor Beginn des Kampfes Fechterübungen angestellt hättest,[2] so würden dir deine Spekulationen wie Froschmäusekriege vorkommen, ähnlich wie dem Alexander nach seinen großen Siegen in Asien die kleinen Scharmützel in Griechenland erschienen; während die gegen Schicksalsschläge nicht Abgehärteten schon eine Drohung schmerzlich empfinden, halten die von einem wechselvol-

---

1 *Paxaro oder pajaro bedeutet sowohl „Vogel" wie „Schlaukopf".*

2 *Vergleich mit einem Römer, der gegen einen Strohmann focht. Ein weiterer Vergleich mit dem Redner Demades ist übergangen, da derselbe nur auf ein Wortspiel hinausläuft.*

len Geschick Niedergeworfenen diese Tändeleien für nützlich und diesen Verlust für Kinderspiel.

Wer hat dir gesagt, dass du nicht auch bei diesen Abschlüssen gewinnen kannst? Du brauchst dich nicht so verzweifelt über das Schicksal zu beklagen, denn wie der Kurs über Nacht um 20 Prozent fallen kann, so kann er auch über Nacht um 50 Prozent steigen. Aus dem Bein eines Kindes in der Stadt Tullfeld kam anstatt Eiter Weizen hervor, daher vertraue ich auf Gott, dass auch du Weizen ernten wirst, wo du nur Eiter erwartest, und dass dir Freude bereitet, was dir Grund zum Ärger gab.

Den Gelehrten fällt die Erklärung einer Stelle der Heiligen Schrift schwer. Sie stellt es als unbegreiflich hin, dass die frommen Vorfahren nicht das zeitliche mit dem ewigen Leben vertauschen wollten, mussten sie doch wissen, dass sie zu einem besseren Leben gelangen sollten. Die Schwierigkeit wird behoben durch die Annahme, dass die Erde unsere zweite Mutter ist, denn Hiob nennt sie deutlich Mutter, und als ein Orakel erklärte, dass das Königreich verdiente, wer zuerst die Mutter geküsst hätte, küsste der verständige Brutus die Erde und gewann das Königreich. Es ist daher begründet, dass der Mensch sich zu seiner zweiten Mutter ebenso verhält wie zu seiner ersten und dass er ebenso wie beim Verlassen des Mutterleibes auch schreit, wenn ihn die zweite Mutter, die Erde, aufnimmt. Er schreit, wenn er geboren wird, obgleich er aus der Enge eines Bauches in die weiträumige Welt gelangt, weil er an den Bauch aber nicht an die Welt gewöhnt ist; er empfindet den Tod schmerzlich, obgleich er aus einer unglücklichen Welt in die Herrlichkeit des Himmels gelangt, weil er an die Welt und nicht an den Himmel gewöhnt ist. Daher wundere ich mich nicht, dass du dich beklagst, obgleich du gute Geschäfte machen und Unglück mit Herrlichkeit, die Enge mit der Weite vertauschen kannst. Du bist aber als Philosoph an die Tränen gewöhnt und kannst nicht unterlassen, wie Heraklit zu weinen. Aber wenn die Kinder, obgleich es ihnen besser geht, weinen und die

Frommen Schmerz empfinden, auch wenn sie in ein besseres Leben eingehen, so möge dich nicht der Schmerz deinen Vorteil verkennen lassen und mögest du nicht den Verdienst wegen der Sorgen für unerreichbar halten. Wie schon früher erwähnt, bist du aus der Welt in die Börse eingetreten und damit hat sich dir eine neue Welt erschlossen. Ist es daher zu verwundern, dass du beim Eintritt in diese Welt weinst wie die Kinder und beim Austritt aus dem früheren Leben wie die Frommen? Als König Karl I. von Neapel den Untergang seiner Vasallen in Palermo infolge der sizilianischen Vesper erfuhr, erhob er die Augen zum Himmel und bat Gott, ihn zu erniedrigen, aber nicht zu stürzen. Denke an die Quelle, die zuerst die Glieder lähmt, aber dann durch ihre Wärme neu belebt.[1] Wenn du wie jener Monarch nur geringe Einbuße erleidest, so würdest du einsehen, dass der Weise auf ein gutes Ende hoffen soll, ohne sich durch unbegründete Mutmaßungen zu betrüben.

Der Ring des Polykrates fiel ins Wasser und wurde dann in einem Fisch gefunden. Wenn du verzweifelt den verlorenen Ring suchen würdest, so könntest du ihn auch finden, denn in der größten Not bringen oft Brot die Raben und in der größten Verzweiflung geben oft Honig die Löwen, Wasser die Esel, Ströme die Felsen.

Es ist Torheit zu äußern, dass du dich nur gezwungen mit diesem Handel beschäftigst, denn ich erkläre dir, dass du ohne ihn niemals etwas erreichen wirst. Vorher lebtest du immer arm, sorgenvoll und elend und genossest nur Milch wie Marcus Curio oder Rüben wie Sagari. Pontanus[2] besaß einen Hund, der Hühnerfleisch nicht vertrug, ein Kind bekam, wie Donat berichtete, nach dem Genuss von Eiern wunde Lippen und Schaum trat ihm vor den Mund. Die Wahrheit ist, o unglücklicher Freund: Auch für deine Konstitution sind nicht diese Eier, auch für deinen Magen sind nicht diese Geschäfte.

---

1 *Die Quelle Albula, von der Strabo berichtet.*

2 *Pontanus schrieb Rerum et urbis Amstelodamensium historia 161, 1.*

Verdrehe dir den Kopf mit Studien und spekuliere, wer die Tochter der Hekuba war, welchen Namen Achilles bei den Mädchen des Lykomedes annahm, welchen Ton die Sirenen sangen, an welcher Hand Diomedes die Venus verwundete, auf welchem Auge Antigonos blind, auf welchem Fuß Phillipp lahm war, alles Dinge von höchster Bedeutung für das Leben. Oh, traurig, Derartiges für wichtig zu halten.

Der Sohn eines armen Genuesen kam von der Hochschule von Pavia nach Hause und auf Befragen des Vaters antwortete der Jüngling, er habe solche Spitzfindigkeiten gelernt, dass er beweisen könne, die zwei Eier, die er essen wolle, seien vier. Die zwei nämlich sei eine binäre Zahl und da jede binäre Zahl zwei Einheiten enthalte, so ergebe sich, wenn man diese zwei Einheiten hinzufüge, vier, denn vier sei zwei mal zwei. Der Alte war fast betäubt, die Sophismen und den zwecklosen Kram zu hören, mit dem der Sohn Zeit, Denken und Geld vergeudet hatte. Um zu zeigen, dass sein einfacher Verstand mehr bedeute als feine Syllogismen, verzehrte er die zwei Eier und sagte: „Ich esse die zwei Eier, welche die Henne gelegt hat, iss du jetzt die andern zwei, welche die Dialektik gebildet hat.“ Gestehe also ein, dass du geirrt hast, o unschuldiger Philosoph, es ist unbestreitbar, dass es Zeiten gibt, wo es viel besser ist, Midas als Philosoph zu sein. Hier gibt es kein Mittelding zwischen den zwei Extremen, entweder Kapitalist oder Bettler; entweder verzehre die zwei Eier ohne Sophismen oder bleibe verblüfft ohne Eier.

Was habt ihr gelernt von Philosophenschulen als den Wahnsinn ihrer Professoren und dass ihr die lächerlichen Wirkungen dieses Wahns bewundert? Demokrit riss sich die Augen aus, um besser zu sehen, Krates warf den Reichtum ins Meer, um nicht arm zu sein, Euripides lebte in Höhlen, Diogenes in Tonnen, es stürzte sich Plinius in den Vesuv, Aristoteles ins Meer, Sokrates stand wie ein Kranich den ganzen Tag auf einem Bein, Anaxagoras betrachtete den ganzen Tag die Sonne wie ein Adler, Xenokrates verwandelte sich in Marmor, Diogenes in einen Hund, Epikur in ein wildes Tier, Demokrit spielte den Narren, der immer lacht, und Heraklit weinte immer wie ein Verzweifelter.

Denke an deinen Erwerb und verschwende nicht die Zeit an Dinge, die in einigen Ländern nur Tadel, Verachtung und Spott eintragen.

Auf den Baum der Erkenntnis pflanzte Gott beim Beginn der Welt die Frucht des Todes, daher kann man nicht leicht das Leben im Schatten dieses Baumes gewinnen.

Salomo bat im Traume um die Wissenschaft und an bestimmten Orten wird die Wissenschaft nur im Traume geschätzt.

Nur auf eine Weise, dachte der kluge Monarch von Aragonien, könne ein König verarmen, nämlich, wenn er die Wissenschaft seines Landes an ein anderes Königreich verkaufe. Aber ich kenne Plätze, wo die Wissenschaft, zum Verkauf gestellt, auch die bescheidensten Forderungen nicht befriedigen würde. Um zu erfahren, in welcher Achtung er bei den Menschen stände, verkleidete sich Merkur in Kaufmannsgewänder. Er kam in das Haus eines Bildhauers, wo die Statuen aller Götter standen, und fragte nach dem Preis der Bildsäule des Jupiter. Es wurde ein Real verlangt und entsprechende Preise für die anderen Gottheiten. Auf die Frage, wie viel er für das Bildnis des Merkur fordere, sagte der Künstler aufrichtig, dass, wenn er die anderen Götterbilder verkauft habe, er diese Statue ihm noch dazu umsonst anbiete. Er hätte beinahe den Merkur verschenkt, der Gott der Beredsamkeit war, und wenn dieses Beispiel allgemeine Nachahmung fände, so erlaubte ich dir, dass du meine Reden nicht beachtest und meine Lehren nicht anwendest.[1]

Die Zeit ist vorüber, in der Dionysios den Plato nach Syrakus führte und seinen Wagen lenkte, als ob es ein Triumphwagen wäre.[2]

---

1 Merkur wird hier nur als Gott der Beredsamkeit und Bildung betrachtet, nicht als Handelsgott. Das Beispiel soll nur zeigen, wie gering gewöhnlich die Bildung geschätzt wird.

2 Es werden Beispiele fürstlicher Freigebigkeit gegen griechische Dichter und Gelehrte angeführt und feindselige Akte römischer und byzantinischer Kaiser gegen Wissenschaft und Kunst erwähnt, endlich die Frage aufgeworfen, wozu die Studien unter solchen Bedrückungen dienen.

Bei der Geburt der Minerva regnete es Gold in Rhodos; denn ohne Gold kann man auch Minerva nicht haben.

Gott befahl dem Moses, dass er die Lade, dann den Tisch, endlich den Leuchter machen solle, denn man kann schwerlich Leuchten in der Welt haben, wenn nicht Laden und Tische vorhanden sind.

Sogar im Himmel befahl Jupiter, dass Merkur die besten Plätze den Göttern des Goldes und des Silbers anwies; die Phönizier stellten ihre Götter mit einem Geldbeutel in der Hand dar und nannten alle Götter und sogar den höchsten Gott Geld.

Aber ich sehe mit Bedauern voraus, dass du das Beispiel des Gelehrten befolgen wirst, von dem man sagte, „er gab viele Bände heraus", und er dann die Bücher, um etwas zu essen zu haben, verkaufte. Obwohl er seinen Ruin nicht weissagen konnte, war er doch ein Prophet, indem er die Bücher verzehrte.[1]

Wenn sich herausstellt, dass du ebenso wenig zum Spekulanten geschaffen bist wie Plato zum Maler, Sokrates zum Bildhauer und Ovid zum Juristen, dann vertausche deinen Beruf wie die Genannten.

Im Anschluss an den zweiten Aphorismus des Hippokrates, dass es notwendig ist, den Körper zu reinigen und die schlechten Säfte zu entfernen, empfiehlt Galen den wahrhaften Ärzten, den kranken Körper nicht zu ernähren, ehe sie ihn nicht gereinigt haben (Zitate aus Horaz und Hippokrates). Wenn du daher die verlorene Gesundheit wiedererlangen willst, musst du, bevor du von mir sorgsam behandelt wirst, dich von den nutzlosen Wissenschaften reinigen, denn nicht verträgt sich gut eine Börsentätigkeit mit der Ausübung der Wissenschaften.

Der siebente Irrtum ist die Annahme, dass du dich von der Börse zurückziehen kannst oder dass du etwas gewinnst, wenn du den Besuch unserer Versammlungen unterlässt, denn wenn ein widriges

---

1 Die letzten Worte werden verständlich durch die Stelle bei Ezechiel (3, 1–3), wo Gott zum Propheten spricht: „Was du findest, iss ... Iss diese Rolle! ... Deinen Bauch speise und deinen Leib fülle mit dieser Rolle, die ich gebe."

Geschick dich beständig verfolgt, so kann es dich auch in den Felsen und Wäldern erreichen, wo Blitze dich treffen und wilde Tiere dich angreifen können.

Eine große Torheit ist auch die Einbildung, dass man durch einen Ortswechsel das Schicksal ändern könne.[1]

Gegen das Geschick sind solche Vorkehrungen ohnmächtig, denn dem Jäger misslingt nicht der Schuss, wenn der Vogel den Ast wechselt und durch seinen eigenen Flug sein Unglück beschleunigt.

Überdies, wäre es nicht Torheit zu glauben, dass du dich von der Börse zurückziehen kannst, nachdem du bereits genascht hast? Es mag sein, dass der Honig, den du bis jetzt an der Börse genossen hast, tödlich, bitter oder giftig ist wie der Honig der Kolcher und anderer Völker;[2] während aber die Augen des Jonathan hell wurden, als er den Honig mit der Lanzenspitze kostete, so werden an der Börse deine Augen trübe werden.

Die Skythen blendeten, um sicher zu sein, ihre Sklaven. Ebenso verblendet die Spekulation die Menschen, die sich zu ihrem Sklaven machen.

Als die Soldaten Hannibals gegen die Römer marschierten, wirbelten sie so viel Staub auf, dass die Feinde geblendet und besiegt wurden; an der Börse werden auch die berühmtesten Kämpfer verblendet und geschlagen.

Die Alten bestimmten in ihren Testamenten, dass die Sklaven erst die Freiheit mit dem Tode erhalten sollten, ebenso befreit erst der Tod von der Unterwerfung unter die Börse. Als der unglückliche Graf de la Gherardesca im Turm von Pisa in Haft saß, warf man den Schlüssel des Gefängnisses in den Arno, damit der Gefangene nur,

1 *Diese Annahme wird durch das Beispiel des Bruders Senecas, der bei einer Krankheit vergeblich Mytilene verließ, widerlegt. Es folgen Bemerkungen über den Einfluss des Klimas auf die Spartaner und andere Völker des Altertums.*

2 *Diese Völker werden ausgeführt.*

wenn er den Schlüssel im Meer gefunden hätte, entkommen könne.[1] Wer die Kreise der Börse betritt, wird in ewiger Unruhe gehalten und sitzt in einem Gefängnis, dessen Schlüssel im Meer liegen und dessen Riegel sich niemals öffnen.[2]

Die Börse ist wie das Löschkraut, welches nach Theophrast die Stücke in einem Fleischtopf so fest verband, dass man den Topf zerbrechen musste, um das Fleisch herauszunehmen; auch an das Hemd der Deianeira muss man denken, als Herkules es ausziehen wollte, brach er die Knochen. An der Börse darf man nicht solche Gewänder anlegen, die hier ebenso fein verfertigt werden wie auf dem Spinnrocken der Deianeira; denn es wäre ein Wunder, wenn das Gewand nicht zum Leichentuch würde. Als der Langobardenkönig Alboin die Früchte Italiens kostete, verschmähte er die Früchte seiner Gärten; ebenso verschmäht, wer das Börsengeschäft kennengelernt hat, jedes andere Geschäft.

Wenn dich die Börse fest umklammert, so kann keine Kunst die Schlinge lösen, kein Schwert den Knoten zerhauen.[3]

Die Frau Potifars hing sich an den Mantel Josefs und dieser konnte sich von ihr befreien, indem er den Mantel im Stiche ließ. Aber die Spekulation hält jeden fest und eine Ausnahme ist es, wenn jemand ihr entfliehen kann.[4]

In dem Gleichnis, welches der Prophet Nathan dem König David vortrug, gibt es eine schwer zu erklärende Stelle, man fragt, wer der Fremde sei, welchen der Reiche das Schaf des Armen verzehren lässt, denn wenn der Arme Urija, der Reiche David und das Schäfchen

---

1 *Ugolino Graf Gherardeschi wurde mit zwei Söhnen und drei Enkeln in einen Turm gesperrt, wo sie alle hungers starben. Dante hat die furchtbaren Leiden des Grafen im 33. Gesang der Hölle beschrieben.*

2 *Derselbe Gedanke wird durch einen Vergleich mit dem Riesen Antaios weiter angeführt.*

3 *Vergleich mit Kynaigeiros, der ein feindliches Schiff mit den Zähnen festhielt, nachdem man seine Hand abgehauen hatte.*

4 *Vergleich mit dem Verhältnis von Rut zu ihrer Schwiegermutter.*

Batseba sein sollen, so ist nicht zu verstehen, wer der Fremde ist, der das Schaf verzehrt. Aber die Gelehrten bemerken, dass die Heilige Schrift das erste Mal den Fremden *Wanderer*, das zweite Mal *Gast* und das dritte Mal *Mann* nennt. Sie glauben daher, dass jener Fremde der böse Trieb sei, denn er kommt hereingeschlichen, um geschäftig seine Herrschaft zu verewigen, und zeigt sich zuerst in Gestalt des armen Wanderers, der auf seinem Weg ein Almosen verlangt, dann verwandelt er sich in einen Gast, der nicht bittet, aber auch nicht befiehlt; schließlich nimmt er die Haltung eines *Mannes* an, der alles unterwirft, was er wünscht, alles wünscht, was er findet, und alles findet, was er sucht. Auch die Börse ist voll böser Triebe, denn wer auf ihre lockenden Worte hört, kann sich von ihren Liebkosungen nicht mehr befreien, man glaubt einen Wanderer zu unterstützen und schmückt einen *Gast* und glaubt man einen *Gast* zu beschenken, so gehorcht man einem *Herrn.* Zuerst ein Bettler, dann ein Gefährte und schließlich der Herr.

Kaufmann: Ich unterlasse einige Einwendungen, die ich gegen diese Rede zu machen habe, damit du nicht wieder darin sieben Torheiten entdeckst, ich bitte nur um Erklärung, was „West" und was „Ost" bedeutet, obgleich schon in der Nacht, in der wir treulos betrogen wurden, die Frage aufgeworfen wurde, ob eine Nachricht den Kurs von „Ost" ebenso werfen könne, wie sie ungünstig auf „West" wirke.

Aktionär: „Ost" und „West" sind abgekürzte holländische Bezeichnungen und während die Gesellschaft, von der wir bisher gesprochen haben, „Kompanie des Ostens" heißt wegen ihrer Unternehmungen in Ostindien, so gibt es noch eine andere Kompanie genannt „Kompanie des Westens", deren Wirkungskreis Westindien ist.

Die Gründung der Gesellschaft geschah 1621, das Kapital betrug 120–130 Tonnen Gold.[1] Die Geschäfte nahmen einen so bewunde-

1 *Das Kapital betrug 7,108161 Fl. 10 St., wovon aber nur 4,300000 Fl. eingezahlt wurden.*

rungswerten Aufschwung, dass eine Aktie von West und Ost gleichen Wert bekam und es den Anschein hatte, als ob die westindische Aktie ein kostbarer Schatz werden solle. Aber das Geschick wandte sich; die Gewürznelken gingen verloren, Brasilien riss sich los, Glück und Wohlstand verschwanden, Glanz und Ansehen wurden eingebüßt, und die Stimmung schlug dermaßen um, dass die Aktien zu 3⅛ Prozent verkauft wurden und die Verkäufer noch einen größeren Verlust befürchteten.

Im Jahre 1674 schlugen die Bewinthebberen (was im Holländischen „Direktoren" bedeutet), um den Schaden gutzumachen und den drohenden Ruin zu vermeiden, eine Sanierung der Gesellschaft vor, wobei das gefährdete Kapital durch Beiträge von Interessenten erhöht werden sollte. Man bezeichnete diese Hilfsoperation mit dem Namen *Bylegh* und wer mit der Sanierung nicht einverstanden war, musste auf Befehl der Justiz die Aktien verkaufen, denn diese konnten für geringe Kosten an die anderen Kammern geliefert worden.

Die Kompanie hatte drei Arten von Verpflichtungen: Erstens Verpflichtungen gegen Aktionäre, sei es, dass die Aktien von den ursprünglichen Zeichnern geerbt oder gekauft worden waren; zweitens waren die *Depositengläubiger* zu befriedigen, die der Gesellschaft Gelder zu billigem Zins überlassen hatten und als wohlhabende Leute nur auf diese Zinseinnahme rechneten, drittens bestanden die *Bodmereien* oder Seedarlehen, die zur Erweiterung des Verkehrs aufgenommen waren.

Bei der Sanierung mussten die Aktionäre 4 Prozent in bar zahlen und man vergütete ihnen 15 Prozent vom Nominalbetrag der alten Aktien in neuen Aktien. Die Depositengläubiger hatten 8 Prozent zu zahlen und erhielten dafür 30 Prozent des Nominalbetrages ihrer Forderungen in Aktien. Bei den Seedarlehen wurden die alten von den neueren unterschieden; auf die alten wurde gegen eine Bareinzahlung von 8 Prozent in Aktien 30 Prozent vergütet, während die neueren Darlehen 50 Prozent in bar und 50 Prozent in Aktien ohne Abzug erhielten.

Diese Reorganisation geschah mit einem Aufwand von 70 Tonnen Gold, hierbei wurde mit Bedacht die obige Unterscheidung gemacht, denn es war gerecht, dass die Aktionäre am wenigsten begünstigt wurden, da sie sowohl an Gewinn wie Verlust der Kompanie interessiert waren, aber die Depositengläubiger durften einen geringeren Verlust auf ihre flüssigeren Forderungen erleiden, denn sie hatten nur einen mäßigen Zins verlangt und waren von Gewinn und Verlust ausgeschlossen, trotzdem wurden die Bodmereidarlehen noch günstiger behandelt, weil sie neueren Datums als die Depositen waren. Aus diesem Grund wurden hier wie berichtet die älteren und die jüngeren Forderungen unterschieden.[1]

Mit diesen Operationen nahm die Kompanie einen neuen Aufschwung, allerdings sind in den letzten vierzehn Jahren so wenige Gewinnverteilungen erfolgt, dass die gesamte Dividende nur 26 Prozent ausmacht. Die Aktien stehen 110 Prozent, in der Hoffnung auf das Eintreffen großer Rückfrachten aus Guinea und Curaçao. Wenn der Kontrakt auch seine Schattenseiten hat, so glaubt man doch an eine glänzende Geschäftsentwicklung. Der Kontrakt, von dem die Rede ist und auf dem die wichtigsten Unternehmungen der Gesellschaft beruhen, besteht aus der Verpflichtung einiger holländischer Kaufleute, so viele Neger in Curaçao zu einem bestimmten Preis abzunehmen, wie die Gesellschaft von der Guineaküste heranschaffen würde. Und da die Kaufleute die Sklaven nach (spanisch) Westindien weiterverkaufen, ein Geschäft, zu dessen Betrieb ein Agent in Spanien angestellt ist und eine Abgabe an den König bezahlt wird, so gewinnen die Kaufleute nicht weniger bei der Abmachung als die Kompanie.

Hierauf beruht die Haupttriebfeder der Spekulation in diesen Aktien, auf die auch die europäischen Verwicklungen ungünstig

1 *Vgl. über diese Sanierung einen Artikel aus der Feder von S. van Brakel in der Encyklopädie van Nederl. - West - Indie her. v. Benjamins und Snelleman, S. 212 ff.*

wirken können wegen des höheren Risikos der Verschiffungen und des Nachteils der Steuererhöhungen. Daher können Zwischenfälle eintreten, wie der oben von den betrügerischen Spekulanten besprochene, welche den Kurs von „Ost“ herabsetzen, ohne auf „West“ zu wirken, denn obgleich beide Gesellschaften an der Ruhe und Sicherheit des Staates interessiert sind, so bestehen doch selbstständige Gründe, die auf jede Art von Aktien anders wirken und Steigen wie Fallen verursachen. Außerdem haben sich bestimmte Organisationen gebildet. Man nennt sie gewöhnlich *Cabalas*, ich weiß nicht, ob der Name von *cabal* („verständig“) oder von *cabiloso* („Intrigant“) herstammt. Durch die Manöver dieser Konsortien können die Besitzer von Ostaktien aus ihren Engagements herauskommen, um ihre Position in „West“ zu verstärken und umgekehrt. Wenn sich nun die Börse von der einen Aktienart abwendet, um die andere zu bevorzugen, auch viele Aktien der einen Art gegen Kasse verkauft werden, um die andern zu bevorschussen oder abzunehmen, so befürchten die Spekulanten einen weiteren Kurssturz und kommen aus Besorgnis vor weiteren Angriffen dem Schaden zuvor. Sie beeilen sich daher mit Verkäufen, die Stimmung für das Papier hört auf und sein Kurs sinkt.

Diese Aktien werden nicht zu 500 Pfund wie „Ost“, sondern zu 1.000 Pfund gehandelt; da überdies ihr Wert, wenn auch nicht das Risiko, viel geringer war, so wurden sie nur kurze Zeit zu 500 Pfund gehandelt. Als einige habsüchtige Kaufleute verlangten, dass die Maklergebühr auf die Hälfte herabgesetzt werden sollte – sie betrug nämlich für jede Partei nur 1 ½ Gulden pro Aktie statt 3 Gulden bei „Ost“ –, so setzten die Makler, um mit derselben Arbeit 6 Gulden zu verdienen, durch, dass ein Abschluss mindestens 1.000 Pfund betragen sollte. Wenn auch auf den ersten Blick die Courtage groß zu sein scheint, nicht im Hinblick auf den Wert der Aktien, sondern im Hinblick auf die Leichtigkeit des Abschlusses, so ist doch das Interesse der Makler für ihre Aufgaben, die sie gewöhnlich Meister nennen, und ihr Fleiß, ihre Betriebsamkeit, ihr Eifer und ihre Wachsamkeit so groß, dass die Kunden selbst bei geringerer Ehrlichkeit der Makler auf ihre Rechnung kommen.

Aber da bei diesem Geschäft dieselben Kunstgriffe wie im Handel mit „Ost" üblich sind und die Geschäftsart ebenso reell und ebenso schwindelhaft ist, so fahren wir fort, uns nur mit den Kunstgriffen des ersten Geschäftes zu befassen, das das allgemeinste am Platze und das bekannteste der Welt ist.

Philosoph: Helfe mir Gott, wie verständig handelte Sokrates, als er Liebesangelegenheiten nur von Diotima lernen wollte, musikalische Dinge von Komos, poetische von Euenos, landwirtschaftliche von Hycomachos und geometrische von Theodoros, weil alle diese große Sachverständige waren. Deshalb suche ich meinen Vorteil, indem ich meine Spekulation auf dich stütze, denn da du das Börsengeschäft aufs Ausgezeichnetste verstehst, so wird deine Lehre mich in diesem Geschäft leiten. Wer nicht versteht, was er spricht, kann niemals vernünftig über das, was er behandelt, reden. Alexander verstand nichts von der Malerei und rühmte die Fehler eines Bildes, als ob es Vorzüge wären, Flecken hielt er für Schatten und grobe Versehen für Schönheiten. Diana verbot den unfruchtbaren Frauen, Hebammen zu sein, denn sie wusste, dass man schlecht auf einem Gebiet arbeiten kann, worin man keine Erfahrung und keine Übung hat. Michelangelo studierte Anatomie, um als großer Bildhauer die Muskeln, Nerven und Adern des menschlichen Körpers bewundernswert darzustellen. Dagegen ist es ein Wahn, ein Studium auf Dinge, die man nicht gründlich erfasst und nicht vollständig begriffen hat, zu verwenden. Neantes, der sich aus Eitelkeit für den Sohn der Urania hielt, nahm die Lyra des Orpheus aus dem Apollotempel weg und begann auf dem Instrument zu spielen, obwohl er es noch nie berührt hatte. Ihn zerrissen die wilden Tiere, und während die Lyra des Orpheus die Bestien bezähmte, so zog sein Spiel die wilden Tiere nur an, um sie rasend zu machen: Dort hielt die Harmonie des Instrumentes die Bestien zurück, hier wurde der Spieler des Instrumentes der Harmonie verschlungen.

Wenn ich notgedrungen bei deiner Sachkunde Zuflucht suche und auf andere Unterstützung verzichte, so geschieht es, weil du seit vielen Jahren die Börse besuchst und zum Spekulanten geworden bist.[1]

Dem Philosophen Demarates (einem Denkriesen) wurde ein Stein an die Stirn geworfen und als seine Freunde riefen: „Zum Richter, zum Richter“, antwortete er ebenso witzig wie klug: „O Toren, zum Chirurgen, zum Chirurgen.“ Furchtbare Torheit, zum Richter wegen der Rache und nicht zum Chirurgen wegen der Heilung zu gehen. Aber da ich nicht die Rache der Heilung vorziehe, so halte ich mich an deine Geschäftskunde, die mich heilen soll, während ich die Sühnung des mir geschehenen Unrechts einer anderen Gelegenheit vorbehalte.

Kaufmann: Wenn es unserm Freund nicht beschwerlich fällt, möchte ich noch den *Ort* und die *Art* des Börsenverkehrs und die Form der Geschäftsabschlüsse kennenlernen; denn obgleich wir den Ursprung, die Erfinder und die Verwicklungen der Börse kennen, so wissen wir noch nichts über die Art des Geschäftsverkehrs und den Ort des Wettstreites.

Aktionär: Das Geschäft ist so beständig und unaufhörlich, dass kaum ein bestimmter Ort angegeben werden kann, wo es sich abspielt; trotzdem sind der *Dam* und die *Börse* am meisten besucht, auf dem Dam wird von zehn bis zwölf gehandelt, an der Börse von zwölf bis zwei.

Der Dam ist ein Platz, an dessen Vorderseite der Palast des *Stadthauses* liegt. Dam heißt auf Holländisch „Deich gegen das Hochwasser“; denn auf diesem Platz befand sich ein Deich zur Abwehr der Amstel, des Flusses, von dem die Stadt den Namen erhielt, da Amsterdam ursprünglich Amstel-Dam hieß.

---

1 *Vergleich mit einem Schauspieler, der die Asche seines Sohnes auf die Bühne brachte.*

Hier auf dem Platz beginnt morgens das Spiel. Dasselbe dauert, bis die Börsentore am Mittag geschlossen werden. Dann eilen alle in Mengen herbei, um nicht das Strafgeld für zu spätes Erscheinen zu zahlen;[1] dann geht der Kampf an der Börse fort und die Waffen werden auch bei der größten Ermüdung nicht niedergelegt und bei den größten Aufregungen wird keine Erholung gestattet.

Die Börse ist ein von Säulen umgebener Rundbau. Einige stützen sich auf die Säulen der Börse, die wie Feuersäulen sind, andere verbergen sich hinter ihnen wie hinter einer Wolke. Der Name Börse erklärt sich, weil sie wie eine Börse die Kaufleute umschließt oder weil jeder hier seine Börse mit Eifer zu füllen bemüht ist.[2]

Da das Wort *Börse* im Griechischen „Haut“ bedeutet, so lassen viele Spekulanten ihre Haut an der Börse.

Karthago hieß bei den Alten *Byrsa* oder *Börse* wegen des Betrugs der Afrikaner durch die Phönizier, welche das ganze Gebiet verlangten, das sie mit einer Ochsenhaut umspannen könnten; mit mehr Recht muss Börse der Ort heißen, wo ein Teil der Spekulanten betrügt.[3] Das spanische Sprichwort sagt von einem Menschen mit zweideutigen Absichten, dass er Geldbeutel im Herzen trage, jetzt sind redliche Leute gewahrt vor den Menschen, die an der Börse solche Beutel abnehmen.

Die Art, wie die Geschäftsabschlüsse erfolgen, ist ebenso lächerlich wie das Spiel selbst. In der Levante geschieht ein Geschäftsabschluss durch Kopfnicken, hier aber sind Handschläge oder Stöße das Zeichen der Abmachung. Aber, oh Schmerz, viele streben nach dem Sieg, den die Handschläge verheißen, und haben doch nur die Schicksalsschläge zu beklagen.

---

1 Das Strafgeld betrug 6 St., für Makler jedoch 1 ¼ Fl.

2 Es folgen ausführliche Darlegungen über die Benennung der griechischen Akademien.

3 Über die Etymologie des Wortes Börse gibt Ehrenberg, Z. d. F. I, S. 69 ff. wertvolle Aufschlüsse: „Das Wort bursa bedeutet ursprünglich nur einen aus Leder gefertigten Geldbeutel ... Die moderne Bedeutung des Wortes wurde erst im 16. Jahrh. bekannt.“

Der Prophet Elisa legte seine Hand auf die des Kindes, um es zu erwecken, aber hier an der Börse gibt man die Hände nicht, um zu erwecken, sondern, um zu töten. Nach der Heiligen Schrift gab es Wasserquellen in der Stadt der Palmen; aber wegen dieser Hände *(palmas)* sind viele Augen voll Tränen geworden.

Wer zu Gott betet, faltet die Hände, aber ich weiß nicht, ob an der Börse die Hände nur gefaltet werden, um zu beten.

Gott versicherte seinem Volke durch die Propheten, dass es auf seiner Handfläche eingegraben sei. Aus diesem Grunde heißt es an einer anderen Bibelstelle, dass Gott seiner Rechten vergessen würde, wenn er sein Volk vergäße: Aber es gibt einige Spekulanten, die sich Gott für diese Liebe nicht erkenntlich erweisen, sie benutzen ihre Hände, um Gott zu beleidigen, indem sie bald bei seinem Namen fluchen, bald seinen Namen keck lästern, bald in seinem Namen falsch schwören.

Um die Freundschaft zu prüfen, wünschte ein Weiser, dass auf der Handfläche sich zwei Augen befänden, aber ich glaube nicht, dass die Prüfung Klarheit verschaffen würde, wenn sich diese Augen auf den Händen der Spekulanten befänden, denn anstatt das Symbol der Eintracht zu sein, sind zwei verschlungene Hände hier das Sinnbild der Zwietracht und es wären an der Börse ebenso viele Augen notwendig, wie die Räder an dem Wagen des Ezechiel trugen. „Gib mir deine Hand", sagte Gott zu Ezechiel,[1] „damit du die spätere Züchtigung vorausahnst." Oh, wie viele gibt es, die die Züchtigung Gottes bei diesen Handschlägen schon ahnen und die wie der Prophet die Hände zur Klage zusammenschlagen, weil die Hand Gottes mit Züchtigung droht.

David ließ in der Gefahr seine Hand von der Seele leiten, aber an unserer Börse setzt man oft um der Hand willen die Seele aufs Spiel. Ein spanisches Sprichwort sagt von einer Sache, die sicher ist, dass

1 *Ezechiel 1, 18.*

sie sich wie in der Hand befindet. Dagegen ist im Börsenspiel die Seele niemals weniger sicher, als wenn sie sich in der Hand befindet.[1]

Ein Börsenbesucher öffnet die Hand, ein anderer schlägt ein und gibt damit zu einem bestimmten Preis eine Anzahl Aktien ab, ein zweiter Handschlag bekräftigt diesen Preis. Mit einem neuen Handschlag wird ein weiterer Posten offeriert, worauf ein Gebot erfolgt. Die Hände färben sich rot von den Schlägen (ich glaube vor Scham, dass die angesehensten Leute in so unanständiger Weise mit Schlägen handeln). Auf die Handschläge folgt Geschrei, auf das Geschrei Beschimpfungen, auf die Beschimpfungen Frechheiten und wieder Beschimpfungen, Geschrei, Stöße und Handschläge, bis das Geschäft abgeschlossen ist. In der Heiligen Schrift lese ich, dass man vor Verwunderung und auch bei festlichen Gelegenheiten die Hände zusammenschlug. (Es folgen Beispiele aus dem Alten Testament.) Hier an der Börse aber schlagen sogar die Unbeteiligten die Hände zusammen. Die einen klatschen Beifall dem Schwindel, die anderen schlagen die Hände vor Verwunderung über die Verluste zusammen. Sie schlagen die Hände zusammen wie bei einer Komödie und sie schlagen die Hände zusammen vor Staunen über den Ruin.

Drei Kampfweisen fand ich in der Geschichte, die alle drei bei den Schlachten der Börse vorkommen. Die germanischen Harier kämpften mit Geheul, die Spartaner fochten tanzend, die Andabaten griffen mit geschlossenen Augen an. Ebenso greifen die Spekulanten an der Börse mit geschlossenen Augen an, denn die meisten von ihnen kaufen oder verkaufen ohne bestimmten Grund und vertrauen auf die Gunst des Schicksals. Auch tanzend kämpfen sie, denn man sieht sie immer, sowohl bei Gewinn wie bei Verlust, tanzend oder lachend. Bei Erfolg, um ihr Glück zu bekunden, bei Verlust, um die Angst zu bemänteln. Schließlich kämpfen sie mit Geheul, denn das Getöse,

---

1 *Im Spanischen Wortspiele:* altna *„die Seele“ –* palma *„die Hand“.*

womit Erfolg und Misserfolg verkündet werden, ist so groß, dass nur Gewöhnung es uns ertragen lässt, gleichwie die Ägypter das Rauschen des Nils ertrugen. Dagegen würde ein Fremder betäubt die Sprache verlieren, und wenn er so viele Münder hätte wie der Nil Mündungen.

Zu den Merkwürdigkeiten von Ravenna gehörte, wie Sidonius Apollinaris[1] berichtet, dass die Kaufleute Krieg führten und die Soldaten Handel trieben. Aber auch an unserer Börse besteht etwas Ähnliches, denn auch hier haben sich die Kaufleute in Soldaten verwandelt, die ihre Geschäfte mit Handschlägen, Stößen, Faustschlägen, Ohrfeigen, Rempeleien und ich glaube auch mit Fußtritten abschließen.

Die Spekulanten haben sich in Gladiatoren verwandelt und machen einen Kampf aus dem Geschäft und ein Geschäft aus dem Kampf. Es gibt keine Ungereimtheit, die diese übertrifft. Hätten die Alten dieses Treiben beobachtet, so hätten sie nicht die Alobadener getadelt, weil sie die Bildsäulen der Redner in den Ringplätzen, die Bildsäulen der Athleten in den Amtszimmern aufstellten.

Philosoph: So wie Apelles in der Malerei auch das Unmögliche darzustellen wusste, so bewundere ich an dir, dass du vermagst, fast Unerklärliches klar zu legen. Und wenn man aus den Bildern des Timanthes mehr herausfand, als der Künstler gemalt hatte, so gilt das Gleiche für deine lebhafte Darstellung der Börse.

Aktionär: Um noch mehr Beifall für meine Darstellung zu erhalten, will ich die Nervosität der Spekulanten und die Unruhe ihres Handelsgebarens schildern. Ich halte es nämlich für unzweifelhaft, dass man ihnen den Namen „Aktionisten" gegeben hat, weil sie *immer in Aktion sind.* (Vergleich mit der Unruhe des Delphins.) Sextus Empiricus hebt die Geschicklichkeit eines Jünglings hervor, der im Schlafe durch die Straßen ging, ein Sklave des Perikles ging schlafend über die Dächer und Eusebio berichtet, dass ein Student im Schlafe

1 *Sidonius Apollinaris, Bischof von Lyon (430–480 n. Chr.).*

über die schwierigsten Fragen der Philosophie und Theologie diskutierte und dabei einen solchen Scharfsinn, solche Feinheit und solchen Tiefsinn entfaltete, dass man eher die Zuhörer für schlafend hätte halten können als den gelehrten Redner. Ein solches Wunder erscheint einem wie ein Traum, und nicht einmal im Traume wäre einem die Möglichkeit einer solchen geistigen Erhebung eines Träumenden eingefallen. Aber was bedeuten alle diese Wunderdinge gegen die Traumgebilde unserer Spekulanten? Denn die Ideen ihres Geschäftes haben sich so ihrer Fantasie eingeprägt, dass sie im Schlafe handeln, hantieren und zanken. Zwei meiner Freunde schliefen zusammen. Der eine schlug dem anderen eine Beule auf die Stirn. Als dieser ihn mit Geschrei weckte, versicherte der Gefährte, dass er mit dem Schlag soeben ein Geschäft abgeschlossen habe. Dieser Spekulant war ein zweiter Pythagoras, den letzteren weckte ein Hahn, den Spekulanten eine Beule, und Beule wie Hahn heißen auf Portugiesisch *gallo*.

Schreckliche Mühe! Unerklärliche Pein! Unvergleichliche Sorge! Wenn die Spekulanten reden, sind die Aktien das Thema, wenn sie einen Gang machen, sind die Aktien die Veranlassung, bleiben sie stehen, sind die Aktien der Zügel, wenn sie etwas ansehen, sind es die Aktien, wenn sie etwas ausklügeln, sind die Aktien der Inhalt, essen sie, sind die Aktien ihre Speise, wenn sie etwas denken oder etwas studieren, sind es die Aktien, ihre Traumbilder sind die Aktien, in Fieberfantasien beschäftigen sie sich mit Aktien, und selbst auf dem Totenbett sind die Aktien ihre letzte Sorge.

Alle geschichtlichen Beispiele geben nur einen schwachen Begriff von dem Treiben der Spekulanten.[1] Denn, wenn Aemilius Paullus bei einem Gastmahl die Speisen so auftragen ließ, dass sich das Bild eines Kampfes ergab, so denkt der Spekulant bei Tisch an die Kämpfe der

1 *Hier folgt ein Vergleich mit den Günstlingen Elagabals, den ich ebenso wie die zu Beginn dieses Abschnitts breit ausgeführten Beispiele, die an dieser Stelle wieder aufgenommen werden, übergehe.*

Börse. Wenn Isaios Tag und Nacht studierte, so ist der Spekulant eine Seltenheit, der nicht bei Tag und Nacht sich dem Studium seiner Unternehmungen widmet, wenn Plinius im Gehen und beim Essen las, so spricht der Spekulant im Gehen und beim Essen von seinen Aktien. Wenn ein thrakisches Mädchen gleichzeitig wie die Weber und Pantomimen Füße, Hände und Augen betätigte, so sind auch beim Spekulanten alle diese Körperteile zur gleichen Zeit in Bewegung. Wenn schließlich Archimedes sein Werk erst mit dem Leben aufgab, so gleicht ihm der hartnäckige Spekulant, der bis zu seinem Lebensende die Börse besucht und sich nur durch den Tod von seiner Beschäftigung trennen lässt.

Die Rute des Corilo zeigte Goldadern durch ihre Bewegung an. Ebenso glauben die Spekulanten, durch Bewegung das Gold zu finden. Bald laufen sie hierhin, um eine Nachricht zu erfahren, bald springen sie dorthin, um etwas zu erhorchen, sie kommen und gehen, laufen umher, eilen weg, wenden und drehen sich. Sie übertreffen mit ihrer ständigen Bewegung das Wunder des „Perpetuum mobile“[1], das der berühmte Held von Toskana in seiner Galerie aufgestellt hatte. Wenn es zweifelhaft ist, ob die Körper sich gleichzeitig an verschiedenen Orten befinden können, so ist doch dem Spekulanten zweifellos dieses Vermögen zu eigen.

Die Philosophen sind der Ansicht, dass es ohne Bewegung keine Vermehrung gibt und dass die Ruhe ein Fehler der im Wachstum begriffenen Wesen ist, während sie ein Vorzug Gottes ist. Die Spekulanten versuchen, diesen Fehler der Ruhe zu vermeiden und durch Bewegung Zuwachs zu gewinnen, ohne zu bedenken, dass die vielfüßigen Tiere nicht am schnellsten laufen und dass viele Finger an einer Hand nur hinderlich sind.

---

1 *Moto continuo.*

Tassoni beweist auch, dass sich die bewegte Luft nicht erwärmt.[1] Aber die unruhigen Spekulanten beachten diese Wahrheit nicht, und da sie und ihr Handel wie Wind sind und sie Luftschlösser bauen, so glauben sie, dass je mehr sie sich bewegen, sie sich umso mehr aufregen, und je mehr sie sich aufregen, sie sich desto mehr erhitzen, und je mehr sie sich erhitzen, sie und ihr Verdienst desto mehr wachsen.

Die Grabschrift des Jakob Trivulzio, genannt der Große, lautete: „Hier ruht, der niemals ruhte." Ich glaube, dass *der* Spekulant eine Ausnahme ist, auf den diese Inschrift nicht passt. Spielt sich doch an der Börse ein so blutiger Kampf ab, dass nicht nur die Personen und ihre Waffen im Leben miteinander kämpfen, sondern dass sogar noch nach dem Tode die Knochen und die Asche dieser Gegner sich bekriegen würden.[2]

Aber was alle diese Merkwürdigkeiten übertrifft[3] und was kaum glaublich ist, weil es eher vollständig erdichtet als übertrieben zu sein scheint, ist die Tatsache, dass der Spekulant gegen seinen eigenen Verstand kämpft, seinen eigenen Willen befehdet, seine eigene Hoffnung bestreitet, gegen seine eigene Bequemlichkeit handelt und mit seinen eigenen Entschlüssen hadert. Albertus Magnus und Henrique de Gadano behaupten, dass Menschen aus zwei verschiedenen Körpern zusammengesetzt sein können, die miteinander im Streite liegen.[4] Ebenso gibt es viele Gelegenheiten, bei denen jeder Spekulant zwei Körper zu haben scheint, sodass die erstaunte Welt einen Menschen mit sich selber streiten sieht. Trifft zum Beispiel eine Nachricht

---

1 *Zur Widerlegung der Ansicht, dass sich bewegte Luft erwärmt, wird noch angeführt, dass je stärker die Nordwinde wehen, umso größere Kälte eintritt.*

2 *Die Kämpfe an der Börse werden mit den blutigen Kriegen der Thebaner und Spartaner verglichen, wo sogar die im Tempel angehangenen Waffen miteinander gekämpft haben sollen.*

3 *Es folgen hier nochmals die Vergleiche mit der Grabschrift des Trivulzio, den sich im Tempel bekämpfenden Waffen und den noch auf dem Scheiterhaufen miteinander ringenden Körpern.*

4 *Im Text näher ausgeführt.*

ein, die den Spekulanten zum Kauf veranlasst, zwingt die Börsenstimmung ihn aber zum Verkauf, so kämpft sein Verstand gegen seinen eigenen Verstand. Bald treibt er ihn zum Kauf wegen der eingegangenen Nachrichten, bald bestimmt er ihn zum Verkauf wegen der Tendenz der Börse.

Kaufmann: Nun kennen wir die Art, den Ort und das unruhige Treiben des Börsenverkehrs. Jetzt möchte ich noch wissen, wie die Börsengeschäfte abgeschlossen, wie die Aktien abgenommen und bezahlt werden.

Aktionär: Ich habe euch bereits von den drei am Börsengeschäft beteiligten Klassen erzählt: Die erste bilden die Großkapitalisten oder die Fürsten der Börse, die zweite die Kaufleute und die dritte die berufsmäßigen Spekulanten.

Die Kapitalisten, die von den Zinsen eines fürstlichen Vermögens leben, bewahren auch im Geschäft die Würde von Fürsten. Sie besuchen die Börse niemals selbst, um jeder Unannehmlichkeit aus dem Wege zu gehen, sie geben die Orders, die ihnen gut scheinen, dem Makler, der sie bestens ausführt. Zuweilen bei einer bestimmten Tendenz ist die pünktlichste Erledigung des Auftrages vorteilhaft; es gibt aber auch Fälle, wo die Makler scharfsinnig das Geheimste wittern und dem Wunsch des Auftraggebers nicht nachkommen können, um große Nachteile und Mühe zu vermeiden.

Auch einige der Kaufleute besuchen wie die Hochfinanz die Börse nicht selbst, sondern geben ihre Orders den Maklern. Sie halten es für nicht passend, sich durch Rempeleien, Beleidigungen und Geschrei belästigen zu lassen. Um allen diesen Unannehmlichkeiten zu entgehen, meiden sie die Börsenversammlungen. Es gibt aber auch andere Kaufleute, die täglich zur Börse gehen, wie die Spekulanten, und zwar sind es fünf Gründe, aus denen sie den Vorteil dem Ehrgefühl und den Verdienst dem Anstand vorziehen.

Erstens wollen sie keine Courtage zahlen und schließen Geschäfte direkt mit Kaufleuten ihrer Sphäre ab, wodurch sie sich Mühe und Arbeit ersparen. Zweitens, weil sie das Vergnügen der Handschläge haben wollen, denn es gibt Leute, die sich freuen, wenn sie sie erhalten, und sich bemühen, sie zu geben. Drittens haben sie den Vorzug, mit dem Makler persönlich zu verkehren, der ihnen immer ½ Prozent mehr gibt, als er einem anderen Makler bietet. Dies geschieht, weil der Makler die Kaufleute für sichere Kunden hält, während er nicht weiß, ob er seinerseits von dem anderen Makler auch für unbedingt sicher gehalten wird. Er würde bei Geschäften mit dem anderen Makler auch nur die Hälfte der Courtage erhalten, während er bei Vermittlung eines Geschäftes an den Kaufmann die Courtage von zwei Parteien gleichzeitig bezieht. Viertens besuchen die Kaufleute die Börse, um die Tendenz zu erkennen, ob eine Hausse oder eine Baisse besteht. Und da zu diesen einflussreichen Männern sich die ganze Börse drängt, um gestützt auf sie Geschäfte zu machen, so ist es ihnen ein Leichtes, die Absichten zu erraten, die Nachrichten genau zu prüfen und Vorteile daraus zu ziehen. Fünftens denken sie, dass ihr Geist das Beste finden wird, weil sie Virtuosen und Veteranen des Geschäfts sind und niemand einen besseren Kunstgriff treffen wird als sie selbst. „Kümmre dich um das, was dich angeht“, so rät ein verständiger Mann. Die geschäftstüchtigen Leute befolgen diese Lehre, da sie glauben, dass niemand besser für ihren Vorteil als sie selbst sorgen und niemand das Glück mehr an sich fesseln wird als sie selbst.[1]

Saul überließ seine Waffen dem David, um Goliath zu überwinden, aber David streckte den Goliath auch ohne die Waffen Sauls nieder, weil er hoffte, Sauls Tochter zum Weibe zu erhalten, und überdies für die Ehre Gottes kämpfte; aber wo nicht solch eine erhabene Belohnung winkt, bezweifeln die Habsüchtigen, dass die Makler ihre ganze Kraft für den Erfolg einsetzen, obgleich die Er-

1 *Hier folgt ein unwesentlicher Vergleich mit den Lieblingssklaven des Elias.*

fahrung lehrt, dass sie schon Löwen durch ihren Mut verjagt haben.[1] Ich wundere mich nicht, dass es Spekulanten gibt, die, obwohl frei von Geiz, doch nicht ihre Orders den Personen erteilen, die sie unzweifelhaft ebenso eifrig wie reell und ebenso reell wie pünktlich ausführen würden. Aber worüber ich mich beklage, ist, dass einige unter dem Vorgeben, den Makler zu begünstigen, freundlich zu ihm sind, ohne dass jedoch die Liebenswürdigkeit reellen Wert hat. Sie geben ihm den Auftrag, eine oder mehrere Aktien zu kaufen, aber im Augenblick der Ausführung erscheinen sie selbst an der Börse und bieten einen höheren Kurs, als sie dem unglücklichen Makler aufgegeben haben, den sie durch Schmeicheleien getäuscht hatten. Was nützt es, eine Order zu erteilen, wenn im selben Augenblick Mittel gesucht werden, ihre Ausführung zu verhindern? Ist es nicht klar, dass bei einem höheren Angebot die Aktien eher an sie geliefert werden als an den Makler, sei es, um die Courtage zu verdienen, wenn ein Makler verkauft, und sie zu ersparen, wenn ein Kaufmann der Abgeber ist, sei es, weil der Kurs höher ist als der von dem armen Makler angebotene, dem sie ebenso lächelnd wie falsch, ebenso heuchlerisch wie leutselig begegnet sind.

David befahl dem Abisai, dass er die Lanze und den Wasserkrug an sich nehme, aber in demselben Augenblick ergriff er selbst die Gegenstände. Was tat David hier? Wenn du befiehlst, dass Abisai deinen Wunsch ausführt, warum bringst du selbst den Befehl zur Ausführung? Aber David ist entschuldbarer als die Leute, über die ich mich beklage, denn er gab den Befehl, als ihm Abisai vorschlug, Saul zu töten. Wer schon mehrfache Beweise hat, dass der Auftraggeber nur daran denkt, selbst das Geschäft zu machen, der wird seine Abneigung nicht verbergen.

Wir haben bereits festgestellt, dass es drei Arten des Aktienhandels gibt. Du musst aber wissen, dass drei Arten der Geschäftsabwicklung

---

1 *Es folgt eine Erzählung von einer Henne, die die Absichten ihrer Feinde zu Schanden machte.*

möglich sind. Zunächst gibt es Loco- oder Kassageschäfte. Zu ihrer Erledigung muss sich der Verkäufer der Aktien in die Geschäftsräume der Kompanie, die sich in dem Prachtbau des ostindischen Hauses befindet, begeben und muss sie dort auf das Konto des Käufers oder des Beleihers überschreiben lassen (es ist im Anfang dargestellt, dass selbst die vermögendsten Leute ohne Kreditgefährdung von diesen Lombardierungen Gebrauch machen). Nachdem der Kaufpreis bei der Bank (Städtischen Girobank) angewiesen ist, bemerken die Beamten der Kompanie, dass die Zahlung ordnungsmäßig geleistet ist (was wir die Aktie einlösen nennen[1]). Dies geschieht mit größerer oder geringerer Pünktlichkeit je nach Eile des Käufers oder der Not des Verkäufers, wobei zuweilen sowohl über die Promptheit als auch über die Nachlässigkeit Klage geführt wird.

Die zweite Art der Börsengeschäfte wird an den Abrechnungstagen abgewickelt. Hierunter hat man zu verstehen oder sollte man wenigstens verstehen, dass die Effekten am 20. des Monats, in dem der Geschäftsabschluss erfolgt, abgenommen und am 25. desselben Monats bezahlt werden. Aber in diesem Liquidationsverfahren herrschen Vernachlässigung, Unordnung und Verwirrung, denn man nimmt nicht ab und bezahlt nicht, wenn man soll. Es gibt Makler, die wir Reskontranten nennen, da sie es übernehmen, die Engagements auszugleichen oder zu reskontrieren und die Differenzen zu zahlen und einzukassieren. Und da es unter ihnen auch einige gibt, die ihren Nutzen in Verschleppung und Unklarheiten

1 Diese Darstellung der Aktienübertragung ist ungenau, und wir finden besseren Aufschluss bei anderen Schriftstellern, vgl. die Stellen aus Savarys Handelslexikon, bei A. von Kostanecki, Das Aktienindossament, 1900, S. 22, 63. Danach zerfiel der ganze Vorgang in drei Akten. Erstens veranlasst der Verkäufer die Umbuchung bei der Gesellschaft, dann zahlt der Käufer den Kaufpreis, worauf der Verkäufer im Aktienbuch quittiert. Bevor das Valutabekenntnis registriert ist, darf der Erwerber der Aktien dieselben nicht veräußern. Die Gebühren der Übertragung betrugen 3 Fl. 18 St. und wurden zur Hälfte von jeder Partei getragen.

suchen, so muss man ihnen gegenüber mehr seinen Vorteil und sein Interesse wahren als höflich und liebenswürdig sein.

Die dritte Art der Geschäfte erfolgt auf spätere Termine. Hierbei müssen die Aktien am 20. und 25. des Monats, auf den der Abschluss erfolgt, geliefert und bezahlt werden, wenn man sich nicht der mysteriösen Prolongationen bedient, die ich tadle, weil sie den Kredit schädigen und das Ansehen gefährden. Für diese Zeitgeschäfte verwenden die Makler gedruckte Schlussscheine mit den üblichen Klauseln und Geschäftsbedingungen. Auf den Formularen sind nur die Namen, Daten und Kurse frei gelassen. Nachdem sie ausgefüllt und die Schlussscheine unterschrieben worden sind, werden sie gegenseitig ausgetauscht und nach Feststellung des Gewinnes oder Verlustes bei dem Geschäft durch die Reskontranten von den Unterzeichnern zurückgenommen. Für Prämiengeschäfte gibt es eine andere Art von Vordrucken über die Verträge, aus denen ersichtlich ist, wann und wo die Prämie gezahlt und zu was der Unterzeichner verpflichtet ist; verschieden sind auch die Formulare für die Verpfändungen; man nimmt hierzu Stempelpapier und setzt Bestimmungen, die die Dividenden und andere Zwischenfälle betreffen, hinein, sodass keine Zweifel und keine Meinungsverschiedenheiten über die Abmachungen und Vereinbarungen bestehen können.

Was die Unklagbarkeit der Differenzgeschäfte betrifft, so ist es richtig, wenn du bemerkst, dass bei den Kassageschäften die betreffende Verordnung keine Gültigkeit hat, wohl aber gilt sie bei den Zeitgeschäften, außer wenn der Verkäufer innerhalb von 14 Tagen die Aktien auf das Zeitkonto des Käufers hat übertragen lassen. Dann ist der Käufer verpflichtet, die Aktien abzunehmen, oder er muss sich für insolvent erklären.

Und obgleich man sich gewöhnlich einbildet, dass diese Verordnung nicht für den Verkäufer, sondern nur für den Käufer gilt, so ist das ein Missbrauch, den die schlechte Gewohnheit eingeführt hat. Aber die Juristen behaupten, dass der Verkäufer ebenso wie der Käufer den

Einwand erheben darf. Auch nimmt das Publikum an, dass, wenn der Verkäufer von Effekten sie vom Käufer zurückkauft, das Gesetz nicht gilt und ein unzweifelhafter Irrtum ist. Denn das Gesetz gilt in dem Falle nicht, wenn ich eine Aktie für 40 kaufe und sie für 20 verkaufe und vor Zeugen erkläre, dass die verkauften Papiere zur Abrechnung mit den gekauften dienen sollen. Ich habe mich hierdurch zum Schuldner der Differenz von 20 Prozent, die ich verliere, erklärt; es ist mir daher nicht gestattet, mich auf die Verordnung zu berufen, da ich bereits eine Schuld übernommen habe und die Differenz bezahlen oder insolvent werden muss. Aber wenn ich von jemandem eine Aktie für 40 gekauft habe und ihm ohne nähere Angabe eine andere Aktie für 20 verkaufe, so brauche ich mich nicht für bankrott zu erklären, um mich zu befreien, noch zu verschwinden, um loszukommen.

Ob die Verordnung für *Prämiengeschäfte* gilt oder nicht, darüber sind die Ansichten der Sachverständigen ganz verschieden. Ich habe keine Entscheidung gefunden, die als Norm dienen kann, obgleich es viele Rechtsfälle gibt, nach denen man sich ein richtiges Bild machen kann. Die Rechtswissenschaft ist sich darüber einig, dass die Verordnung ebenso für den Verkäufer wie für den Käufer gilt, aber in der Praxis haben die Richter öfters abweichend entschieden, indem sie immer den Käufer von der Verbindlichkeit befreit und den Verkäufer häufig verurteilt haben. Ist also die Annahme richtig, dass die Verordnung sowohl für den Käufer als auch für den Verkäufer gilt, so kann ich mich auf sie stützen, wenn ich Vorprämien empfangen habe und am Verfalltag die Effekten verkaufen muss. Ebenso verhält es sich bei den Rückprämien, wenn ich am Verfalltag die Effekten abnehmen muss. Ist hingegen die Ansicht richtig, dass nur der Verkäufer zur Lieferung verpflichtet ist, so wird mir die Verordnung bei Bezug von Vorprämien nichts nützen, denn in diesem Fall kann ich unter bestimmten Umständen zum Verkäufer werden. Erhalte ich aber Rückprämien und bin ich Käufer der Effekten, wenn ich sie seinerzeit abnehmen muss, so kann die Verordnung angerufen werden.[1] Auch hinsichtlich der Rückprämien gibt es große Meinungsverschiedenheiten; denn während die Gelehrten annehmen, dass wegen der Verordnung keine Ansprüche erhoben werden können, gibt es doch entgegengesetzte Gerichtsentscheidungen, sodass Gesetz und Präjudiz, die Verordnung und die Entscheidungsgründe in Widerspruch stehen, die Theorie unsicher bleibt und man sich nach der Judikatur nicht richten kann.

Besitzt jedoch der Zahler einer Rückprämie die Effekten schon am Tage des Vertragsabschlusses, um sie mir zur Lieferung anzubieten und 14 Tage nach dem Anerbieten auf mein Konto übertragen zu lassen, so scheint es nicht, dass die Verordnung bei einer solchen Verlegenheit angerufen werden kann. Nach der Ansicht einiger genügt es sogar, wenn der Prämienzahler an dem Tag, an welchem er die Lieferung erklärt, die Effekten besitzt und nicht schon an dem Tag, an dem er das Prämiengeschäft abgeschlossen hat, um alle Einwände aufgrund der Verordnung hinfällig zu machen. Dieselbe Verschiedenheit der Rechtsprechung besteht hinsichtlich der Effektenverpfändungen. Während man gewöhnlich annimmt, dass, wenn die Aktien unter den beliehenen Wert sinken, der Verpfänder verpflichtet ist, die Differenz zu zahlen oder sich insolvent zu erklären, haben sehr spekulative Köpfe herausgefunden (ich zweifle jedoch nicht, dass die Sache unsicher ist), dass, wenn man mir die Effekten nicht 14 Tage, nachdem die Verpfändung zu laufen begonnen hat, auf mein Zeitkonto[2] übertragen hat und die Effekten bis zum Verfalltermin auf dem Konto bleiben, ich Einwände hinsichtlich der Differenz und des Verlustes erheben kann.

Am ergötzlichsten und der Gipfel des Spaßhaften ist der Anblick zweier Makler, die sich um ein Geschäft herumbeißen, denn dann

1 *Der Verfasser argumentiert hier lediglich vom Standpunkt des Prämienempfängers.*

2 *Lombardierte Aktien mussten vom Conto ordinario des Verpfänders auf ein besonderes Zeitkonto in den Büchern der Kompanie übertragen werden. Während der Dauer der Beleihung war eine Veräußerung der Aktien unzulässig.*

fehlt der Respekt vor den Kunden, alle Hemmungen sind beseitigt, die Stimmen sind frecher, die Beleidigungen kräftiger und die Handschläge lächerlicher. Es gibt der eine Makler 500 Pfund, es nimmt sie der andere (was in der Börsensprache *ser pilladas* heißt) oder der eine Makler bietet einen bestimmten Kurs für die Effekten, worauf der andere wütend antwortet: Sie sind dein (was in der Börsensprache heißt: „eingefangen" sein). Ob die Aktien „eingefangen" oder „geraubt" sind, darüber streiten die umstehenden Börsenleute und die Neugierigen machen einen solchen Lärm, dass sich der Abgrund zu öffnen und die Furien zu kämpfen scheinen.

Ich weiß wohl, dass manchmal beim *Einfangen* eine *Spitze* notwendig wäre.[1] In anderen Ländern weist man Beleidigungen mit der Degenspitze zurück, aber hier ist es üblich, sich alles gefallen zu lassen, und es wäre Torheit, diesen Brauch nicht mitzumachen. Die Italiener nennen die Makler *sensali*, was „Stechmücken" bedeutet, weil sie summen, und hier können sie Stechmücken heißen, weil sie beißen.[2] Aber wo die Frechheit für rühmlich gehalten wird, ist es Torheit, wenigstens diesen Ruhm nicht mitzunehmen?

Der anmutige Zavaleta macht Bemerkungen über das Ballspiel und hebt den Wohllaut der Spielausdrücke hervor: *Lugarafuera, chaza, á dos embido*. Ob die Ausdrücke des Ballspiels oder die Ausdrücke der Spekulanten, die ja auch ein Ball in der Hand des Schicksals sind, dem Dichter besser gefallen würden, ist fraglich. „Es ist dein", „Es ist mein", „Ich gebe, ich nehme", „Was bietest du", „Wieviel gibst du her?", „Oh, wie wurde das aus der Luft geraubt!", „Oh, wie gut wurde das eingefangen!" Sanfte Töne! Harmonische Feinheiten! Honigsüße Artigkeiten! Und die Worte, die folgen, sind noch lieblicher. Da beteuert einer,

---

1 *Ein Wortspiel, weil* encaxes *sowohl „einfangen" wie „Spitze" bedeutet.*

2 *Diese Etymologie ist natürlich unrichtig, Das Wort sensal, das man früher aus dem Lateinischen herleitete, stammt vom Arabischen simsar, das seinerseits auf das Persische sipsar mit der Bedeutung „Makler" zurückgeht. Vgl. Goldschmidt, Z. f. Handelst. 28, 115 ff.*

dass sein Auftraggeber ein Mann von Sicherheit sei. Er behauptet auch, dass er ein Mann wie ein Turm sei und sehr viel „Nase“ besitze. Ich bezweifle nicht, dass er ein Mann wie ein Turm sein wird, aber ich weiß auch, dass es sich oft um den Turm von Babel handelt wegen der Verwirrung und des Schwindels, den niemand erklären und verstehen kann. Der Mann gleicht einem Schloss, aber es ist ein Luftschloss, er ist ein Turm, aber der Turm von Cyzicus, welcher ein leerer Prunk ist.

So mögen Türme sein, aber gewöhnlich werden die Türme zuerst vom Blitz getroffen. Ich bezweifle nicht, dass der Mann viel Nase hat, aber das ist kein Lob, wenn nur Schleim aus der Nase hervorkommt.[1]

Von einem Nörgler sagten die Alten, dass er „die krumme Nase“ rümpfte, und uns gibt diese krumme Nase Stoff zum Tadel. Von einem Mann, der eine große Nase hatte und sich rühmte, freigebig zu sein, sagte man, das sei nicht wunderbar, denn er hätte in der Nase ein Füllhorn. Daher sind wir auch freigebig mit Witzen über eine solche Nase, die wir auch Satiren nennen können. Aber um ernsthaft zu reden, kann diese Redensart „so viel Nase“ nur jemand aufgebracht haben, der wusste, dass Gott durch die Nase die Seele eingebracht hat. Es versucht dieser treue Diener zu versichern, dass sein Mann ein Mann von Seele und Gewissen ist, und wenn die Nase einen Menschen vom anderen unterscheidet,[2] so meint der Makler mit einem „Mann von großer Nase“ einen großen Mann.

Ein anderer behauptet, mein Kunde ist ein Mann von Leben und Tod, als ob es einen Mann gäbe, der nicht von Leben und Tod wäre.

Wieder ein anderer erklärt von seinem Kunden, er sei der erste Mann der Welt. Er will damit sagen, dass er ein zweiter Adam ist, denn er wird die Welt eines Weibes wegen ruinieren und kein Bedenken tragen, das Paradies wegen eines Apfels zu verlieren.

---

1 Ein Satz, der folgt, konnte wegen eines unübersetzbaren Wortspiels nicht wiedergegeben werden.

2 Der Verfasser führt noch an, dass im Hebräischen dasselbe Wort für Gesicht und Nase gebraucht wird.

Jener Makler prahlt von seinem Mann, er sei ein Pfeiler der Börse. Haben wir nicht vor einigen Jahren die Erfahrung gemacht, dass in Utrecht ein Pfeiler durch einen Orkan umgerissen wurde? Diese Redensart kann daher nur Erstaunen hervorrufen und nicht den Kredit erhöhen; man darf sich auf Pfeiler nicht verlassen, die der Sturm umreißen kann, nicht auf Kolosse, die ein Stein umwirft, noch auf Säulen, die ein Simson niederreißt.

Es gibt zwei Arten Makler. Die einen werden von der Stadtregierung angestellt und vereidigte Makler genannt; denn sie legen einen Eid ab, keine Geschäfte für eigene Rechnung zu machen.[1] Ihre Anzahl ist eine beschränkte und verändert sich nur bei Todesfällen und durch selten gewährte Vergünstigungen.

Die andere Klasse der Makler nennt man Pfuschmakler und Drohnen, um anzudeuten, dass sie den anderen Maklern den Honig, ihren Verdienst, fortnehmen. Würden die Pfuschmakler vor Gericht gezogen, so hätten sie eine Strafe wegen Schmälerung des Verdienstes zu zahlen, aber dies geschieht nur aus persönlicher Rache, sonst übt man Milde und Nachsicht gegen sie, statt seine Interessen zu wahren. Von diesen Pfuschmaklern gibt es eine unendliche Anzahl.

Dieses Geschäft ist die einzige Hilfe für Verarmte und der beste Zufluchtsort für verkrachte Existenzen. Das Geschäft ist so lebhaft und allgemein, dass, obgleich es unzählige Makler gibt, doch alle verdienen und es nicht notwendig haben, Räuber zu werden, die essen, um zu töten, noch Jäger, die töten, um zu essen: Alle leben, alle kommen vorwärts, alle tun sich hervor und versuchen, durch große Rührigkeit den Mangel einer amtlichen Anstellung zu ersetzen.

Sie zeigen sich so treu und besorgt für ihre Kunden, dass das, was ihnen an Ansehen fehlt, sie durch Eifer ausgleichen und was ihnen

---

1 Die Makler mussten außerdem geloben, von keiner Partei Geschenke anzunehmen, die Geschäfte rechtschaffen zu vermitteln und diskret zu behandeln. Siehe den Maklereid in den Handvesten Amsterdam, S. 1095.

an Sicherheit fehlt, sie durch Aufmerksamkeit aufbringen.[1] Die Sybariten waren so verweichlicht, dass sie die Hähne verjagten, um nicht in der Ruhe gestört zu sein.[2] Sie taugten schlecht zu Fondsmaklern.[3] Es gibt keinen Tag, wo diese nicht fünf Stunden in Regen und Schmutz, im heftigsten Wind und in der glühendsten Sonne stehen; und wenn in der Schlacht von Cannae die Soldaten in der Hitze des Kampfes ein Erdbeben nicht bemerkten, so sind auch die Korporale der Börse derart in ihren Kampf vertieft, dass sie die Nordwinde für eine Erfrischung, Regengüsse für eine Wohltat, Gewitter für etwas Angenehmes und Schmutz für Blumen halten.

Philosoph: Da nach Lactantius und Iamblichos die einzige Aufgabe des Philosophen in der Erforschung der Wahrheit besteht, muss ich dich belästigen, um eine Wahrheit zu erfahren. Denn so sehr ich auch die Sache erwäge, so vermag doch mein Verstand sie nicht zu erfassen, noch aller Eifer sie zu begreifen. Die gottlosen Menschen, die mich in jener verhängnisvollen Nacht ins Unglück brachten, sprachen von *Dukaton-Aktien* und ich kann mich nicht beruhigen, bis du mir erklärst, was das bedeutet.

Aktionär: Dies ist eine so unfassbare Sache, dass man hier ebenso wenig Grund gewinnt wie an einzelnen Stellen des Meeres. Ich werde trotzdem deine Wissbegierde befriedigen, wenn auch eine Definition beinahe unmöglich und das Ziel fast unerreichbar ist. Einige Kommis hatten herausgefunden, dass die Spekulation in den gewöhnlichen Aktien (die man die großen oder die *Vollaktien* nennt) für ihre schwachen Kräfte zu gefährlich war. Sie begannen daher ein weniger gewagtes Spiel, indem sie mit kleinen Aktien handelten. Denn während man bei den ganzen Aktien bei jedem Point, um das

---

1 *Im Gegensatz zu der großen Menge der Makler, die sich bequem ernährt haben, wird eine griechische Insel erwähnt, wo wegen Nahrungsmangel und Übervölkerung die Greise mit 60 Jahren getötet werden.*

2 *Hier folgen ähnliche Beispiele von Verweichlichung aus der alten Geschichte.*

3 *Hier wird auf die Beispiele zurückgegriffen.*

der Kurs stieg oder fiel, 30 Bankgulden gewann oder verlor, so riskierte man bei den kleinen Aktien nur einen Dukaton für jedes Point. Es begann diese neue Spekulation, genannt *Dukaton-Aktien*[1], im Jahre 1683. Zur klaren Abwicklung des Geschäftes bediente man sich der Hilfe eines Mannes, der Generalkassierer genannt wurde. Dieser trug alle Abschlüsse in ein Buch ein, während im Übrigen nur mündliche Abmachungen bestanden. Für jeden Abschluss, der eingetragen wurde, erhielt der Generalkassierer eine Scheidemünze von jeder Partei. Bevor die Geschäfte endgültig zu Hause gebucht wurden, überzeugte sich der Kassierer, dass sie bei beiden Kontrahenten übereinstimmten. Derartige Geschäfte werden nur selten auf einen längeren Termin als einen Monat vereinbart, weil das Vermögen der Beteiligten nicht ausreicht. Am ersten Tag eines jeden Monats, wenn die Börsenuhr 1 ½ zeigt, lässt sich der Kassierer von zwei unparteiischen Börsenmännern den Kurs der großen Aktien mitteilen und setzt nach diesen Angaben den Kurs der kleinen Aktien fest. Man nennt diese Komödie „den Stock heben“, weil früher dabei ein Stock vom Kassierer hochgehoben wurde, bis er wegen des Lärms, der dann jedes Mal entstand, diesen Brauch aufgab. Nach Feststellung des Kurses erfolgte die Regulierung der Geschäfte, soweit sie nicht schon Mitte des Monats abgerechnet waren. Die Bezahlung erfolgt gegen Kasse und ist pünktlicher als bei den großen Aktien, sodass selbst die gewiegten Geschäftsleute an dem Handel mit kleinen Aktien teilnehmen, denn bestochen durch die Pünktlichkeit übersehen sie die Fragwürdigkeit der Sache und gewinnen Achtung für sie.

Dieser Erwerbszweig hat in den letzten fünf Jahren dermaßen zugenommen (und zwar hauptsächlich bei einem gewissen Volke, das ebenso unruhig wie scharfsinnig ist[2]), dass alle Geschlechter und Lebensalter ihn betreiben, ohne Ausnahme der Greise, Frauen und

---

1 *Dukaton ist eine Silbermünze im Wert von 3 Fl. 3 St.*

2 *Hiermit sind zweifellos die portugiesischen Juden gemeint.*

Kinder.[1] Daher trifft der Schaden die Allgemeinheit, wenn auch der eingeschlagene Weg die Gefahr verringern sollte. Denn die Spekulation ist so übertrieben worden, dass man ganze Regimenter von Aktien handelt, als ob es Schwefelhölzer wären. Ich fürchte nur, dass auf diese Weise eines Tages die an dem Geschäft Beteiligten verbrennen und ruiniert werden.

Man machte auf einen Faulpelz den Witz, dass er entweder aß oder schlief, und von einer brünetten Dame, die von 24 Stunden des Tages 12 verschlief, sagte ein Dichter, es sei nicht wunderbar, dass für sie Tag und Nacht gleich lang wären, da sie aus der Äquinoktialgegend stamme. Unsere Spekulanten hingegen essen weder, noch ruhen, noch schlafen sie, und die Unruhe im Handel mit den Kleinaktien ist noch stärker als die beim Geschäft mit den großen Aktien, wenn diese überhaupt noch zu übertreffen ist.

Ein Spiegel wird zerbrochen und jedes Bruchstück bleibt ein kleiner Spiegel, nur mit dem Unterschied, dass das Bild darin ein kleineres ist. Die Aktien sind ein Spiegel, und zwar ein Spiegel, der die Vorstellung hervorruft, dass der dargestellte Gegenstand in der Luft schwebt, oder ein Spiegel, der den Beschauer starr vor Erstaunen lässt, weil sein Bild in demselben Augenblick schon wieder vorübereilt.[2] Die Ängstlichen zerschlugen diesen Spiegel in kleine Stücke; sie kamen nämlich überein, dass aus 500 Pfund großer Aktien 5.000 kleine gemacht werden sollten.[3] Während man nur erreichte, dass aus einem Geschäft viele Geschäfte und aus einem Spiegel viele Spiegel gemacht wurden, nur mit dem Unterschied, dass das Bild kleiner wurde. Denn da der Schwindel mit den kleinen Aktien für

---

1 *Hier folgt ein Vergleich aus der Bibel (Buch Daniel), wo ein König im Sande Fußstapfen von Männern, Frauen und Kindern sah.*

2 *Das Aktiengeschäft wird noch mit einem Spiegel von Achaia verglichen, der die einen das Leben, die anderen den Tod sehen ließ.*

3 *Dies soll heißen, dass aus einer großen Aktie zehn kleine gemacht wurden; da die großen Aktien einen Nominalwert von 3.000 Fl. hatten, so hatte eine kleine Aktie einen Wert von 300 Fl., wie sich auch aus dem vierten Dialog ergibt.*

die Spekulanten der höheren Sphären etwas Anstößiges hatte, so war unzweifelhaft das Ansehen dieser Geschäftsart geringer, und das Bild erschien kleiner.

Der Grund, weshalb fast alle sich so zahlreich an dem Geschäft mit kleinen Aktien beteiligen, ist die Absicht der Käufer von großen Aktien, sie als kleine zu verkaufen, weil am Anfang des Monats der Kurs der kleinen Aktien höher steht als der der großen. Da sie davon nutzen haben, so scheuen sie weder die Mühe, noch beachten sie die Unwürdigkeit und die Gefahr des Geschäftes.

Diese Torheit, Aktien von einer Gruppe der Börsenleute auf die andere zu übertragen, was die einzige Veräußerungsart für diese Aktien ist,[1] vermehrt noch den Lärm, das Geschrei und das Getümmel, die am Tage der Regulierung herrschen. Diese geschieht an den Werktagen an der Börse, an den Festtagen auf der großen Straße. Der Lärm ist so groß, dass die einen glauben, man wolle sie angreifen, die anderen, man wolle sie töten. Wer große Aktien gekauft hat und Dukaton-Aktien verkauft, bemüht sich, dass der Stock niedergesenkt wird, um den Gewinn an den Kleinaktien einzustreichen, und damit die Engagements in großen Aktien weiterlaufen.[2] Wer dagegen Dukaton-Aktien gekauft hat, um sie als große Aktien zu verkaufen, verlangt, dass der Stock hochgehoben wird, um den Gewinn mitzunehmen und die Verkäufe in großen Aktien in der Hoffnung auf größeren Gewinn weiterlaufen zu lassen. Daher ist der Lärm, die Unhöflichkeit und das Geschrei so groß, dass, wenn nach Peramato[3] ein Kind mit Schellen an der Hand geboren wurde, hier alle Schellen

1 Da die kleinen Aktien offiziell nicht anerkannt waren, konnte für sie eine Übertragung im Aktienbuch wie für die großen Aktien nicht in Frage kommen.

2 Die Dukaton-Aktien wurden gegen Kasse, die großen Aktien auf Zeit gehandelt. Die Geschäfte in den großen Aktien konnten daher prolongiert werden.

3 Peter von Peramato, ein portugiesischer Arzt des XVI. Jahrhunderts, der medizinische Werke, darunter einen Kommentar zu Galen, verfasste.

zu tragen scheinen.[1] Henrique Comano berichtet, dass in Flandern eine Kuh ein Kind zur Welt brachte; auch Plutarch erzählt, dass im Hause des Periander von einer Stute ein Kind geboren wurde. Ein ähnlicher Fall ereignete sich auch in Verona. Daher muss man sich nicht wundern, dass aus Bestien Menschen, vielmehr, dass aus Menschen Bestien werden. Den stärksten Beweis hierfür gibt der Tag, an dem der Stock gehoben wird.[2]

Thomas de Vega[3] hebt das Verhalten eines Verrückten hervor, der von den Ärzten verlangte, dass sie ihn in einem See schwimmen ließen. Sobald er aber merkte, dass ihm das Wasser bis an die Kehle reichte, gewann er den Verstand und die Gesundheit wieder. Oh, wie viel Kranke gibt es bei unserem Börsenspiel, die dem Narren gleichen, sich in dieses Meer stürzen und, wenn ihnen das Wasser an die Kehle reicht, Grund gewinnen. Aber das Schlimmste von allem ist, wenn sie so betäubt in den Strudel untertauchen, dass sie das Heilmittel nicht merken. Vom Krokodil sagte man, dass es die größte Eidechse sei, die aus dem kleinsten Anfang entstanden wäre. Aus diesem kleinen Anfang mit den Dukaton-Aktien haben sich Geschäfte der raffiniertesten Spekulanten entwickelt, und niemand macht sich Gedanken darüber, noch braucht er sich ihretwegen zu entschuldigen.[4]

Die Vestalinnen Roms teilten das Leben in drei Abschnitte: Im ersten lernten sie die Zeremonien, im zweiten übten sie sie aus, im dritten lehrten sie, was sie gelernt hatten. Aber die Vestalinnen der Spekulation sind so scharfsinnig, dass sie ihre Kunst ausüben, ehe sie sie gelernt haben, und dass sie sie lehren, ehe sie selbst sie ausüben; oh, welche Geschicklichkeit, welches Studium, welche Wissenschaft!

---

1 Es folgen Vergleiche der an diesem Geschäft Beteiligten mit dem Enkel des Eli und Söhnen der Troglodyten.

2 Das wüste Treiben der kleinen Spekulanten wird mit wunderbaren Tatsachen bei Plutarch und Anaxlaos verglichen.

3 Portugiesischer Arzt aus dem XVI. Jahrhundert.

4 Die Beteiligung von Kindern und Greisen an der Spekulation wird mit den Chören der Spartaner verglichen, an denen ebenfalls Kinder, Greise und Frauen teilnahmen.

Bei den Römern fanden Gladiatorenkämpfe[1] statt, und es gibt keinen besseren Vergleich für die Spekulation in kleine Aktien als diese Fechterspiele. Denn es gibt auch an der Börse Gladiatoren, die kämpfen, es wird mit Netzen gefischt, es wird bei Angriffen die Faust zusammengedrückt und bei den Handschlägen die Hand geöffnet; es gibt auch hier „Missio"[2] und Missionen, es gibt „Rudes" und rüde Menschen, aber schließlich kann man sich nur für einen Tag von der Börse befreien, nicht für das ganze Leben. Durch eine seltene Gunst des Schicksals kann man das Geschäft in großen Aktien aufgeben, aber um gleich dem Rudes den Schauplatz mit einem Stock zu verlassen, handelt man mit den kleinen Aktien, wobei es notwendig ist, den Stock hochzuheben.

Das Schicksal ist grausam wie Tiberius,[3] und umsonst glauben die Spekulanten, dass sie durch Aufgabe des Geschäftes mit großen Aktien den Klauen des Geschickes entgangen sind und sich von den Aktien frei gemacht haben. Denn sie finden, dass, wenn sie sich auf die Dukaton-Aktien einlassen, der Todeskampf nur verlängert wird und sie dem Ruin nicht entgehen.

Um die Trunksucht zu bekämpfen, verordnete der kluge Gesetzgeber von Sparta, dass die Reben ausgerissen werden sollten. Gibt es aber für die Spekulanten keine Weinstöcke, so begnügen sie sich mit ein paar Trauben. Die vermögenden Leute, die mit kleinen Aktien handeln, können wohl hierin Götter wie Apis unter den Ochsen sein, aber im großen Geschäft bleiben sie nur Ochsen unter den Göttern.[4]

Die Spekulanten machen so viele Geschäfte, wie ich schon bemerkte, um die Verluste weniger fühlbar zu machen. Auf Neros Schreibtisch

---

1 *Dieselben werden näher geschildert.*

2 *Der Missio war ein Gladiator, der die Freiheit für den Tag des Kampfes erhalten konnte, während der Rudes für das ganze Leben frei werden konnte.*

3 *Tiberius verlängerte die Todesqualen der Verurteilten, um sich an ihrer Angst zu weiden.*

4 *Es wird noch ein Ausspruch des Augustus über den Apis angeführt und ein Vergleich mit Nabuch gezogen.*

wurde ebenso viel Geld, wie er im Spiel verloren hatte, hingelegt, um ihn dadurch vom weiteren Spiel abzuschrecken. Das gelingt der Vorsehung bei uns nicht, denn, obgleich man uns jeden Monat die Verluste an den Augen ansieht, gehen wir doch immer tiefer in das Geschäft hinein, und gebe Gott, dass wir nicht alles verlieren.

Das Vergnügen an diesem Spiel ist in dem Grade gestiegen, dass die Leute, die keinen Dukaton für das Point setzen können, einen Stuiver wagen. Und wem sogar ein Stuiver zu viel ist, der begnügt sich mit einer Scheidemünze. Sogar die Kinder, die kaum die Welt kennen und höchstens ein Nadelgeld besitzen, kommen dahin überein, dass jedes Prozent, um das die großen Aktien steigen oder fallen, für ihre kleinen Aktien einen bestimmten Betrag des Taschengeldes bedeuten solle. Auch die Kinder geben ihre Kapitalien in diese Nadelöhre und versetzen Stiche mit diesen Nadeln. Die spanischen Kinder haben ein Spiel mit Nadeln erfunden, das sie „Spitze oder Kopf" nennen und das auf einem Tuch gespielt wird. Sieht man hier die Kinder, die kaum den Kopf bewegen können, sich an solch einem Spiel mit Kupfermünzen beteiligen, so wirkt das sehr komisch. Alle machen nach, was ein Kind tut, das eine Kind entschließt sich zu dem, was das andere denkt.

Stratonikos wurde mit verbundenen Augen durch die Straßen von Maronea geführt und gefragt, wo er sich befände. Er antwortete immer: „In der Küche". Denn überall in den Straßen roch es nach gutem Essen. Als er ein zweites Mal mit verbundenen Augen durch eine andere Stadt, wo man gern und viel trank, geführt wurde, antwortete er auf die Frage, wo er sich befände, stets: „In der Kneipe". Würde man einen Fremden mit verbundenen Augen durch die Straßen von Amsterdam führen, so würde er, befragt, wo er sich befände, antworten: „Nur unter Spekulanten", denn es gibt keinen Winkel, wo man nicht von Aktien redet.[1]

Demosthenes soll nicht in der Lage gewesen sein, den ersten Buchstaben seines Berufes auszusprechen. A ist der erste Buchstabe, den

1 *Der Verfasser führt den Vergleich noch weiter aus.*

die Kinder sprechen können, und ihr Beruf ist es, mit Aktien zu handeln; sie sind daher besser imstande, den ersten Buchstaben ihres Berufes auszusprechen, den sie schon ausüben, kaum dass sie zu sprechen anfangen:[1]

Ich verwehre den Kindern nicht, dass sie sich in den Waffen üben und mit Studien beschäftigen, aber überflüssig ist es, wenn das ganze Studium nur dazu dient, mit diesen Waffen, den Waffen der Spekulation, zu fechten. Es gibt unzählige alte Weiber, die spekulieren und sich mit diesen Spekulationen schmücken, wie das Haupt der Matronen von Marades durch die Schleudern, die sie um ihre Schläfen schwangen, diademgleich geschmückt war. Frauen, die die Gefahren der Börse nicht scheuen, könnten die Tracht von Soldaten anlegen, während Julian befahl, die fliehenden Soldaten in Weiberkleider zu stecken.

Die Geschichtsschreiber Irlands wie Giraldo[2] sprechen von einer Insel Mammonia, auf der niemand stirbt, was der fleißige Geograf Abraham Ortelius bestätigt. Er fügt jedoch hinzu, dass sich in demselben See eine andere Insel befindet, bei deren Betreten jeder Mensch sofort stirbt. Nach keinem von beiden trachten die Spekulanten mit Dukaton-Aktien, denn sie suchen weder Untergang noch Unsterblichkeit. Männer und Frauen lassen sich auf diese Spekulation zur Unzeit ein, aber sie nehmen nicht an, dass sie unsterblich sind, weil sie nicht sofort sterben. Mögen sie nicht prahlen, dass sie die Insel des Mammons erreicht haben, um unsterblich zu werden, sondern mögen sie sich begnügen, etwas Glück beim Spiel zu haben.

In diesem Lande machen es die Mannweiber nicht wie ein gewisser Vogel, der seine Eier auf die Schultern eines Maultieres legt,

---

1 Es folgen weit hergeholte Bemerkungen über den Buchstaben A und es wird unter anderem gesagt, dass an der Börse jeder A und niemand B sein will. Die spekulierenden Weiber werden mit der bärtigen und der bewaffneten Venus verglichen.

2 Gemeint ist die Topographia des Giraldus, der im 12. Jahrhundert lebte.

sondern sie nehmen die Last auf ihre eigenen Schultern und betreiben das Geschäft in kleinen Aktien durch Vermittlung eines Dieners, eines Kassierers und eines Verwandten. Sie sind sehr mutig und einige der Frauen kommen bei diesem Geschäft nie zur Ruhe.

Zur Zeit des Claudius wurde auf dem Vatikan eine Schlange getötet, in deren Bauch sich ein Kind befand. Aber unter den Kindern, die mit diesen Aktien spekulieren, gibt es wenige, die nicht eine Schlange im Bauch haben. Alle schwindeln, alle betrügen und setzen alles in Verwirrung.

Osorio erzählt, dass der berühmte Albuquerque ein Kind auf die Schultern nahm, dessen Unschuld ihn gegen den Sturm schützen sollte. Aber in den Stürmen der Börse würde die Unschuld der Kinder wenig nützen, denn nur durch ein Wunder könnte bei diesen Schwindeleien ihre Unschuld erhalten bleiben.

Die beiden Hauptgründe, die zur Einführung dieser Art von Spekulation führten, waren die Habsucht der Makler und die Bedürftigkeit der anderen Personen, die dieses Spiel erfanden. Zur größeren Klarheit sei bemerkt, dass es drei Gründe für die Habsucht der Makler gibt und dass sich schon viele deshalb ruiniert haben. Erstens wollen sie Courtage verdienen, zweitens schnelle Kursgewinne *(Bichiles)* machen, drittens gut leben. Wenn sie dies alles erreichen wollen, können sie leicht Schiffbruch erleiden, da sie bei den Versuchen, große Courtage zu verdienen, sehr große Posten anbieten oder abnehmen müssen und sie mit diesen kleben bleiben können (was im Holländischen „hängen“[1] heißt). So sind sie von neuen Nachrichten abhängig und dem Ruin ausgesetzt.

Die Makler, die beabsichtigen, schnelle Kursgewinne mitzunehmen, damit sie große Orders von ihren Kunden erhalten und große Spekulationen in den Orders ausführen, erfahren dasselbe Geschick. Denn obgleich es nicht ihre Absicht ist, die Aktien lange Zeit auf

---

1 *Im Urtext angar, was ein offenbarer Schreibfehler ist.*

eigenes Risiko zu behalten, können sie das Eintreten von Zwischenfällen während dieser Zeit nicht voraussehen.

Wer sich freiwillig dem Geschäft widmet, um mit Verstand oder Mut allen Wechselfällen und jedem Missgeschick zu begegnen, wird eine umso größere Befriedigung haben, je stärker die Angriffe sind, aber er wird doch gestehen, dass das Geschäft immer dunkel, immer riskant, immer grässlich ist.

Um auf eine der drei obigen Arten zu verdienen, müssen die Makler Kredit an der Börse in Anspruch nehmen, denn wenn sie beim Abschluss des Geschäftes nach ihren Kunden befragt werden, so bedürfen sie der Hilfe eines vertrauten Freundes, der für sie die Kontakte unterzeichnet und die Sache bemäntelt. Diese Verschweigung und diese Bemäntelung der Aufgaben haben in einer Weise um sich gegriffen, dass sogar die Kaufleute von der Gelegenheit Gebrauch machen, obgleich dies für arglose Menschen auch schädlich sein kann.

Bemerken die Kaufleute ein Ereignis, das bestimmt eine Kursveränderung herbeiführen muss, so wenden sie sich an einen Makler, um aus der Veränderung Nutzen zu ziehen, aber sie geben nur dem den Auftrag, der ihren Namen vor Ausführung der Order nicht nennt, denn es scheint ihnen, dass man Bedenken gegen den Auftraggeber haben und dass der Kurs vor der Ausführung geändert werden könnte.

In Sparta nannte man gewisse Anordnungen der Regierung, bei Nacht Personen zu töten, Cryptia oder Geheimnisse. Ebenso könnte man das Gebot des Schweigens, das die Makler bei diesen schwierigen Fällen beobachten, nennen, denn sie töten viele, die nicht wissen, woher der Angriff kommt, und schädigen viele, die nicht wissen, woher der Schuss fällt. Die Makler halten den Mund und sind so verschwiegen, dass jeder von ihnen ein Numa, Harpokrates und Consus sein könnte.[1]

Erhält nun ein Makler eine derartige Order, so wagt er nicht, das Geschäft zu machen, damit man nicht über die Order nachdenkt oder

1 *Harpocrates und Consus sind Götter des Schweigens und des Geheimnisses.*

die Ausführung derselben tadelt. Er fürchtet eine Erschütterung des Kurses oder die Erregung von Aufsehen, er argwöhnt, dass man bei weiterem Befragen den Kunden erfahren und dass es keinen Menschen geben könnte, der ihm auf seine eigene Rechnung liefern würde. So kämpft das Interesse mit der Treue, der Ehrgeiz mit der Furcht, der Nutzen mit dem Gewissen, bis sich endlich der Makler entschließt, sich einem Freund anzuvertrauen, der in seinem Namen so viele tausend Pfund Dukaton-Aktien verkauft und ihm die Möglichkeit gibt, das Geschäft nicht aufzudecken.

Zwar waren Makler die ersten Erfinder dieses Spiels, aber dann warfen sich bedürftige Menschen darauf; denn obgleich der größere Teil der aus der Luft gegriffenen Verdienste dieses Windhandels für Weine, Karten, Würfel, Gastmähler, Ausflüge, Damen, Equipagen, Festkleider und andere Luxusausgaben aufgewendet wird, so sind doch auch unzählige Leute in diesem Geschäft tätig, nur um ihre Familie anständig zu versorgen. Bei einer Hungersnot in Rom ließ Nero aus Ägypten ein Schiff kommen mit Sand für die Gladiatoren, während das Volk eine Weizenladung erwartete. Die Kämpfer in unserem Spiel verstehen es so gut, selbst aus Sand Weizen zu machen, dass es eine Ausnahme ist, wenn jemand nicht anständig seine Verpflichtungen erfüllt und wenigstens klug den äußeren Schein aufrechterhält.

Genebrardo berichtet, dass sich im Jahre 1595 das Wunder der Wüste wiederholte, da es in der Kölner Diözese so viel Weizen regnete, dass Brot daraus gemacht wurde; auch Blasco schreibt in der Geschichte von Aragonien, dass es in Languefult zwei Stunden Weizen geregnet habe, an unserer Börse aber regnet es Weizen zu allen Stunden. Ich bestreite jedoch nicht, dass die Unbeholfenen, die Unwissenden, Eigensinnigen und die vom Unglück Verfolgten einige Monate hindurch Verluste erleiden. Sie verbergen jedoch (um weiter am Spiel teilnehmen zu können) ihren Kummer, erheben sich wieder aus dem elendsten Zustand und bleiben unangefochten von der größten Bedrängnis.

Maximos Tyrios stellte einen Katalog der Flüsse auf, die aus verschiedenen Gründen verehrt wurden; so der Nil wegen seines Nutzens von den Ägyptern, der Peneios von den Thessaliern wegen seiner Schönheit usw.[1] Wer aber auf dem Flusse der Börse fährt, wer in diese Pfütze tritt, wird es für unbestreitbar halten, dass jeder einen Grund hat, sich mit der Börse zu befreunden und sie zu verehren; die einen spielen aus Vergnügen, die anderen aus Eitelkeit, viele aus Verschwendung, Unzählige finden Freude daran, und nicht wenige finden hier ihren Unterhalt. Bedrängt sie das Schicksal und vermögen sie nicht, den Sturz aufzuhalten, so versuchen sie, wenigstens ihre Ehre zu retten, nehmen Prämien, erstatten die Einsätze zurück, zahlen die Differenzen, das Spiel geht weiter, der Schrecken lässt nach, es legt sich die Not, die Verwirrung schwindet, der Angriff wird abgewehrt.

Das ist der Grund, weshalb sich so viele in diesen Strom stürzen. Und es ist leichter, diejenigen zu zählen, die nicht mit Dukaton-Aktien handeln, als diejenigen, die damit handeln. Denn diese sind unzählig wie das Heer des Xerxes.[2]

Die Spieler kommen zu der Überzeugung und halten es für einen unbestreitbaren Satz, dass, wenn jemand einmal in Aktien spekuliert hat, er dies öfter tun muss und dass, wenn jemand aus Mangel an Kredit, aus Mangel an Einführung oder aus Mangel an Mut sich von der großen Aktie trennt, er sich mit einem Satz auf die kleinen wirft. Denn wenn leidenschaftliche Spieler Hose und Wams verspielen, so verlieren unsere Spieler den Mond, um auch die Sonne zu verspielen, kurz nachdem sie aufgegangen ist. Von einem Lügner schrieb Avicenna, dass er, wenn es ihn gelüstete, gelähmt erschien und wieder gesund wurde, wenn er wollte. Aber wenn im Krankensaal der Börse jemand sich gelähmt zeigt, so wird er nicht mehr gesund werden und muss

1 *Es folgen weitere Beispiele von Flüssen.*

2 *Der Vergleich mit Xerxes ist hier noch weiter ausgeführt, gleichzeitig ein Vergleich, wie Marc Aurel bei einer Pest eher die Überlebenden als die Toten zählen konnte.*

die Hoffnung auf Wiederherstellung aufgeben. Und wenn bei der Belagerung von Sagunt ein Kind in den Schoß der Mutter zurückkehrte, das bereits begonnen hatte, herauszukommen, so können hier die Kinder in die Spekulation hineinkommen, wenn sie auch scheinbar herauszukommen begonnen haben, aber sie können niemals herauskommen, wenn sie einmal hineingekommen sind.[1]

Philosoph: Die platonische, peripatetische, stoische und theologische Schule ist sich einig, dass es gute, schlechte und indifferente Dinge gibt, die erst im Gebrauch ihre Beschaffenheit zeigen und je nach ihrer Verwendung mehr oder minder vollkommen sind. Salomon sagt, dass der Reichtum auf Flügeln zum Himmel fliegt, den Plutos, den Gott des Reichtums, versetzten die Dichter in die Hölle, weil je nach Anwendung der Reichtum Himmel oder Hölle sein kann. Zu dieser Klasse von Dingen gehören, wie ich glaube, die Dukaton-Aktien. Denn ich sehe, dass die einen den Verdienst daran für überflüssige Dinge ausgeben, während die anderen nur ihre Verpflichtungen erfüllen. Ein Liebender, der für eine Dame starb, sandte ihr, um die Freudigkeit seines Sterbens für sie zu zeigen, eine Figur des Todes von Zucker mit dem Motto „Bonum malum". Es scheint mir, als ob die kleinen Aktien dieser Figur gleichen, denn sie können Tod sein, wenn der Verdienst für Ausschweifungen ausgegeben wird, und sie können Zucker sein, wenn der Gewinn guten Zwecken dient. Und wenn Aristoteles glaubt, dass es Dinge gibt, die man besser nicht kennt, so nehme ich an, dass dieses Geschäft zu diesen gehört.

Von Milo erzählt man, dass er ein vierjähriges Rind auf einmal verschlang; der Kaiser Claudius soll an einem Tag 500 Feigen, 100 Pfirsiche, 100 Melonen, 20 Pfund Trauben, 100 Wachteln und 400

1 *Hier wird in Anlehnung an Verse von Francisco de la Torre der Spekulant mit einem Seidenwurm verglichen.*

Drosseln gegessen haben.[1] Würden wir nun sagen, dass Claudius weniger aß als Milo, wenn die Menge der von Ersterem verzehrten Speisen zwei Ochsen gleichkommt? Was nützt es mir, dass die Spekulanten in Dukaton-Aktien keine Ochsen verschlingen, wenn die Gesamtheit ihrer kleinen Geschäfte mehr ausmacht als ein großes?

Warum der Mensch bei Nacht nicht so gut sieht wie am Tage, darüber streiten die Philosophen; sie kommen zum Resultat, dass die Gegenstände, die von der Pupille aufgenommen werden, umso besser erkannt werden, je verschiedener sie von dieser sind, und je mehr die Farbe der Gegenstände der Farbe der Pupille ähnlich ist, desto schlechter werden sie wahrgenommen. Es ist daher nicht wunderbar, dass, da die Pupille schwarz ist, die Augen in der Dunkelheit schlecht sehen.[2]

Ich mutmaße daher, dass meinem Naturell diese Spekulation fernliegt. Denn da ich sie so vollkommen erkenne, so muss sie von meiner Geistesart etwas Verschiedenes sein. Zum Beweis meines Verständnisses will ich euch noch anführen, dass in gewisser Hinsicht das Geschäft mit den kleinen Aktien reeller ist als das mit den großen. Dies gilt nicht nur von der pünktlicheren Zahlung, sondern auch von den Prämien. Denn wenn ich bei den großen Aktien eine Prämie nehme und man liefert oder fordert die Effekten am Ersten des Monats, welcher der gewöhnliche Erfüllungstermin ist, so bleibe ich in Gefahr wegen der Person, die liefert oder fordert, während der 20 Tage, welche die Liquidation dauert, aber wenn ich für die kleinen Aktien eine Prämie genommen habe, so wird am ersten Tage des Monats abgerechnet und ich komme am selben Tage aus dem Risiko.

---

1 Als Quellen sind Solon und Julius Capitolinus angegeben.

2 Es wird angeführt, dass Tiberius und einzelne irische Stämme keine schwarze Pupille besaßen.

Für kluge Leute ist das Geschäft in großen Aktien eine Raserei, die Unternehmenden erwarten Schläge, da der Sturz bevorsteht, tragen sie kein Verlangen nach der Börse, aber was nützt die Klugheit, wenn sie mit einer Wendung dort erscheinen, wo die kleinen Aktien gehandelt werden, und wenn sie, statt sich vom Geschäft zurückzuziehen, ein neues Geschäft aufnehmen.[1]

Liceto und Costeo[2] berichten mit Verwunderung von einem Flusse in Irland, in dem Fische aus abgefallenen Blättern entstehen. Bei der kleinen Spekulation erfährt man, dass die Blätter, die von dem laubreichen Baum der Kompanie fallen, sich in Fische verwandeln. Sie gleichen allerdings den fliegenden Fischen, die nur so lange fliegen, wie sie feucht sind. Der Vergleich der kleinen Spekulanten mit den Fischen kann aufrechterhalten werden, wenn auch die Fische stumm sind und die Spekulanten mit einigen Ausnahmen viel reden; übrigens erwähnen die ernstesten Gelehrten sprechende Fische. Ich bedauere noch, dass die unglücklichen Spekulanten (in kleinen Aktien) in so grausamer Weise gepeinigt werden, da sie zur Erhöhung ihrer Qualen sofort ihre Verluste bar bezahlen müssen und der Schmerz in diesem Falle natürlich größer ist. Nur wenige finden Mittel, um sich vor Ausfällen zu schützen, die Mehrzahl wird aufs Härteste vom Schicksal getroffen.[3]

Ich weiß, dass viele Spekulanten, bevor sie an die Börse kamen, liebenswürdig und zuvorkommend waren, aber jetzt sind sie wie ausgetauscht und verwandelt.[4]

---

1 *Es wird ein Vergleich gezogen mit den Äthiopiern, die in den Stromschnellen des Nils die Gewalt des Stromes erwarten. Ferner werden die kleinen Aktien mit den Blättern einer Pflanze, die sich in Würmer verwandeln, und die Spekulanten mit den Gefährten des Odysseus verglichen.*

2 *Vielleicht ist Joh. Costäus, Prof. der Medizin in Bologna, der 1603 starb, gemeint.*

3 *Zwei weithergeholte Vergleiche der Spekulanten mit Caligula sind übergangen, auch sind wunderliche Betrachtungen über die Bedeutung des Buchstabens A, weil dieser auch der Anfangsbuchstabe des Wortes Aktienspekulation ist, weggelassen worden.*

4 *Vergleich mit einer vom Blitze getroffenen Inschrift.*

Kaufmann: Außerordentliche Befriedigung gewährte mir deine Darstellung der Spekulation der Kinder. Während man aber einen Scipio tadelte, weil er 50 Jahre lang weder etwas kaufte noch verkaufte, so kaufen und verkaufen jene Kinder die Aktien zu jeder Stunde und jeder Minute und um die Aktien zu verkaufen, verkaufen sie sogar aneinander, ohne Vorteil zu haben und ohne die Treue zu bewahren.

Dem König Robert von Frankreich[1] wurde ein Sohn mit Gänsekopf geboren. Jene Kinder gleichen diesem Prinzen, da sie mit Gänseschnäbeln sprechen. Sie sind wie Papageien und Affen; die Einfalt läuft so dreist auf diesen Fasching der Spekulation, weil den Kindern die Erzieher[2], die sie leiten, die Väter, die sie erziehen, und die Lehrer, die sie züchtigen, fehlen.

In Thule wird Brot aus Fischen gemacht, aber an der Börse fischt man Brot aus Aktien. Gewisse Frösche quaken nach Plinius nur außerhalb ihres Teiches und gewisse Grillen zirpen nur außerhalb ihres gewöhnlichen Aufenthaltes. Aber die Dukaton-Spekulanten öffnen den Mund nicht, wenn sie mit den Aktien nichts zu tun haben.

Um die Spekulation fortzusetzen, suchen sie nach Vorwänden und übertreffen darin sogar den Dichter Alkaios, um das ganze Jahr trinken zu können, suchte er dafür einen Grund in jeder Jahreszeit. Er trank im Frühling, um sich über die Schöpfung der Welt zu freuen, die in dieser Jahreszeit erfolgt sein soll. Er trank im Sommer, um den durch übermäßige Hitze hervorgerufenen Durst zu löschen, er trank im Herbst, weil es die Zeit der Weinlese war, und er trank im Winter, um das erstarrte Blut zu erwärmen.[3]

---

1 König Robert aus der Dynastie der Capetingen, regierte 996 bis 1031.

2 Auch hier ist ein Wortspiel beabsichtigt, da im Spanischen die Erzieher gansos genannt werden.

3 Der Vergleich der Ostindischen Kompanie mit einem Baum wird wiederholt und der Verfasser bemerkt, dass bei diesem Geschäft Weizen auf den Bäumen wächst.

Du hast die Börse mit einem Meer verglichen, daher wundere ich mich nicht über die Begierde, mit der sich Männer und Frauen in die Wellen stürzen, als ob das ihre Heimat wäre.

Deine Mitteilungen haben mir ein solches Vergnügen bereitet, dass ich sie für wertvoller halte als die kostbarsten Schätze des Altertums.[1] Wenn Phrixos den Widder opferte, der ihn ans Ufer führte, so werden wir nicht ebenso undankbar sein, sondern werden unsere Führer unter die Sterne versetzen. Denn es ist Torheit, wenn der Kranke seinen Arzt verdrießlich macht.

Aber ich glaube, es ist Zeit für unseren Freund, den Philosophen, auszuruhen, denn *Loredano* hat bewiesen, dass der Schlaf für alte Leute kostbar ist, weil sie von Natur aus kalt sind; und da die kaltblütigen Tiere länger schlafen, so muss man es auch billigen, wenn Greise dem Traumgott länger huldigen.

Ende des dritten Dialogs

1 *Diese Schätze werden aufgezählt.*

Vierter Dialog

Aktionär: Wir haben uns seit so vielen Tagen nicht gesehen, dass schon die Sehnsucht zu regnen beginnt. Ihr hütet das Zimmer unter dem Vorgeben, dass ihr nicht mit den Spekulanten nutzlos diskutieren wollt, die scheinbar erkrankt sind, noch bevor sie den Krankensaal[1] betreten haben. Ich teile eure Abneigung, obwohl mein Beweggrund ein anderer ist. Ihr meidet die Verbindung mit den Spekulanten aus Besorgnis, in ihre Netze zu fallen, ich suche sie nicht auf, weil ich bereits das Unglück habe, in ihre Netze verstrickt zu sein. Aber lassen wir von nun an die Klagen und mögen wir so viel Zerstreuung finden, dass für Tränen und Seufzer keine Zeit ist.

Das ist die vierte Besprechung, die wir über die Börsengeschäfte haben, und ich wünschte nur, dass eure Aufmerksamkeit beständig sei. Denn wenn euch die Sache bisher Vergnügen bereitet hat, so werdet ihr heute auch Nutzen davon haben. Im ersten Gespräch behandelte ich den Ursprung und die Etymologie der Börse, den Reichtum der Kompanie, den mutmaßlichen Erfinder des Börsenspiels, die allgemeine Verbreitung der Spekulation, die Bedeutung der Prämiengeschäfte und gab einen Hinweis auf die schwindelhaften Manöver. Im zweiten Gespräch erklärte ich euch die Unbeständigkeit der Kurse und ihre Gründe, gab Ratschläge für eine erfolgreiche Spekulation, wies auf die Ursachen der verschiedenen Konjunkturen hin, besprach die Furcht der Baissiers und die mutige Haltung der Haussiers, das Ergebnis dieses kühnen und die Bedeutung jenes ängstlichen Vorgehens, die Symbole dieser Umwandlungen und ihre Unbegreiflichkeit, den Wahnsinn und die Torheiten der Spekulation, die an der Börse gebräuchliche Sprache und die dort üblichen Redensarten. Im dritten Gespräch begann ich, euch einige Operationen klarzumachen, einige Gesetze zu lehren und euch einige Geschäftsgebräuche zu erklären.

1 *Der Krankensaal der Börse.*

Ich sprach über die Realität der Abschlüsse, die Lieferungstermine, den Ort der Aktienübertragung, den Schauplatz des Geschäfts, das unanständige Gebaren an der Börse, die Unruhe, die Pöbeleien, die Handschläge, die Unmöglichkeit, aus dem Börsenbetrieb herauszukommen, die Westindische Kompanie, das Prinzip der Dukaton-Spekulation, die Arten der Börsenleute, die Verzögerung des Abrechnungsverfahrens, die Arten der Makler, ihre Gewissenhaftigkeit, ihr Risiko und ihre Verwegenheit. Daher bleibt mir jetzt nur noch die Beschreibung des spekulativsten Teiles des Geschäftes übrig, des Höhepunktes der Börsenoperationen, der raffiniertesten, verwickeltsten und am meisten Schlauheit erfordernden Machenschaften, die im Labyrinth der Börse vorkommen.

Philosoph: Was bedeutet das? Als Spekulant weinst und klagst du? Hast du mir nicht geraten, an die Börse zu gehen, damit ich nicht klage? Hast du mich nicht zur Spekulation überredet, damit ich nicht weine? Hast du mir nicht versichert, dass der Spekulant dem lachend geborenen Zoroaster gleicht, da seine Tätigkeit nur Vergnügen, Scherze, Unterhaltung, Spaß und Lachen bedeutet? Hast du mir nicht erklärt, dass die Spekulanten sich nicht beklagen, wenn sie verlangen, die Zauberer der Börse zu sein? Hast du mir nicht angegeben, dass unsere Spekulanten in der Zeit Domitians und Caligulas, wo Trauer und Betrübnis als Treulosigkeit und Hochverrat galten, hätten leben können?

Ach, wie gut erwiderte ich dir, dass das Elend der Welt nicht das Lachen aufkommen lässt, wenn man nicht mit Demokrit ihre Verwirrung verspottet und mit Standhaftigkeit ihre Verirrungen überwindet.[1]

Aktionär: Ich glaube, dass ihr fröhlich seid, um uns über traurige Dinge hinwegzuhelfen, denn weil die Sorge unserem Zeitvertreib nicht fernbleiben kann, teile ich mit, dass die ostindischen Aktien 370 und die westindischen 75 stehen.

---

1 *Es folgt ein Vergleich des Spekulanten mit Phokion.*

Kaufmann: Welch ein Unglück, um Himmels willen!

Philosoph: Potztausend, welch ein Verhängnis, welche Verwüstung, welche Katastrophe!

Kaufmann: Ach Lohn meiner Sorgfalt, dass man mir so mein Geld abnahm, wie richtig waren die Meinungen, dass diese Prämie eine Strafe für mich sein sollte. Meine geliebten Heller, wie betrübt kann ich das Lied anstimmen: *Von den Augen, die sie entschwinden sehen.* Aber wer so etwas tut, hat es auch zu bezahlen. Unsere feinen Pläne sind gescheitert, weil diese erbärmlichen Strohköpfe versucht haben, sehr dreist sich ohne fremde Hilfe durchzuschlagen.[1] Wer hat mich getrieben, meine Groschen vertrauensvoll auf Dinge zu verwenden, wo es keinen Halt gibt? Wer überredete mich, mein Geld loszuwerden, wenn ich wusste, dass Verluste etwas Gewöhnliches bei derartigen Geschäften sind? Das Schlimmste ist, dass ich Kopf und Kragen bei diesem Anlass zu verlieren fürchte, denn bei so viel Pech werden Schiff und Segel zum Grab und Leichentuch.

Bacchus soll nach den Dichtern den Geist der Aurila in Luft verwandelt haben. Auch unsere Wünsche haben sich in Luft verwandelt, und unsere Hoffnungen sind zu Wind geworden. Denn deine Belehrungen sind unser Ruin, deine Grundsätze unser Verderben geworden.[2] Das Schicksal traf uns, wenn wir durch Handschläge ein Geschäft abschlossen, und die Befriedigung entglitt uns zwischen den Fingern.[3]

Wenn der Athlet Milo die Füße gegen die Wand stemmte, so gab es keine Kraft, die die Füße bewegen konnte. Ebenso wenig nimmt das uns beständig verfolgende Schicksal auf unsere Empfindsamkeit Rücksicht. Die Drossel bringt den Stoff zum Vogelleim hervor, mit dem sie gefangen wird, aus dem Getreide geht der Kornwurm hervor, aus dem Holz der Holzschwamm, aus dem Tuch die Motte, der Berg speit das

---

1 *Wörtlich: Unsere feinen Gemüsepflanzen sind zu gemeinen Kürbissen und unser Majoran zu Feldkümmel geworden.*

2 *Vergleich mit einem Tier, das die Galle in den Ohren hatte.*

3 *Vergleich des Schicksals mit der Schützenkunst Domitians.*

Feuer aus, das ihn verbrennt, und aus dem hochverehrten Herrn Philosophen und Kaufmann ist dieses Urteil hervorgegangen, dazu Fieber, Krätze, Aussatz, Grind und Pest.

Ach, solche Tyrannei! Beim ersten Versuch schon Pech[1] und empfindliche Hiebe! Wer ließ uns an ritterliche Kämpfe glauben, während es doch eher wie in Ställen zuging?[2] Was hörten wir mit offenem Munde der lächerlichen Beschreibung des Börsentreibens zu und zollten Beifall der Kraft, die den linken Flügel der Börse beseelte, und der Unerschrockenheit, mit der der rechte Flügel widerstand, ohne zu erkennen, dass wir selbst dabei zu wilden Bestien[3] geworden sind? Furchtbarer Irrsinn! Schreckliche Nachlässigkeit! Bedauernswerter Wahn!

Während wir uns einbildeten, einen Hafen zu erblicken mit unseren Ferngläsern, war es nur eine Wolke und Nebel, die das Licht verdunkelten.[4] Du sagtest mir, dass die Prämiengeschäfte Anker im Meer der Spekulation wären. Ich habe die Anker meiner Schiffe in diese Wellen geworfen und glaubte sicher, dass nicht nur die Anker, sondern auch die Fahrzeuge vergoldet sein würden, ähnlich wie Fahrzeuge und Anker der Phönizier mit dem von den Pyrenäen herabgeschwemmten Gold bedeckt waren. Aber ich wurde in der sicheren Erwartung dieser Sache getäuscht und es bestätigte sich, wie recht die Römer daran taten, ein Kriegsschiff auf ihre Münzen zu gravieren, denn Stürme verteidigten das goldene Vlies in Kolchis und Drachen bewachten die goldenen Äpfel in den Gärten der Hesperiden.[5]

---

1 *Al primer tapon zurappa, wörtlich: „beim ersten Zapfen Bodensatz“, das heißt so viel wie „schon an der Schwelle anstoßen“. Vgl. die genaue Erklärung des Sprichwortes bei J. Haller, Altspanische Sprichwörter I, 1883, S. 130 ff.*

2 *Hier folgt ein Wortspiel mit non, indem einmal das Vorgebirge Non, dann das Wort nicht gemeint ist.*

3 *Wortspiel mit cuemo, das sowohl „Flügel“ als auch „Horn“ bedeutet. Das Wortspiel ist nicht wiederzugeben.*

4 *Vergleich mit den Matrosen des Kolumbus, die, als sie eine Wolke erblickten, Land zu sehen glaubten.*

5 *Hiermit soll gesagt werden, dass der Reichtum mühsam erobert werden müsse.*

Philosoph: Helfe mir Gott, was für ein furchtbarer Gerichtstag! Möge mir Gottes Barmherzigkeit den Verstand erhalten. Du hast deinen Verlust auf die 15 Prozent der Prämie, die 450 Gulden ausmachen, beschränkt, aber ich verliere bei dem Kursrückgang von 552 ⅔ auf 370 Gulden für die einzelne Aktie 5.480 bei dem ganzen Abschluss[1] und die Gefahr besteht, ohne dass man weiß, wann der Schrecken ein Ende nimmt. Ach, eine solche Gewalttätigkeit! Ach, eine solche Schnelligkeit! Ach, eine solche Härte! Ich weiß nicht, was ich tat, noch was ich tue, noch was ich zu tun habe.

Ein Stein, der die Kraft hatte, die Winde zu beruhigen, hatte nach Plinius die Form einer Zunge. Ebenso glaubte ich, dass deine Zunge mich beruhigen und meine Klagen mildern könnte. Aber die Konstellation ist beständig so ungünstig für mich, dass ich, anstatt Erleichterung durch deine Rede zu erhalten, nur Martern empfinde; und statt meine Angst durch Wohlwollen zu beschwichtigen, verbitterst du mich[2], und aus Pillen, die du reichst, werden Kugeln, die mich niederstrecken. Ich werde versuchen, nur den Verstand walten zu lassen und kraftvoll im Urteil zu sein, auch wenn mir zum Mut die Kraft fehlt.[3]

Was könnte ein Philosoph unter den Spekulanten mehr zu sein hoffen als ein Schaf unter den Wölfen oder ein Hase unter den Windhunden? Und wenn Scaliger versichert, dass ein Wolf unter den Schafen und ein Windhund friedlich unter den Hasen lebte, so halte ich das für ein Wunder.

Wenn wir weit über die Herkulessäulen heraussegeln wollen, droht uns der Tod.[4] Wenn der Hirsch am flinkesten springt, lässt der ge-

1 *Bei einem Abschluss von 30 Aktien.*

2 *Es wird noch ein Vogel erwähnt, der Honig bereitet, und ein afrikanisches Volk, das Honig aus Tau herstellt.*

3 *Vergleich mit einer Schlange, die das Herz im Kopfe hat.*

4 *Es wird darauf hingewiesen, dass auf den Makkabäergräbern Schiffe und Säulen abgebildet waren.*

schickte Jäger ihn in eine Schlinge fallen, indem er leicht ein Instrument berührt; im Augenblick, als wir stärker spekulierten und einen schnelleren Flug nahmen, ließ unser Freund, der Aktionär, uns auf den Leim gehen, indem er süße Reden führte. Sirenengleich wirkte deine Rede, die uns durch eine bezaubernde Melodie ins Verderben lockte. Wie der Trank der Circe wirkte deine Überredung, in der das Gift verborgen war, und wir wurden betört, weil wir das Gift für einen köstlichen Trank hielten.[1] Ein Musiker versuchte, durch den Wohllaut seiner Töne die Fische zum Tanzen zu bringen; als dies misslang, warf er zornig das Netz aus und sagte, wie er die Fische im Sande zappeln sah, ebenso erzürnt wie witzig: Da ihr nicht tanzen wolltet, wenn ich wollte, so brauche ich euch nicht am Leben zu lassen, wenn ihr wollt.

Was soll die Reue, wenn wir gezwungen statt freiwillig gehandelt haben?

Die amerikanischen Wilden schälen das Gesicht und schmücken die Grübchen mit Diamanten. Sie glauben, schön zu werden, und werden hässlich. Wir haben uns auf sehr barbarische Weise geschmückt, und unser Aussehen wurde nicht schön, sondern fürchterlich. Dem schuldigen Verbrecher werden die Augen verbunden, damit er nicht die Werkzeuge der Hinrichtung erblickt; auch uns waren wie Schuldigen die Augen verbunden und wir erkannten die Mittel nicht, die unser Ende herbeiführten.

Das Schicksal war treulos gegen uns Arglose, wir glaubten, einen Apfel zu erhalten und damit gegen seine Tücke gewaffnet zu sein, aber es war der Apfel der Zwietracht, es waren dies die Äpfel der Atalanta.[2] Bestraft für unsere Habsucht, mussten wir eine ruhmvolle Laufbahn abkürzen und unseren Aufschwung aufgeben.

---

1 Vorher werden einige Sinnsprüche über den Sirenengesang und den Trank der Kirke angeführt.

2 Ein Bewerber der Atalanta ließ goldene Äpfel aus dem Hain der Venus fallen, die Atalanta aufhob. Da er aber der Göttin nicht dankte, wurde er bestraft und erreichte seine Absicht nicht.

In dem Meeresteil, der Negroponte umgibt und „Goldener Kopf“ heißt, befindet sich eine Wasserfläche, die durch anscheinende Ruhe den Seefahrer täuscht, aber sich plötzlich in stürmische See verwandelt. Verleitet von der Habsucht, haben wir dieses Meer, das Meer der Börse, befahren. Der Name verzückte uns, denn wir glaubten, dass es sich um einen *goldenen Kopf* handelt und dass wir den Kopf, wie die Statue Nabuchs, voll Gold erhalten würden, aber wir wurden ebenso schnell wie Jonas vom Sturm überfallen,[1] und das Gold wurde unser Verderben.

Aktionär: Als Marius das Heer des Sulla, das ihm den Untergang bringen sollte, herannahen sah, fand er gegen die Härte des Schicksals ein einziges Mittel, er trank, um zu schlafen, ähnlich wie Helena dem Telemach, um das Unglück zu vergessen, zu trinken gab. Denn es gibt nur ein Mittel gegen die Schicksalsschläge, sie zu verachten und zu vergessen.[2]

Ich beneide euer Schicksal bei einer solchen Katastrophe, denn der eine von euch verliert nur einen beschränkten Betrag, ohne weitere Besorgnis zu haben, der andere ist mit einem einzigen Abschluss engagiert, was *keine großen Kräfte* erfordert. Man kann die Aktien verpfänden oder abnehmen und, da die Ehre nicht bedroht ist, mit Geduld den Verlust einbringen. Aber ich bin so in das Geschäft verwickelt, dass mich die Freudigkeit verlässt, weil ich einsehe, dass der Anstand verloren geht. Die einzige Erleichterung gewährt die Betrachtung, dass man mich für unglücklich, aber nicht für unwissend halten wird, da aber auch Klugheit uns nicht aus solchen Verwicklungen retten kann, wenn das Missgeschick uns verfolgt, so werde ich euch die Verführungen des Börsenspiels erklären, damit, wenn ihr hierbei hineinfallt, dies durch einen unglücklichen Zufall, nicht aus mangelnder Geschäftskenntnis geschieht.

---

1 *Es folgt noch ein Vergleich mit Absalom.*

2 *Es folgt ein Vergleich der Verwirrung an der Börse mit der Unordnung, die eine Äffin in einem Tempel anrichtete.*

Zehn bis zwölf Personen tun sich an der Börse zusammen und bilden ein Konsortium (das, wie bereits bemerkt, Cabala genannt wird). Hält dieses es für angebracht, Aktien zu verkaufen, so werden die Mittel zur klugen Ausführung dieser Absicht erwogen. Sie lassen sich auf das Geschäft nur ein, wenn sie das Ende vorhersehen, damit sie, abgesehen von unglücklichen Zwischenfällen, mit sicherem Erfolge rechnen können.

Als ein witziger Mensch von der Absicht des größten Königs Europas, Italien anzugreifen, hörte und den Meinungsstreit über den bevorstehenden Einzug in Mailand erfuhr, sagte er lachend, es handele sich nicht darum, nach Mailand hineinzukommen, sondern zu überlegen, wie man herauskomme. Wenn man nicht weiß, wie man aus einer Gefahr herauskommt, so ist es ein Wahnsinn, sich hineinzubegeben.[1] Als der Athlet Milo eine zerspaltene Steineiche auseinanderzusprengen versuchte und sie kräftig zu zerreißen begann, schloss sich der Baum mit einer solchen Gewalt, dass der Athlet wie von Handschellen festgehalten wurde und auf qualvolle Weise das Leben verlor. Solche Vorfälle fürchten die Ringkämpfer an unserer Börse.

Das Erste, woran sie denken, ist die Schwierigkeit, aus dem Engagement herauszukommen, sind die Hindernisse des Erfolges, die Dauerhaftigkeit des Verdienstes. Sie greifen von verschiedenen Seiten eine Position an, legen Bresche, machen unaufhörliche Artillerieangriffe, bedienen sich der Kriegslisten, wiederholen den Kampf und erreichen zuweilen, dass sich der Gegner ergibt.[2]

Die Teilnehmer am Börsenspiel wissen sehr gut, dass sie der Gunst des Schicksals bedürfen, aber sie versuchen, durch Eifer das Schicksal günstig zu stimmen. Sie vertrauen mit ihrem Verstande nicht auf das Glück, noch glauben sie, dass man Königreiche in die Netze fangen

---

1 *Dieser Satz wird noch durch weitere Beispiele aus der Geschichte, von Sertorius und den Athenern bewiesen.*

2 *Es folgen unerhebliche Zitate geschichtlicher Ereignisse.*

kann, wenn man wie Timotheus schläft. Sie erinnern sich auch an die Geschichte jenes Fuhrmannes, der in einem Sumpf den Wagen umwarf und die Götter um Hilfe anrief, der Fuhrmann aber hörte eine Stimme: „Hilf dir selbst!"

Sie (die Baissekonsortien) führen den ersten Schlag mit Zeitverkäufen, indem sie Kassaverkäufe für den Augenblick stärkerer Bedrängnis sich vorbehalten. Sie verkaufen 50.000 Pfund auf verschiedene Termine, eine Operation, durch die notwendig der Kurs sinken muss. Die schwache Tendenz verbreitet sich weiter, die Baissiers erhalten von anderer Seite Hilfe und man bemerkt, dass bei so zahlreicher Beteiligung die Absicht gelingen muss. Die Leiter derartiger Operationen kann man Fürsten des Schwanzes nennen, so wie man Amadeus I. von Savoyen[1] wegen seines zahlreichen Gefolges den Herzog des Schwanzes nannte. Auf die Leiter der Baissespekulation kann die Bezeichnung angewandt werden wegen der unzähligen Scharen ihrer Anhänger oder weil ihr Gefolge sich fest an sie klammert oder weil das Gefolge die Schleppe der Führer trägt. Da es so viele Menschen gibt, die nicht abwarten können, der herrschenden Strömung zu folgen, so wundere ich mich nicht, dass aus einer kleinen Schar ein Heer wird. Sie denken nur daran, das zu tun, was die anderen tun, und deren Vorbild zu folgen. Sie wissen, dass die Engel im Hause des Abraham aßen, weil man auf der Erde isst, und dass Moses, als er zum Himmel stieg, 40 Tage nicht aß, weil im Himmel nicht gegessen wird. Sie sind wankelmütig wie die alten Griechen, die man wegen ihres schnellen Gesinnungswechsels „Temporaria ingenia" nannte.[2]

Die Absichten der „Cabala" werden durch diese Furcht oder diesen Glauben unterstützt, denn wenn nicht nur die Cabala, sondern auch andere verkaufen, so kann man nicht zweifeln, dass der Angriff Erfolg hat. Erkennen die Baissiers, dass die Mine Feuer fängt, so kommen sie

---

1 *Wahrscheinlich Viktor Amadeus I., der 1630 zur Regierung kam.*

2 *Es folgt ein ähnlicher Vergleich mit einer Insel und Theramenes.*

mit den Aktien, die sie besitzen oder die ihnen verpfändet sind, heraus. Sie wiederholen so oft die Abgaben, dass ihnen die Beute sicher zu sein scheint. Bei starkem Widerstand aber bedienen sie sich einiger Tricks, die nur schlaue und dreiste Spekulanten erfinden und einführen könnten. Sie werden nicht, wenn ihnen Widerstand begegnet, wie Cäsar ohnmächtig, sagen vielmehr mit ihm in der Gefahr „Afrika, ich habe dich" und betrachten ein Risiko für ausgeschlossen. Sie wenden die zur Erreichung ihrer Absichten geeigneten Mittel an und sind nicht so töricht wie die Seeräuber, genannt Argelistas, die an der kalabrischen Küste einen Turm mit Stricken auf ihr Schiff ziehen wollten.[1]

Der erste Trick (des Baissekonsortiums) ist folgender: Um zu verhindern, dass große Prolongationen erfolgen, die die großen Geldgeber veranlassen, Aktien gegen Kasse zu kaufen und sie auf Zeit zu verkaufen, wobei sie sich mit dem Zins des verauslagten Geldes begnügen, macht (das Konsortium) Abgaben auf spätere Termine zum selben Kurs, wie die Aktien gegen Kasse verkauft werden, und achtet in der Hoffnung auf größeren Gewinn nicht auf den Zinsverlust, ähnlich wie der Hund des Äsop, der das Fleisch losließ, weil sein Schatten ihm größer erschien.

Zweitens. Ein Makler, dem man (das Konsortium) vertraut, wird beauftragt, im Geheimen einen Posten Aktien von einem Haussier zu kaufen, ohne seine Aufgabe zu nennen. Er verkauft jedoch dieselben Aktien öffentlich in dem Augenblick, als man ausruft, dass sogar die Haussiers verkaufen. Da der Makler einem Haussier dieselben Aktien verkaufen will, die er von einem anderen Haussier gekauft hat, so erkennt der erste, dass es mit den Verkäufen des anderen Haussiers seine Richtigkeit habe. Erschreckt verkauft auch der zweite Haussier. Jeder versucht aus Besorgnis, den Verkäufen der anderen zuvorzukommen, und hält den ihm erteilten Rat, zu kaufen, für trügerisch. Wir

---

1 *Es folgt ein Vergleich des Konsortiums mit den Soldaten, die Statorius Victorius ermutigte, obgleich sie nur eine kleine Schar waren.*

nennen eine derartige Panik „in der Tortur sein" *(tener calcetas)*, und Unzählige geben Fersengeld *(toman las calcas de Villadiego)*, wenn sich auch nur der kleinste Argwohn regt.

Von zwei Freunden nahm, wie Lebavio erzählt, der eine ein Abführmittel, das beim anderen wirkte. Ähnlich spaßhaft ist es zu sehen, wie das Beispiel eines Einzelnen, wenn er ein Führer ist, die ganze Börse beeinflusst. Wenn den Spekulanten das Haupt fehlt, so fehlt ihnen auch das Herz. Ein Heer ohne Haupt ist dasselbe wie ein Körper ohne Seele.[1] Und ein Körper ohne Seele ist kein Mensch, sondern ein Kadaver.

Drittens verkauft (das Baissekonsortium) einige Posten Aktien gegen Kasse an einen der Reichen, die von Prolongationsgeschäften leben, denn da man weiß, dass diese die Aktien, die sie gegen Kasse gekauft haben, sofort auf Zeit verkaufen, so veranlasst (das Konsortium) seinen Makler, vor Feststellung der Kurse sehr geheimnisvoll dem Vertreter jedes Hauses eine Mitteilung zu machen, die bald *öffentliches Geheimnis* wird.[2] Der große Kapitalist habe eine wichtige Nachricht erhalten, und man hätte gehört, dass er hierüber ängstlich die Effekten verkaufen wollte. Wenn nachher die Verkäufe wirklich erfolgen, so scheint sich der Schwindel zu bestätigen, die Absicht wird erreicht, die Furcht verbreitet sich und es tritt ein Kurssturz ein, aber die Panik ist leicht erklärlich, wenn die Spekulation einen Stimmungswechsel ihrer Protektoren vermutet und ihre Grundlage erschüttert sieht.[3]

Viertens nimmt das Konsortium bei Beginn einer Operation alles Geld, das an der Börse verfügbar ist, auf und lässt durchblicken, dass

1 *Dies wird durch das Beispiel Goliats erläutert.*

2 *„El tercero ardid es vender algunas partidas à transportar luego à uno destos ricos, que viven de hacer prolongaciones porque, saviendo que assi como se las compran de contado, las han de volver à vender à tiempo", Fritz Schmidt, S. 42, Ehrenberg, Z. d. F. II, S. 346 und Sayous glauben, dass mit diesen Worten das Reportgeschäft beschrieben wird. Man beachte indessen, dass es das Baissesyndikat ist, das nur zu einem besonderen Zweck seine Effekten hineingibt. Freilich werden auch anderweitige Reportgeschäfte vorgekommen sein. Die gegen eine starke Verbreitung des Reportgeschäftes sprechenden Gründe sind in der Einleitung angegeben.*

3 *Vergleich mit Simson.*

es mit dem Gelde Aktien kaufen will. Nachher erfolgen aber möglichst große Verkäufe. So werden zwei Fliegen mit einer Klappe geschlagen. Erstens soll die Börse glauben, dass der ursprüngliche Plan wegen wichtiger Nachrichten geändert sei, zweitens wird verhindert, dass die Haussiers Geld zur Verpfändung ihrer Aktien finden. Sie sind daher zum Verkauf gezwungen, da ihnen das Kapital fehlt, die Aktien abzunehmen. Jakob fürchtete, aus dem Traum zu erwachen, und die gelehrtesten Ausleger der Bibel können den Grund der Furcht nicht erklären. Jakob fürchtete, dass die Engel, die er auf der Leiter herauf- und herabsteigen sah, ihm ihre Gunst entziehen könnten und dass sie, so wie sie herabstiegen, um ihm zu helfen, auch heraufsteigen und ihn schutzlos lassen könnten. Wenn daher die Spekulanten sehen, dass ihre Schutzengel die Geschenke wegnehmen, so erschrecken sie wie Jakob über das Gesehene oder, um genauer zu reden, so fürchten sie wie Jakob ihren Traum.

Die fünfte Kriegslist (des Konsortiums) besteht darin, so viel wie möglich Wertpapiere mit Vorprämien zu verkaufen, damit die Prämien*zahler* (falls sie von ihrem Forderungsrecht Gebrauch machen) die abzunehmenden Stücke verkaufen müssen.[1]

Die sechste Kriegslist ist, so viele Wertpapiere wie möglich mit Rückprämien zu verkaufen, damit die Prämien*empfänger* nicht mehr zu kaufen wagen, weil sie bereits zur Abnahme der Effekten verpflichtet sind. Daher hat die Baissespekulation fast freies Feld und einen fast sicheren Erfolg. Wir sagen von denjenigen, die mit Vorprämie kaufen und fest verkaufen, oder von denjenigen, die mit Rückprämie verkaufen und fest kaufen, dass sie ihre Spekulationsrichtung ändern, aber da gerade das eine falsche Spekulation sein und der richtige Weg so verfehlt werden kann, so kommt es nur selten vor.

Siebentens. Wenn das Baisse-Konsortium erkennt, dass die Haussiers, um ihre Position aufrecht erhalten zu können, Geld nötig haben,

1 *Es wird eine unerhebliche Etymologie angeführt.*

so gibt es ihnen Geld. Sie (die Baissiers) verkaufen alsdann die verpfändeten Stücke aufs Neue.[1] Dies ist eine geradezu teuflische List, denn es wird die Unsterblichkeit verheißen und der Tod gegeben. Es scheint, dass die Baissiers den Haussiers Leben geben, indem sie ihnen Geld auf ihre Aktien leihen, damit sie die gekauften Stücke verpfänden und die verpfändeten wieder kaufen können. Sie töten aber die Haussiers mit einem schönen Apfel und es gehen Letzteren wie Adam erst die Augen auf, nachdem sie zugrunde gerichtet sind, weil sie nicht erkannt haben, wem sie sich anvertrauten, um sich zu ruinieren. Die Danaiden sollen die Gefäße niemals voll bekommen haben, weil das hineingegossene Wasser immer unten ablief. Wenn die Aktien, die in die Gewalt jener schlauen Baissiers gelangen, auf dieselbe Weise herauskommen, wie kann dann das Fass voll werden? Diese Aktien werden hundertmal verkauft und gelangen hundertmal wieder in die Gewalt der Verkäufer, und wenn zur Bezeichnung einer Unbeständigkeit die Thessalier die

---

1 Wegen der Wichtigkeit und Schwierigkeit der Stelle sei dieselbe in der Ursprache wiedergegeben: „Es la Septima, reconocer que han menester Acciones de contado para continuar el Sitio y dan dinero sobré Acciones, para tener que vender de nuevo las que se empenan en su poder y poder con el Surplus de lo que valen mas las Partidas, de lo que dan sobre ellas, andar largos en el dinero que dan á recibir y en el que toman á entregar para lo que dan." Schmidt, S. 43 und Ehrenberg II, S. 347 glauben, dass auch hier wieder Reportgeschäfte erwähnt werden. Gegen diese Annahme sprechen aber folgende Gründe.

Der Verfasser spricht von einem Überschuss, den die Aktien mehr wert sind als die auf die gezahlten Beträge. Der Report kann hierbei nicht gemeint sein, zumal bei einer früheren Gelegenheit bemerkt wurde, dass die Aktien glatt hereingenommen wurden. Dagegen erklärt sich die Sache einfach, wenn es sich um Lombardierungen der Effekten handelt, die nur zu vier Fünftel des Wertes erfolgten. Es wird auch weiter gesagt, dass die Baissiers viel mehr Aktien verkauften, als kauften, während bei einem Reportgeschäft der gleiche Betrag der Wertpapiere, der hereingenommen ist, zurückgeliefert wird.

Der ganze Vorgang ist also folgender: Die Haussiers lombardieren die Effekten, die sie nicht abnehmen können, bei dem Baissekonsortium, dasselbe wirft die verpfändeten Aktien sofort auf den Markt, die Haussiers kaufen dann wieder, müssen aber auch wieder lombardieren, worauf das Spiel sich immer aufs Neue wiederholt.

Den Überschuss, den das Baissekonsortium durch den Verkauf der lombardierten Effekten erzielt, benutzt es zu neuen Geschäften. Welcher Art dieselben sind, ist aus den schwer zu deutenden Schlussworten nicht klar ersichtlich. Man kann auch an Prämiengeschäfte denken, da kurz vorher von solchen die Rede war. Außer den Verkäufen der verpfändeten Aktien erfolgen Verkäufe mit Rückprämie und entsprechende Käufe fester Stücke. Die Summe der Verkäufe bleibt aber größer als die Summe der Käufe.

Redensart gebrauchten: „Veränderlicher als die Metra, die Tochter des Erysichthon", so kann man diese Aktien mit der Metra vergleichen und in ihnen Sinnbilder eines fortwährenden Wechsels sehen.[1] Manlius, der Rom gegen die Gallier verteidigte, besaß wenig Getreide. Er befahl aber, alles Mehl zusammenzubringen und mit den daraus gebackenen Broten die Feinde zu bewerfen. Diese sollten glauben, dass die Römer Überfluss an dem verschwendeten Brot hätten, das sie mit Händen und Schleudern unter Lachen, Scherzen und Spöttereien auf die Gegner warfen. Ebenso wird, wer diese Baissiers alle Tage Aktien gegen Kasse verschleudern sieht, sich einbilden, dass sie Überfluss an Stücken haben; sie aber machen aus der Not eine Tugend und wissen ihre Angst anmutig zu verbergen, denn gewöhnlich bekämpfen sie die Haussiers mit den Kugeln, die diese vorher auf sie abgefeuert haben, so wie sich einst in einer Festung die Belagerten aus Munitionsmangel der von dem Feinde abgeschossenen Kugeln bedienten.

Wenn es den Baissiers auch an Stücken fehlt, so haben sie doch die Keckheit, den Anschein des Überflusses zu erwecken.[2] Dieser Besitzwechsel der Aktien, die oft fünfzigmal in einer Woche in andere Hände gelangen und wie Bälle bald hoch, bald niedrig fliegen, ist ein Merkmal für den Ruin des Aktiengeschäftes, ähnlich wie die Monarchie der Langobarden nach dem berühmten „Thesaurus" in den letzten Zügen lag, als in sieben Jahren fünf Könige regierten. Was bedeutet es, dass die Baissiers eine Aktie kaufen, wenn sie zwanzig im Schutze dieses Abkommens verkaufen? Was bedeutet es, wenn sie die verpfändeten Aktien abnehmen, aber sie sofort weitergeben? Persische Gesandte beklagten sich, dass der König Amyntas von Mazedonien, der sie freundlich empfing, den Thron sehen, aber nicht berühren ließ.

1 *Metra oder Mestra wurde von ihrem Vater, der von unstillbarem Hunger auf Geheiß der Ceres befallen wurde, verkauft, aber durch die Götter verwandelt und in immer neuer Gestalt verkauft.*

2 *Vorher geht ein Vergleich mit Diogenes, der „ein Philosoph zu sein suchte, ohne es zu sein".*

Warum sollte man sich nicht beklagen, wenn die Baissiers die Aktien, die sie kaum abgenommen haben, sofort verkaufen, ohne sie berührt zu haben? Wie kann man die Angst unterdrücken und wie kann man die Klagen vermeiden? Eine Dirne schämte sich über eine Wunde, die ihr das Gesicht verunstaltete, und bedeckte sie deshalb mit dem Unterrock. Man kann sich wohl vorstellen, was man entdeckte, als sie dies tat. Wenn ein Übel verdeckt wird, um ein größeres aufzudecken, und das als ein Ausweg angesehen wird, so mögen es die Gelehrten für unrichtig halten, dass ich den Kauf einer Aktie, wenn gleichzeitig vier verkauft werden, nicht als Kauf ansehe, und dass ich die Abnahme einer Aktie bei gleichzeitiger Lieferung von zehn Aktien nicht als Abnahme betrachte.

Der achte Kniff (des Baisse-Konsortiums) ist folgender: Es lässt einen Brief schreiben, wenn es von Wichtigkeit ist, dass eine von ihm selbst ersonnene Nachricht sich verbreitet. Und wenn der Brief unversehens am geeigneten Ort fallen gelassen wird, so glaubt der Finder, im Besitz eines Schatzes zu sein, während er doch nur den Uriasbrief erhält, der ihn ins Verderben führt. Er teilt den Inhalt des Briefes aus freien Stücken seiner Partei mit und betont die Gründe, die das Konsortium zum Verkauf habe, da es solche Nachrichten erhält, und wenn am selben Tage ein Sturm an der Börse losbricht, so werden dadurch die Nachrichten bestätigt, der Verdacht gestützt und die Besorgnisse erklärt. Zu den größten Wundern Roms rechnet Plinius die Wasserleitungen ...[1] Aber sind diese Brunnenröhren eine Merkwürdigkeit, sind diese Wasserleitungen ein Wunder? Das Wasser wird 40 Meilen weit herbeigeführt und in 100 Quellen verteilt. Aber verdienen nicht auch unsere Spekulanten Bewunderung, wenn sie aus weiter Entfernung und durch so verschiedene Kanäle sich die Mittel für die Geschäfte verschaffen, dass man kaum die Leitungen zählen, die Gewölbe unterscheiden, die Röhren erkennen und ihre Erbauer rühmen kann.

---

1 *Es folgt eine ausführliche Beschreibung der römischen Wasserleitungen.*

Neuntens veranlasst das Konsortium einen Freund, dessen Urteil geschätzt wird, dessen Verbindungen angesehen sind und der noch niemals in Aktien gehandelt hat, ein oder zwei Posten Aktien zu verkaufen, wobei das Risiko eines Verlustes von dem Konsortium getragen wird. Man zieht dabei in Betracht, dass etwas Neues stets bewundert wird und dass daher die Entschließung dieser Person Erstaunen erregen und wichtige Folgen haben wird. Als Moses vom Berg herabstieg, strahlte sein Antlitz, das Volk geriet in Furcht, er bedeckte das Gesicht mit einem Tuch, aber nahm das Tuch weg, wenn er das Volk anredete. Mir scheint, dass er das Gegenteil hätte tun sollen; denn wenn das Volk den Glanz fürchtete, wäre es richtiger gewesen, ihn bei der Anrede des Volkes zu verbergen. Aber da Moses wusste, dass die Furcht Verehrung bedeutete und dass Gott ihm den Glanz gewährte, um das Volk in Respekt zu halten, so bedeckte er den göttlichen Glanz, wenn das Volk ihn nicht sah, und offenbarte ihn, so oft ihn das Volk sah, damit jedes Mal das Wunder neu erschien und die neue Erscheinung als Wunder wirkte.[1]

Die zehnte List (des Konsortiums). Man sagt einem intimen Freund ins Ohr (jedoch so laut, dass die darauf Lauernden es hören), dass er verkaufen solle, wenn er Geld verdienen wolle. Nach Homer kämpften die Trojaner mit Geschrei, während die Griechen stumm in der Schlacht waren. Man kann von unseren Spekulanten sagen, dass sie den Griechen in ihrem Schreien ebenso ähnlich sind wie in ihrer List und dass sie ihr Troja still erobern wollen. Auf den Märcheninseln Lucians gab es einen Brunnen, in dem man alles Gesprochene hörte, und einen Spiegel, in dem man alles Geschehene sah. Ähnliches begibt sich an der Börse. Sobald das Geheimnis dem unschuldigen Freund in einer Form mitgeteilt wird, dass es fast öffentlich ausgeplaudert wird, sagt jeder, dass er diese Mitteilung gehört hat, es bestätigt jeder, dass er sah, was jene taten. „Die Steine reden“, sagt der Prophet, „die Wände hören“,

1 *Es folgen ähnliche Beispiele von Sabina Poppaea und den spartanischen Jungfrauen.*

sagt das Sprichwort. Es kennen unsere Börsenleute diese von der Erfahrung bestätigte Wahrheit, denn wenn ihr Geheimnis sich verbreitet, ihre Ratschläge Anklang finden und es offenkundig wird, dass sie bestimmte Papiere abgeben, so reden die Wände und Steine, und man sucht nach den geheimen Gründen der Behauptungen, ist für den Wink dankbar, und da eine Täuschung des intimen Freundes für ausgeschlossen gilt, so gelingt das Manöver, die Fische beißen an, das Netz wird voll, man feiert den Sieg, und die Absicht (des Konsortiums) hat vollen Erfolg.

Elftens führt die Contremine, um ihr Ziel zu erreichen, folgenden Trick aus. Sie begnügt sich nicht, ihre Gegner mit der Zunge, die Jeremias mit einem Pfeil vergleicht, zu verwunden, sie mit den Zähnen[1] und mit Argumenten zu bekämpfen. Um anzudeuten, dass ihre Besorgnis auf ernsten Gründen beruht und sich nicht lediglich auf die Verhältnisse der Kompanie bezieht, verkaufen die Baissiers Staatsobligationen. Die Haussiers sollen nämlich glauben, dass Uneinigkeit im Staate herrscht, Grund zur Beunruhigung und Besorgnis vor Kriegsausbruch vorliegt. Die Baissiers gleichen nicht dem faulen Sigismund, der, weil er alles auf den folgenden Tag verschob, den Beinamen „Rex crastinus“ erhielt, noch werden sie wie Vespasian des Triumphes überdrüssig. Sie scheuen weder Sorgen noch Unannehmlichkeiten, lassen sich durch Hindernisse nicht stören, ermatten nicht in ihrem Eifer und freuen sich des Erfolges. Keine Arbeit ist ihnen zu viel, Geduld fehlt ihnen nicht und kein Kampf ermüdet sie.[2] Sie versuchen, ihre Absicht auf verschiedene Weisen zu erreichen, und wenn sie Erfolg haben, so sind sie in den angewandten Mitteln nicht wählerisch. Die Akademie der Einträchtigen hatte als Sinnbild drei Uhren, um zu zeigen, dass jeder auf verschiedenem Wege zu demselben Ziel gelange. Denn alle drei Uhren, die Sonnenuhr, die Räderuhr und die Sanduhr,

1 *Vergleich mit einem Portugiesen, der sich der Zähne als Waffe bediente.*

2 *Vergleich mit Tiberius Gracchus.*

die das Motto „Tendimus una“ trugen, gaben die Zeit an. Die Absicht unserer Spekulanten ist es, dasselbe Ziel zu erreichen, sei es mit Geld, mit Handschlägen oder mit Spiel, das Ziel, dass die Aktien die Stunde angeben. Auf welche Weise dies erreicht wird ist ihnen gleich, alles dient denselben Zwecken, so wie alle Arten Uhren die Zeit angeben.

Dieser Eifer, die Staatsobligationen oder Schatzscheine zu verkaufen, ist anscheinend von geringer Bedeutung für das Geschäft, aber wer dies glaubt, täuscht sich, denn manchmal wird ein Haar zu einer Schlinge, wie es dem Senator Fabius geschah.[1]

Dieser Kniff, Staatspapiere zu verkaufen, scheint unbedeutend wie ein Haar zu sein, aber man hat schon gesehen, dass es kein Haar, sondern ein Strick war. Jonas erwähnt einen Hungrigen, der das Fleisch auf den Kohlen briet, nachher aber die Kohlen mit dem Fleisch verschlang. Wenn unsere Fresser in der Hausse waren, so war der Hunger und die unerträgliche Begierde, Aktien und Staatspapiere zu verschlucken, so groß, dass sie wie Heißhungrige die Kohlen mit dem Fleisch verzehrten. Es ist daher nicht wunderbar, dass die Haussiers sich bei Schwierigkeiten der Contremine von der Überladung befreien und Fleisch wie Kohlen erbrechen. Bei einer halbseitigen Lähmung lassen die Ärzte auf der anderen Seite zur Ader, weil sie die Natur für so vorsichtig und mitleidig halten, dass sie die gelähmte Seite vernachlässigt, um die andere, bedrohte Seite zu unterstützen. Unsere Spekulanten sind auf der Seite der Aktien gelähmt und werden mit ihren Engagements in Staatspapieren zur Ader gelassen, um auf die bedrohte Lage des Staates, die Gefährdung der Kompanie und die Deroute des Effektenmarktes hinzuweisen.

Schließlich verfällt man auf einen zwölften Kniff. Um sich von der Stimmung des Marktes zu überzeugen, gehen selbst die Baissiers zunächst mit Käufen vor und nehmen alles Material ab. Steigen dann die Effekten, so nehmen sie den kleinen Kursgewinn *(Bichile)* mit, weichen

1 *Es folgen noch weitere Anekdoten und Beispiele.*

dagegen die Kurse, so verkaufen sie mit Verlust, zufrieden, die nach abwärts gehende Tendenz erkannt zu haben. Überdies ist schon die Beachtung, die das feige Publikum ihrem Vorgehen schenkt, ihnen von Nutzen, da es glaubt, dass gewichtige Gründe vorliegen, wenn sie mit Verlust verkaufen. Es ist eine der stärksten Listen, die es gibt, um auf die schwankenden Elemente einzuwirken, denn wenn sie die Baissiers kaufen sehen, so wissen sie nicht, ob sie kaufen, um verkaufen zu können (was in der Börsensprache „Pulversuchen" heißt), oder ob sie kaufen, weil sie ihre Ansicht geändert oder ihre Position aufgegeben haben und daher wirklich zu kaufen versuchen. Entschließt sich die Contremine zu dieser Verstellung, so bietet sie mehr als den Tageskurs für die Effekten (was wir „Aufblasen" nennen), wirkt dergestalt auf den Kurs ein, um schließlich teurer zu verkaufen und wieder zu gewinnen; Gott blies mit einem Hauch Adam das Leben ein, während die Baissiers durch das Aufblasen der Kurse vielen das Leben nehmen. Ich wundere mich nicht, dass Merkur, der Gott der Kaufleute und auch der Spekulanten, dreiköpfig dargestellt wird, denn wenn man glaubt, dass diese Spekulanten in die Höhe blicken, schauen sie in den Abgrund; welcher Scharfsinn kann da die drohende Lage erkennen und die Schwierigkeiten übersehen? Cacus zog die Rinder am Schwanz in den Stall, damit der Ort des Raubes nicht an den Fußstapfen erkannt werde.[1] Und man darf nicht annehmen, dass, weil diese Merkurköpfe und Janusköpfe[2] fabelhaft sind, sie in Wirklichkeit nicht vorkommen. Denn Eusebio berichtet von einem Ungeheuer, das einen Kopf mit zwei Gesichtern hatte, und Franzisco Hernandes erwähnt einen Schädel, der zwei Gesichter hatte und beim Graben eines Brunnens zur Zeit Alexanders gefunden wurde. Wer könnte wissen, wohin die Janusköpfe dieser Spekulanten blicken und wohin sich ihre vielen Antlitze drehen?

---

1 *Es folgen ähnliche Vergleiche mit einem Fechter und Lotsen.*

2 *Es werden noch weitere Beispiele angeben.*

Josua[1] floh scheinbar von den Bewohnern von Ai;[2] als aber diese die Stadt verließen, um ihm nachzusetzen, drang eine in den Hinterhalt gelegte Abteilung in die Stadt ein und verwandelte sie wie Troja in einen rauchenden Trümmerhaufen. Wehe über die, welche die Bewohner von Ai in ihrer Torheit nachahmen, wehe über die, welche nicht bekennen, dass, wenn die scheinbar auf der Flucht begriffenen Angreifer zerstören, wenn die scheinbaren Käufer verkaufen, wenn die einen Verlust vorgebenden Baissiers Erfolg haben, ein schlimmer Ausgang zu fürchten ist.

David weihte Gott nicht die Schleuder, sondern das Schwert, weil die Schleuder ihm selbst und das Schwert dem Philister gehörte. Er versuchte uns zu zeigen, dass der wahrhafte Sieg mit den eigenen Waffen des Feindes errungen wird. Wenn die Contremine sich der Engagements der Haussiers bedient, um sie niederzuwerfen, wer könnte leugnen, dass der Erfolg löblich und rühmenswert ist? Wenn die Waffen, mit denen die „Cabala" bekämpft wird, auf die Angreifer selbst gerichtet werden, wie kann man hoffen, dass nicht die Türme der Börse einstürzen und ihre Zinnen herabsinken?[3] Das Orakel antwortete den Bewohnern von Megara, dass an dem Tage, wo Waffen aus Bäumen entstehen würden, der Glanz der Stadt verloren gehen und ihr Ansehen ein Ende haben würde. In einem der Kriegsgöttin geweihten Hain waren die Trophäen aufgestellt. Mit der Zeit verwuchsen die Waffen so mit den Bäumen, dass sie nur eine Masse bildeten. Als nach einem Blitzschlag die Waffen wieder zum Vorschein kamen, erinnerte man sich dieses Orakels, sah, dass Waffen aus den Bäumen hervorgegangen waren, und hatte nach wenigen Tagen den Untergang der Stadt zu beklagen. Die (Ostindische) Kompanie gleicht einem Baum; wenn daher Waffen aus diesem Baum hervorgehen und sich

---

1 Josua 8–9.

2 Wortspiel, denn Ai ist nicht nur der Name einer Stadt, sondern bedeutet auch „wehe".

3 Die sich bekämpfenden Börsenparteien werden dann mit Brasidas verglichen, der, durch den Speer eines Feindes bedroht, mit demselben Schwert den Feind durchbohrt.

unsere Spekulanten dieser Waffen für ihre Zwecke bedienen und sogar die Waffen der Gegner benutzen, warum wundern wir uns dann, wenn das naive Publikum in den Blättern dieses Baumes oder in der von ihm geförderten Spekulation sein Unglück sieht? Wenn die Früchte des prächtigen Baumes der Kompanie ihre Aktien sind, so ist es natürlich, dass die Spekulation mit ihnen spielt, und so gerät auch der Baum der Kompanie ins Schwanken.[1] Es ist sicher, dass in Guatemala Geld auf den Bäumen wächst. Die Einwohner sind hierüber höchst befriedigt, sie finden Reichtum in der Nähe des Himmels, während wir glaubten, dass man Reichtum nur in der Nachbarschaft der Hölle begegnet; die Schlaumeier (an unserer Börse) pflücken wie jene Indianer die Reichtümer vom Baum (der Kompanie), in dessen Krone sie Schätze vermuten.

Kaufmann: Besitzen die armen Haussiers keine Mittel gegen diese Manöver?

Aktionär: Gewiss haben sie solche. Denn es gibt einen Schutz auch gegen die verwegensten Angriffe und selbst die größte Gerissenheit findet ihren Meister. Aber da für beide Teile der einzuschlagende Weg vorgezeichnet ist, fürchte ich, dass die beiderseitigen Manöver auf dasselbe herauslaufen. Ich werde daher die Beschreibung der von den Haussiers getroffenen Maßregeln mit Stillschweigen übergehen, um Weitschweifigkeit und Wiederholung zu vermeiden. Ich werde nur von den Praktiken einiger schlauer Makler berichten, die, wenn sie nicht gewissenlos wären, Beifall finden würden.

Man gibt zum Beispiel einem Makler den Auftrag, zwanzig Aktien zu verkaufen; wenn nun ein Haussier den Auftrag erhält, so beginnt er vor Angst zu schwitzen und vor Ärger zu rasen, denn wenn er zuerst die für eigene Rechnung gekauften Aktien verkauft, so fürchtet er, dass man es erfahren und ihn beschuldigen würde. Wenn er seine Aktien behält und die ihm in Auftrag gegebenen Verkäufe ausführt,

1 *Vergleich mit Bäumen Neros, die von einer Seite zur anderen schwanken.*

so fürchtet er einen Kurssturz infolge der Verkäufe, sodass er seine eigenen Effekten nur mit großem Verluste abgeben könnte. Schließlich entscheidet er sich, anständig zu sein, und versucht aus bloßer Angst, sein Interesse aufzugeben, um den ihm anvertrauten Aufträgen besser dienen zu können. Man überzeugt sich von der Verstellung, dies flößt der Contremine neuen Mut ein, es erhebt sich ein Geschrei: „Es sind Seeräuber an der Küste", es ruft einer: „Eine solche Person muss ein Abführmittel genommen haben", „Er verkauft, soviel er kann, für Winkelkundschaft", ein Dritter sagt: „Er hat Durchfall", wieder einer: „Er legt Eier", und alle einstimmig: „Er verpestet die Börse". Das sind die Ausdrücke, die bei diesen Vorfällen unsere Spekulanten gebrauchen und die bei dieser Gelegenheit üblich sind. All dies macht keinen Eindruck auf den schweigenden Makler[1], denn da er seinen Auftrag aufs Beste ausführt, so wird er es wohl als unangenehm empfinden, wenn der Auftrag vor Ausführung bekannt wird, aber es ist ein Schmerz, der nicht tief sitzt, denn da er ihn nicht ins Herz trifft, so fühlt er sich als Wohltäter, der keine Verluste verursacht.

Eine seltsame Krankheit beschreibt Seneca. Wenn Menschen vor den Augen ihren Schatten sehen, fliehen sie nicht vor ihm, sondern verlieben sich in ihre eigene Gestalt. Der Weise von Cordova[2] würde diese Sonderbarkeit besser verstehen, wenn er unsere Makler gekannt hätte. Sie denken nur an ihre Einkünfte und lassen sich nur durch ihr eigenes Interesse bestimmen. Im Altertum machte man Schröpfköpfe aus Metall in Form von Menschenköpfen. Diese Makler schröpfen das beste Blut und sehnen sich nur nach Metall. Der Makler, von dem ich rede, gleicht dem Purpurfisch, allerdings nicht in der königlichen Farbe, aber wie dieser versucht er, mit einer spitzen und harten Zunge zu verletzen und die Perlen der Muschel zu entreißen.[3] Der Makler

1 *Im Original Bruto.*

2 *Der Verfasser betrachtet Seneca, der in Cordova geboren wurde, als Landsmann und zitiert ihn öfters.*

3 *Der Vergleich wird noch weiter ausgeführt.*

macht auf eigene Rechnung Geschäfte, weil er eine prächtige Beute erwartet. Erhält er einen Auftrag, dessen Ausführung ihn nach einer Richtung bindet, die seinen eigenen Geschäften zuwiderläuft, so zittert sein Herz, das Aussehen verändert sich, es erhitzt sich die Sprache, es schnürt sich die Kehle zusammen, die Stimme wird ängstlich, der Atem stockt, und wenn er nicht geschickter als der arme Fisch aus der Gefahr herauskommt, so geht er elend zugrunde und stirbt als Narr ... Unser Makler verkauft, um dies zu vermeiden, im Geheimen seine eigenen Aktien, er versucht, die Schlange am Halse eines Menschen zu töten, ohne ihn zu verletzen,[1] denn er versucht, den Schaden zu vermeiden ohne Verletzung der Order, um den erteilten Auftrag zu erfüllen. Besser wäre es, diese Schwierigkeiten zu vermeiden und sich das Herzklopfen zu ersparen. Was nützt es ihm, etwas zu verdienen (wenn er überhaupt etwas verdient), wenn er mit Einbußen seines Kredits die Courtagen verliert und nach Verlust der Courtagen um sein Vermögen kommt? Ein Soldat Maximins hielt einen Lederbeutel voll Diamanten für wertlose Steine und behielt nur den Beutel.[2] Ich bezweifle nicht, dass unser Makler ebenfalls nur den Beutel behält. Aber kann es eine größere Torheit geben, als deshalb die Diamanten zu vergessen?

Bemerkenswerter ist, wenn ein uneigennütziger Makler eine große Order klug und gewandt auszuführen versucht. Denn wenn er kaufen (oder verkaufen) will, so richten sich alle seine Bemühungen darauf, schnell zunächst einige Aktien zu erhalten, damit er nachher den Rest glücklich und erfolgreich einhandeln kann, denn um seine Ansicht zu verbergen, bietet er den Posten bald an, bald hält er Nachfrage; wenn man ihm dann die Effekten aufdrängt, so ist seine Absicht erreicht, wenn man sie wegnehmen will, so hat er sie schon gekauft und erhält ohne Kursänderung doppelte Courtage, er führt seinen Degen

1 *Dieser Vergleich ist noch breit ausgeführt.*

2 *Es folgt ein ähnlicher Vergleich, der Indianer betrifft.*

mit rühmlichster Gewandtheit und benimmt sich so nett, dass man bedauert, wenn er nicht immer Erfolg hat.

In den Spielhäusern heißen die auf Kartengeld rechnenden Spieler Kapitäne und das Kartengeld heißt Tau.[1] Diese eifrigen Makler sind die loyalen Kapitäne ihrer Auftraggeber, da sie tapfer für sie kämpfen und für sie keinen Hagel, sondern Tau, keine schlimmen, sondern günstige Umstände erwarten. Ihr Verdienst ist geringer, aber rechtlicher und sicherer.[2] Wenn ein Possenreißer bei Menander die Rolle des Herkules spielte und, außerstande die Keule zu schwingen, diese durch einen leichten Stab ersetzte, so ergänzt auch hier die Betriebsamkeit die Stärke; Geist und Kühnheit (des Maklers) vermögen auch bei ungünstiger Börsenstimmung den Erfolg zu sichern, der dadurch nur um so bewunderungswürdiger wird. Erhält dagegen ein anderer Makler, der bereits für eigene Rechnung in der Baisse ist, eine Verkaufsorder, so gibt es nichts, was der freudigen Stimmung des Maklers gleichkommt.

Die Schildkröte bringt ihre Eier zur Reife, wenn sie dieselben nur anblickt. Auch die Makler brauchen ihrem Auftraggeber nur ins Gesicht zu sehen, um ihre Pläne zur Ausführung zu bringen. Aber wenn der Makler in seinem Beruf rechtlich ist, so führt er voll Ehrgefühl und Eifer die Order aus, schätzt ein loyales Verhalten höher als den eigenen Verdienst, verschweigt, soweit möglich, den Zweck und gibt sich alle Mühe, auf die Stimmung der Börse nicht einzuwirken, im Vertrauen, dass auch neue Nachrichten seine Meinung nur rechtfertigen und bestätigen können. Ist er dagegen eine einfältige Seele oder ein Laffe, der keine Seele hat, so vertraut er seinen Auftrag als Geheimnis den größten Schwätzern an, damit alle zur Baissepartie Gehörigen davon Kenntnis erhalten. Infolgedessen sinkt der Kurs der Aktien, und wenn der Makler zum Verkauf schreitet, so liegt auf den für fremde Rechnung

1 *Es ist ein Wortspiel beabsichtigt: Rocio heißt der unreelle Gewinn im Spiel, aber auch „Tau".*

2 *Es folgt ein unwesentlicher Hinweis auf ein Verbot der Römer.*

verkauften Stücken ein größerer Verlust, während er an den für eigene Rechnung bereits abgegebenen Posten einen größeren Verdienst hat. Wenn der feige Knecht, von dem ich spreche, beständig seine Haltung wechselt,[1] wie kann dann sein Kunde[2] sich aus den Schlingen befreien?

Die Besitzer von Spielhäusern nennen die Spanier Löwenwärter *(leoneros)*, und die Spielmarken pflegen Speisen in diesen Spielhäusern zu heißen. Wie diese Löwenwärter versuchen auch die erwähnten Makler, die Löwen der Börse, alles, was ihnen begegnet, zu verschlingen, ob es Geld oder Spielmarken sind, mag die Karte ein König, eine Dame, ein Ober sein, mag die Order von wem immer lauten, alles verwirrt und vermengt die Bosheit, Anmaßung und ihr Ehrgeiz. Du brauchst nicht zu fürchten, sagte ein Eisentopf zu einem irdenen Topf, die von der Gewalt des Stromes fortgerissen wurden, dass, mag ich an dich stoßen oder du an mich, ich und nicht du in den Wellen umkomme. Unglücklich ist der Kaufmann, der sich mit einem Makler von diesen Eigenschaften unter schwierigen Umständen einlässt. Es ist immer das arme Tongefäß, das am schlimmsten bei einer Gefahr wegkommt. Denn die Tätigkeit dieser verräterischen Makler wirkt wie Gift auf den Betroffenen.[3]

Unsere Spekulanten besuchen bestimmte Lokale, die, weil ein gewisses Getränk, genannt Coffy von den Holländern und Caffe von den Levantinern, verabreicht wird, Coffy-Huysen oder Kaffeehäuser genannt werden.[4] Die gut erwärmten Räume bieten im Winter einen angenehmen Aufenthalt und es fehlt dort nicht an vielfacher Unterhaltung;

---

1 *Der Makler wird mit einem Tier verglichen, das in jedem Element eine neue Gestalt annahm.*

2 *Der Kunde des Maklers wird mit dem Vogel in der Schlinge, dem Fisch an der Angel, dem Wild im Netz und dem Phönix in den Flammen verglichen.*

3 *Der Makler wird mit einer Quelle bei Gerona verglichen, deren Wasser eine giftige Wirkung ausübt und augenblicklich tötet.*

4 *Aus dieser Beschreibung geht hervor, dass die Kaffeehäuser damals etwas ganz Neues waren. In der Nähe der Börse befanden sich: Café Francois, Café Rochellois, Café Anglais, Café de Leyde etc. Berg, Refugies, S. 328.*

man findet Bücher, Brettspiele und trifft Besucher, mit denen man diskutieren kann. Der eine nimmt Schokolade, andere Kaffee, Milch, Tee, fast alle rauchen, wenn sie plaudern, alles das verursacht geringe Ausgaben, dabei erfährt man Neuigkeiten, debattiert und schließt Geschäfte ab. Betritt nun ein Haussemakler ein solches Kaffeehaus in den Börsenstunden, so wird er von den Anwesenden nach dem Kurs der Aktien befragt, er fügt 1–2 Prozent zum Tageskurs hinzu und zieht ein Notizbuch heraus, um fingierte Geschäfte einzutragen. Das Verlangen, Aktien zu kaufen, wächst, es wächst auch die Befürchtung, dass sie noch mehr steigen (denn darin sind wir uns alle gleich, dass wir, wenn sie steigen, glauben, dass sie emporfliegen, und wenn sie hoch gegangen sind, dass sie uns fortlaufen). Man gibt daher dem schlauen Makler den Kaufauftrag, dieser aber antwortet, um verschmitzt seinen Zweck zu erreichen, er habe so viele anderweitige Orders, dass er nicht dienen könnte. Der naive Anfrager glaubt an die Aufrichtigkeit der Versicherung, sein Wunsch zu kaufen wird heftiger und er gibt eine unlimitierte Order einem anderen Makler. Sobald der Schlaumeier davon erfährt, eilt er an die Börse und bietet mehr als den Tagespreis für die Effekten. Der andere Makler, der uninteressiert ist, kauft auch zu dem erhöhten Kurs, weil er glaubt, dass für die Kursänderung und das Anlagebedürfnis neue Gründe maßgebend seien. Zuweilen erhält sich die Kurssteigerung und aus der Torheit ist ein Erfolg geworden, der anscheinende Irrsinn gilt als Klugheit.[1] Eines Nachts wurde ich von Gichtschmerzen gepeinigt (das Schicksal will anscheinend alle wissen lassen, auf welchem Fuß ich hinke) und begann, als ich ein Gefäß mit eingelegten Kirschen auf einem Sessel erblickte, mir rasend vor Schmerz mit dem Sirup das Knie einzureiben, und der Schmerz hörte auf, ich weiß nicht wie, und ich verfiel wieder in

1 Es werden babylonische und griechische Gebräuche über Krankenbehandlung angeführt.

Schlaf, ohne einen Grund dafür zu erkennen. Ähnlich wunderbar ist es, dass die Aktien steigen, wenn man nur von einer Kurssteigerung spricht, aber es gibt so seltsame Heilmittel, dass sie die Ärzte für fabelhaft erklären, während die Erfahrung ihre Wirksamkeit bestätigt.

Einer der feinsten Schliche, die in diesen Kreisen gebräuchlich sind, ist, dass sich einige Haussiers für Baissiers ausgeben. Das geschieht aus zwei Gründen, erstens, weil die Gegner sich einbilden, dass, wenn sie noch eine Aktie von den zurückgehaltenen oder verborgenen Stücken kaufen, die andere Partei ihre Ansicht geändert hat, und anstatt ihr goldene Brücken zu bauen, versuchen sie, sie völlig zu verdrängen. Die Haussiers ändern nun den Kurs, damit sie (die Baissiers) teuer die ihnen fehlenden Stücke anschaffen. Sie erreichen so ihren Zweck und besiegen so durch Verstellung ihre gehässigen Feinde und täuschen vorsichtig die Gegner, die sie zu täuschen versuchten.

Zweitens verfallen diese Spekulanten hierauf, damit sie bei plötzlichen Zwischenfällen ohne Panik verkaufen können. Da die Zugehörigkeit dieser Spekulanten zur Contremine für zweifellos gilt, so eilen die Haussiers wütend herbei, um die von jenen angebotenen Aktien aufzunehmen, in der Annahme, dass sie für ihre Meinung eintreten und ihr ein Opfer bringen müssen.

Einer[1] versucht auszukundschaften, was in einer Gruppe (an der Börse) vor sich geht. Er steckt deshalb zwischen den Armen der die Gruppe bildenden Personen den Kopf durch (wobei er auch unangenehme Ausdünstungen nicht scheut), er hört dann, dass man allgemein für die Aktien 8 bietet, ohne dass jemand gibt, er wendet sich dann um, kommt von der anderen Seite hinein, als ob er nichts gehört und ohne Rücksicht auf den Kurs eine Kauforder hätte, er

1 *Ein Makler.*

beginnt 8 ½ zu bieten,[1] seine Mitläufer werden mutig, sie bieten 9 und schließlich erweckt die gelungene List Jubel und erhält Beifall. Legt man einen Zitteraal zwischen tote Fische, so bewegen sich diese wieder, wenn sie von seinem Schlag getroffen werden; die Haussiers scheinen tot zu sein, bevor sie dieser Makler mit seiner Stimme, seiner Lüge, seinem Mut erweckt und wiederbelebt. In allem, was er unternimmt, ist er lebhaft und quecksilbern, und der lebendige und unruhige Spitzbube vermag sogar die Auferweckung der Toten zu bewirken. Wenn beim Anblick des Wolfes das Vieh verstummt und die Wasserkröte sich blass färbt, sobald man sie ansieht, was ist es da wunderbar, dass auch die Baissiers bei einer solchen Gelegenheit verstummen und blass werden? Hat sich nun der hinterlistige Mensch in eine Gruppe eingedrängt und erkannt, dass die Gegner vom Schrecken erfasst sind, so fährt er mit den Offerten fort, steigert den Kurs jeden Augenblick um ein Point, bis einer von der Gegenpartei versucht, diesen Goliath zu erlegen. Er gibt sechs Aktien für 1 Prozent weniger ab, als geboten wird. Der Makler erstaunt sowohl über die Größe des Schlusses als auch über den Mut des Gegners. Da er nicht mehr den Auftrag hat, so viel Aktien zu kaufen, als der andere möglicherweise verkaufen kann, so verstummt er wie ein ägyptischer Hund (eine bei solcher Bedrängnis übliche Redensart) und bestätigt der Versammlung, dass jedes Feuer durch ein anderes Feuer vernichtet wird und dass es für jedes Gift ein Gegengift gibt. Dieser Makler stand sehr aufgeblasen an der Börse, niemand schien ihm ins Herz zu sehen, niemand sein schlaues Manöver zu durchschauen, er fand aber einen scharfsinnigen Gegner,

---

1 *Aus dieser Stelle geht hervor, dass die Kurse in Amsterdam ebenso in abgekürzter Form ausgerufen wurden, wie dies an den heutigen Börsen üblich ist. Ebenso wie man heute in Berlin den Kurs deutscher Bankaktien nicht mit 263 ½, sondern nur mit 3 ¼ angibt, so sagt hier der Makler 8 ½, um einen Kurs von 588 ½ für ostindische Aktien zu bezeichnen. Nach Thomas Mortimer, Every man his own broker or a guide to the Stock-Exchange, XI. Ed., 1791, S. 101, 123 waren derartige Abkürzungen auch an der Londoner Börse üblich. Angeblich soll die Lungenkraft der Makler nicht ausgereicht haben, die vollen Zahlen auszurufen.*

der ihm gewachsen war.[1] Der hinterlistige Makler wartete mit offenem Munde ab, ob jemand ihm nahen würde, er hatte so viel aufgenommen, dass es ihm schon beschwerlich fiel. Die Beute schien ihm sicher, weil niemand sich ihm widersetzte; da erschien plötzlich ein Gegner, der wie ein Vogel ihm das Fleisch aus den Zähnen und den Bissen aus dem Munde nahm.[2] Neben dem niedergeschlagenen Makler bleibt ein zorniger Kaufmann stehen, es verdrießt ihn, dass sein Raufbold[3] verwirrt ist und der andere Makler tollkühn sechs Aktien abgibt; er stößt daher den Haussemakler mit dem Ellbogen, damit er sie abnimmt. Hier ist die Meerenge von Gibraltar für eine der beiden Fraktionen (der Börse). Denn wenn jener[4] die Order kennt und sich, ohne sein Einverständnis zu erklären, zurückzieht, so werden die Leute jener Partei (der Haussiers) nicht froh, sondern werden starr wie Bildsäulen. Wenn aber die Aktien (von der Gegenpartei) weggenommen werden und (der Haussemakler) seine Aufgabe nennen soll, so bleiben seine Anhänger auch starr vor Entsetzen. Denn jetzt zeigt sich, dass er gar nicht imstande ist, sich für die Aktie verbindlich zu machen, denn den angeblichen Auftrag hatte nur seine Verwegenheit veranlasst und nur sein Neid hervorgerufen. Vorbei ist das Gelächter, vorbei die Ruhe, vorbei der Ruhm. Es bleibt nur übrig, um *guenade* (was Verzeihung in unserer Sprache bedeutet) zu bitten oder kümmerlich hinwegzugehen, um das Geschäft würdevoll zu beenden. Wenn aber der feige (oder kluge) Makler, auch wenn man ihm Ellbogenstöße oder Fußtritte gibt, nicht zu sagen wagt: „Sie sind mein", weil er nicht weiß, wer ihm den Rat erteilt, so lässt er die Tabakdose, eine Taschenuhr[5] oder einen Schlüssel

---

1 *Der Makler und sein Gegner werden mit Totila und Narses verglichen, in deren Kampf eine Kriegslist durch die andere überboten wurde.*

2 *Der Makler wird mit einem Krokodil verglichen, dem ein kleiner Vogel das Fleisch aus dem Maul nahm.*

3 *Jayan heißt „Raufbold", aber auch „Zuhälter".*

4 *Der Haussemakler.*

5 *Vergleich des Taschentuches mit einem Leichentuch, der Tabakdose mit einem Grabe.*

fallen und versucht, unbemerkt an dem Aufheben der Gegenstände zu erkennen, wer ihn ermutigt. Gefällt ihm die Person, so rast er, weshalb die Aktien abgegeben werden, und wenn der Abgeber klug genug ist, das Spiel zu durchschauen, so hört er auf und unterlässt das Geschäft, das nur ein flüchtiger Funke war. Wenn aber unser Schlaukopf merkt, dass sein mutiger Gegner den Schwindel nicht erfasst hat, so versucht er ihn herauszubeißen, um zu sehen, ob er die 3.000 Pfd. (Aktien) abgeben wird. Hierbei zeigt sich (der Haussemakler) gemein; denn wenn von einem gemeinen Mann sprichwörtlich gesagt wird, dass man ihm den Fuß gibt und er die Hand nimmt, so nimmt der Makler die Hand des Konkurrenten und verpflichtet ihn mit vier Handschlägen, die wehtun und ihn ärgern, dass anstelle von sechs Aktien er 20 liefert. Nach dem Handschlag versucht er auf verschiedene Weise, dem verzweifelten Gegner Lust zu machen, und um den Verrat mit einer Schicht von Höflichkeit zu überziehen, sagt er diese schönen und liebenswürdigen Worte: „Siehst du nun, Freund, wie sehr ihr mit Wohlwollen dein Interesse wahrgenommen habt, mehr als du selbst konntest? Bemerkst du nicht, dass, obwohl ich eine Order hatte, 100 Aktien zu kaufen, ich nicht die sechs Aktien, die du abgeben wolltest, zu fassen versuchte, weil ich gesehen habe, dass du mehr um des Kredits als des Geschäftes willen mit einem gewissen Unwillen handelst. Was sagst du zu meiner Zuvorkommenheit? Was denkst du von meiner Loyalität?“ Der andere, für den jedes Wort des Gegners ein Dolchstoß ist, erwidert, rasend und von Ehrgefühl gepackt, dass alles Geschwätz ist, dass der Gegner keine Order hatte und dass er vorher ihm die Rücksicht verdanke, dass er die sechs Aktien nicht aufgedrängt habe, da er einen großen Verkaufsauftrag hatte; es erwidert der erste, der zweite setzt den Streit fort, bis der letztere wütend ausruft, um klar zu erkennen, auf wessen Seite der Edelmut wäre und wer das Feld behaupte, gäbe er noch die sechs Aktien zu dem Kurs, zu dem er sie vorher angeboten hatte. „Sie sind mein“, sagte der (Haussemakler), der auf diese Wendung gerechnet hatte und zu diesem Zweck die ganze Sache eingefädelt hatte. So endet diese Komödie.[1]

Die Art, den anderen aus dem Geschäft herauszubeißen, ist so wirkungsvoll, dass nur selten das Ziel verfehlt wird. Wenn jemand seine Partei bedrängt sieht, so wird er rufen: „Herausbeißen, (ihr tapferen Leute), herausbeißen, um zu siegen, der Anreiz und die Aufmunterung werden zum Erfolge beitragen".[2]

Aber da das Stoßen mit Ellbogen und Füßen leicht bemerkbar ist, so versuchen andere, sich durch Blicke zu verständigen. Sie verspotten, was ihnen gut dünkt, indem sie durch Blicke das, was sie gernhaben, bezeichnen, deuten sie auch das an, was sie verabscheuen.

Wenn die Makler wie ein fabelhaftes Tier[3] nach allen Richtungen hin sehen könnten, so könnte man ihre Wachsamkeit nicht täuschen, denn wenn sie auf alle und alles achten würden, so würden ihre Bemühungen erfolgreich sein. Aber da ihnen die Augen fehlen, um die Sprache so vieler Augen zu verstehen, so öffnen sich ihnen die Augen erst wie Adam nach dem Fall.[4]

Auf drei Arten kann der Kauf oder Verkauf von Aktien eingeleitet werden: „Ich gebe sie Ihnen zu diesem Kurs" oder man sagt: „Ich gebe sie zu diesem Kurs", ohne nähere Bezeichnung. Oder man sagt: „Ich gebe sie zu diesem Kurs jedem, der sie haben will". Wer sagt: „Ich gebe sie", dem bleibt kein anderer Ausweg, als auf Verlangen um jeden Preis zu liefern, und wenn man den Zerknirschten nicht im Guten von seiner Verpflichtung befreit, so bleibt ihm nur übrig, zu beten, zu klagen und zu erdulden. Wer sagt: „Ich gebe sie jedem, der sie haben will", setzt sich einer großen Gefahr aus, denn es gibt Leute, die auf ein so weitgehendes Angebot rechnen, als ob davon ihr Lebensunterhalt

1 *Der Vergleich mit der Komödie wird weiter ausgeführt.*

2 *Vergleich mit dem Landmann Glaukos, der bei den Olympischen Spielen infolge des Zurufs seines Vaters siegte.*

3 *Dieses Tier wird nach Diodor beschrieben.*

4 *Ein weiterer Vergleich mit Jonathan besagt dasselbe.*

abhinge. Da der Stand, das unbedeutende Kapital, das geringe Ansehen und die geringe Vertrauenswürdigkeit solcher Personen bekannt sind, so wagen sie kein Geschäft zu machen. Hören sie aber von dem freigebigen Entgegenkommen unseres Großsprechers, so bestürzen sie ihn schnell mit dem Ausruf: „Sie sind mein!" So wird er für sein Vertrauen gestraft und hat seine Unüberlegtheit zu bereuen. Wer nur sagt: „Ich gebe", tut das in zweideutiger Absicht, und deshalb pflegt der Sprecher kein Prophet zu sein. Denn sein Wunsch ist es nicht, zu verkaufen, sondern die Kurse zu werfen; will jemand abnehmen, so antwortet er prompt: „Ich gebe, aber nicht Ihnen", und da man ihn zu nichts anderem verpflichten kann, weil er streng genommen nur sagte „Ich gebe", so kämpft er immer mit einem zweischneidigen Schwert und einer doppelläufigen Pistole.

Dass es einen Makler gibt, der seine Kontrakte (wenn man sich mit seinem Namen begnügt) N. N. *für Aufgabe* unterzeichnet, das wundert mich nicht. Es verleitet ihn dazu die Sucht, auf eigene Rechnung zu handeln, und er wählt diese Art der Unterzeichnung, um anzudeuten, dass das Geschäft doch nur für Rechnung seines Kunden geht. So versteht er seine Habsucht zu bemänteln und die Torheit zu beschönigen. Mehr wundert mich, dass schon seit langer Zeit einige unternehmende Makler eine Firma für ihre Vermittlungen und eine andere Firma für Börsengeschäfte auf eigene Rechnung führten; bei Lieferung der Effekten bezeichneten sie sich selbst als Aufgabe und ließen glauben, dass die Änderung des Namens eine tatsächliche Änderung bedeute. Ein Mann mit seiner Frau versuchte in einem Wirtshaus für eine Person zu bezahlen, indem er sich auf das Wort Gottes berief, dass Mann und Weib eins seien. Als aber der Gastwirt sah, dass sie sich sophistischer Begründungen zu seinem Schaden bedienten, versuchte er, sie mit ihren eigenen Waffen zu schlagen, und verlangte, dass die zwei für elf bezahlten, denn wenn zwei eins sind, so ist eine zweimal nebeneinander gesetzte eins elf. Es scheint, dass das Vorgehen der durchtriebenen Makler mit der Schlauheit des Gastwirts sich deckt, denn jeder von ihnen versucht sich einzubilden, dass er eine Fünfzahl ausmache, da er im selben Augenblick die Rolle eines Maklers, Kaufmanns, Kontrahenten, Advokaten und Richters spielt. Und ich glaube auch, dass sie es halb so billig tun wie der Wirt, denn die Hälfte von 11 ist 5 ½.[1]

Mit Recht aber ist eine Börsenpartei bestürzt, wenn der einflussreichste und geschätzteste der Makler, der sie bisher beschützte, sie verlässt. Dieser dient (so nehmen wir an) den auserlesensten, vermögendsten und unternehmungslustigsten Männern der Börse; seine Kunden sind Haussiers, und der unparteiische Makler hat sich bemüht, immer das Möglichste im Interesse seiner Herren zu tun. Da erkennt eines Tages ein scharfsinniger Baissier, dass der Kurs der Aktien zu wanken beginnt. Um den Kursrückgang zu befördern, gibt er dem Makler den Auftrag, zehn Aktien zu verkaufen, ohne jedoch den Namen des Auftraggebers zu nennen. Er führt die Order ehrenhaft, gewandt und diskret aus, weil er nur seine Courtage verdienen will, obgleich er offenkundig seinen Freunden schadet. Da wundert sich sein Gefolge, und man fragt ihn, ob er für seine Leute verkaufe. Die fragen ihn, ob er etwas Neues weiß. Er antwortet nicht. Man wünscht zu wissen, ob er viel abzugeben habe. Er verstummt. Um ihm daher etwas Übles anzutun und ihn an einem nutzbringenden Verkauf zu hindern, werfen seine früheren Anhänger, die über seine Sinnesänderung und seinen Verrat wütend sind, den Kurs, lassen ihren eigenen Nutzen außer Betracht und beschuldigen ihn der Undankbarkeit. Kommt dann die Wahrheit heraus, die geschickt verborgen wurde, so hat der Baissier, welcher den Auftrag gab, bereits seinen Zweck erreicht, Zwietracht gesät, den Kurs geworfen und kann sich eines vollständigen Erfolges rühmen.[2]

---

1 Die Makler werden weiterhin mit einem Schauspieler bei Horaz verglichen, der die Rollen eines Stückes allein spielt. Die Makler beziehen nur 5 ½, weil für Geschäfte, die die Makler untereinander machten, nur halbe Courtage berechnet wurde.

2 Der Verfasser behauptet dann von den Spekulanten, dass sie ein Herz von Stein hätten, das nicht zu durchschauen sei. In diesem Zusammenhang ist weiterhin von den durchsichtigen Steinen, aus denen Nero einen Tempel baute, die Rede.

Bemerkt ein Haussemakler, dass zwei andere um einen Posten Aktien miteinander verhandeln, so wünscht er, dass derjenige, der sie nicht zu nehmen wagt, weil der Gegner sie anbietet, das Geschäft trotzdem mit diesem macht. Er gibt einen Wink, dass er sie nehmen soll, der Anbieter hält sich zurück, sei es aus Überdruss, sei es, weil ihm die Sache nicht klar ist. Um ihn zu bekehren, verwandelt sich der Haussemakler in einen Baissier, er wettet mit der Person, die kaufen will (mit der er im Einverständnis ist), um einen Dukaton, dass sie, wenn man die Aktie wieder abgeben würde, keine Lust zum Kaufe hätte. Nun versucht er, an der Wette den Mann zu interessieren, der sich über den Verkauf nicht schlüssig wurde, damit er jetzt die Aktie abgibt. Und wenn auch jetzt der Mann nicht anbeißt, so macht er ihm Mut mit den Worten, dass er, der Makler, sich an dem Kauf beteiligen würde. Nun fasst der bedenkliche Käufer einen Entschluss und wird über den Kauf ohne die halbe Aktie einig, während der Verkäufer glaubt, dass er die andere halbe Aktie anderweitig (an den Makler) vergeben kann. Ein aus Rom nach Afrika Verbannter hatte dem König von Mauretanien einen Brief mit folgendem Inhalt auszuhändigen: „Tue dem Überbringer weder Gutes noch Böses." Auch an unserer Börse gibt es Leute, die weder Gutes noch Böses tun und sich wie Adam vor dem Sündenfall im Unschuldzustand befinden. Aber es gibt auch viele, wie der eben geschilderte Makler, die unter der Decke von Höflichkeit derartig Harmlose übertölpeln, durch scheinbare Freundlichkeit sie verraten und durch wertlose Gefälligkeiten sie vernichten. Einzelne sind in derartigen Erfindungen unerschöpflich, aber gerade darum erreichen sie nicht ihren Zweck. Die Haussiers verbreiten 1.000 Gerüchte über die Aktien, von denen jedes genügt, die Kurse hochzutreiben. Tausend Erfindungen der Contremine versuchen, eine Verstimmung der Börse herbeizuführen. Bestätigen sich aber die Prahlereien, so stellen sich doch die Tatsachen als weniger bedeutungsvoll heraus. Weiß man daher, dass ein Umstand nicht so ungünstig ist, wie man befürchtet hat, so steigen trotz der Verschlechterung der Lage die

Kurse. Umgekehrt tritt ein Rückgang ein, wenn ein günstiges Moment hinter den Erwartungen zurückbleibt. Wenn ein schlauer Makler 2.000 Pfund kaufen muss, so kauft er, um den Anschein zu erwecken, dass er mindestens 20.000 Pfund[1] nimmt, zunächst nur 1.000 Pfund. Sobald er nun sieht, dass ein anderer ebenfalls kauft, sei es, um sein Beispiel nachzuahmen, sei es, um ihm zu schmeicheln, so nähert er sich diesem und spricht zu ihm mit einer angsterfüllten, gedämpften Stimme (aber doch so deutlich, dass es diejenigen, die sich abmühen, es zu hören, verstehen), er bittet den anderen um Gotteswillen, ihn nicht zu ruinieren und nicht die Kurse zu beeinflussen, denn er habe noch ungeheure Posten zu verhandeln und wenn Beunruhigung eintrete, so würde das Geschäft scheitern und sein Verlust unausbleiblich sein. Jetzt hält die Börse das, was nur List ist, für eine ernste Bemühung; jetzt fangen alle an zu kaufen, um den Nutzen mitzunehmen, der nach der Tendenz zu erwarten ist. Obgleich der Erfolg nicht ganz sicher ist, so ist der Trick häufig vorteilhaft. Es riet der böse Geist der Eva, von dem verbotenen Baum zu essen, damit sie unsterblich würde. Wäre dies möglich gewesen, so hätte der böse Geist seinen Rat nicht erteilt, denn er gab Ratschläge nur zu seinem eigenen Nutzen. Genau so handeln die bösen Geister an unserer Börse. Wenn sie dagegen, wie zuletzt geschildert, ihre Freunde zu überreden versuchen, Aktien nicht zu kaufen, damit sie selbst sie kaufen, und sie ersuchen, die Preise nicht zu beeinflussen, um sie gerade zu ändern, so hat ein solcher Kunstgriff beinahe etwas Göttliches an sich.[2]

Wünscht ein großmütiger Makler einen Verwandten zu begünstigen, so geht er hundertmal um ihn herum, ehe er die erforderlichen Mitteilungen machen kann, ohne dass die darauf Lauschenden sie hören.

---

1 Im Original ist nur von 20 Pfund die Rede, doch muss dies nach dem Zusammenhang auf 20.000 Pfund ergänzt werden.

2 Der Verfasser nennt dieses Verhalten göttlich deshalb, weil es, wie er weitschweifig ausführt, demjenigen glich, das Gott Moses gegenüber beobachtet, als er wegen des goldenen Kalbes in Zorn geriet.

Aus Besorgnis hierüber werden verstümmelte Worte gebraucht, und hieraus entstehen Missverständnisse, da oft das Gegenteil von dem, was beabsichtigt war, vernommen wird. Eines Tages habe ich einen Herrn, der sich in meinem Interesse Mühe gab, gefragt, was nach seiner Ansicht geschehen solle. Er antwortete mir aufgeregt: „Ven"; ich glaubte, dass er mich riefe, ich folgte ihm und bemerkte, dass er in einem Lokal vier Aktien kaufte, ohne mir weiteres zu sagen. Ich vermutete nun, dass das „Ven"[1] bedeuten solle, dass ich ihm folgen, und die Käufe, dass ich ebenfalls kaufen solle. Höchst befriedigt über die Weissagung, eilte ich zur Börse, kaufe dort mein Pöstchen Aktien, als ich plötzlich bemerke, dass mein Ratgeber acht Aktien auf einmal losschlägt. Ich beklagte mich nun gekränkt, dass er mich aufgefordert habe, mich seinem Vorgehen anzuschließen, und dass er mich in einer verletzenden Weise getäuscht habe. Aber er versicherte mir und bestätigte die Behauptung durch weitere Verkäufe, dass er die im Geheimen gekauften Aktien nur gebraucht habe, um die Position der Gegner zu erschüttern. Auch hätte er mir genug zum Verkauf geraten, als er mir wiederholt „Ven" zugerufen hatte. Deutlicher hätte er sich nicht aussprechen können, damit es niemand hörte. Bei anderer Gelegenheit habe ich denselben Freund befragt, wie eine erfolgreiche Spekulation gesichert werden sollte. Umgeben von vielen Personen, die aus den Gebärden die Entschlüsse erraten wollten, konnte er mir nur andeutungsweise antworten: „Karl der Fünfte". Ich bildete mir ein, dass er mit dem K von Karl mir bedeuten wollte, zu kaufen. Aber, da man statt Karl der Fünfte auch Karl V. schreibt, wollte er mich durch das V wissen lassen, dass ich verkaufen solle. Ich war über den Rat, durch den ich um mein Geld gekommen war, mit Recht entrüstet.[2]

---

1 Ven ist die erste Silbe von vender „verkaufen", aber auch die erste Silbe von venir „kommen, folgen".

2 Das Wortspiel lässt sich nicht wiedergeben. Im Original ist ein Wortspiel mit carlancas „Halsbänder", auch „List", und carlines „Silbermünzen" beabsichtigt. Es folgen noch zwei geschichtliche Beispiele, die lediglich zeigen sollen, dass ein beabsichtigter Erfolg oft ins Gegenteil umschlägt.

Ihr seht, wie ein Geschäft durch Missverständnis sich verändert, wie eine Täuschung kühne Entschlüsse vereitelt und wie der Lärm die beabsichtigte Wirkung aufhebt. Es ist nicht wunderbar, dass man den Rat des besorgten Maklers nicht versteht, wenn die undeutlich gesprochenen Worte im Getöse der Börse verhallen. Der Sinn eines Wortes, das man in verschiedenen Silben teilt, wechselt vollkommen. Als zum Beispiel das Orakel *PAEDOIS*, das heißt „Söhne“, Alexander gegeben wurde, machten die Wahrsager durch Silbentrennung *PAE-DIOS* daraus, was „Sohn des Zeus“ bedeutet.[1] Wenn daher der Makler das Wort *vender* trennte und mir statt „Vender“ nur „Ven“ sagte, so musste ich mich ebenfalls irren.

Eine erbärmliche Gemeinheit ist folgende unter dem Schein der Gefälligkeit verborgene Handlungsweise einiger weniger Makler, die allerdings als unanständig gelten. Sie raten, obwohl sie Auftrag zum Kauf haben, einem intimen Freund zu verkaufen. Noch schlimmer ist es, dass sie zum Verkauf der Aktien veranlassen, die sie selbst dem Betreffenden von anderer Seite aufgedrängt haben, als ob es nicht sehr leicht wäre, die Ahnungslosen zu täuschen, ohne dass aber deshalb die Treulosigkeit zu billigen wäre. Führen solche Ratschläge nicht ebenso zum Ruin wie der Rat, den Husai dem Absalom gab?[2] Ebenso wie die Reden des bösen Geistes führen auch die Behauptungen dieser Menschen zum Untergang.[3]

Auf das Haupt Susannes legten die Richter, als sie zum Tode verurteilt war, die Hände. Denn in der Welt tötet man häufig, wenn man schöntut, und schmeichelt, wenn man tötet. Man legt liebevoll die Hände auf das Haupt des Verbrechers und steinigt ihn dann mit derselben Hand. Die Freunde Kastor und Pollux wurden unter die Sterne versetzt, denn wirkliche Freundschaft findet sich nur im

---

1 *Es folgen noch eine ganze Reihe ähnlicher Beispiele.*

2 *2. Samuel 15, 16.*

3 *Dies wird noch näher unter Hinweis auf Eva ausgeführt.*

Himmel.[1] Handeln nicht die falschen Spieler an unserer Börse, die zum Verkauf raten, wenn sie kaufen wollen, ähnlich wie die Richter der Susanne? Bestätigen sie nicht die Ansicht, dass die Freundschaft nur über den Sternen wohnt?[2]

Es gibt zwei Arten von Musik, die Instrumental- und die Volksmusik; wie jedoch Boethius behauptet, gibt es noch eine dritte Art, die kosmische Musik.[3] Der Mensch ist ein Mikrokosmos, daher dürfte auch die dritte Art der Musik bei den menschlichen Handlungen nicht fehlen und die Taten sollten derart mit den Worten übereinstimmen, dass *Misslaute* und unangenehme Dissonanzen vermieden werden; aber die geschilderten Börsenleute sind schlechte Musikanten, sie singen mit der Stimme Jakobs und schlagen Takt mit den Händen Esaus.[4]

Felix Platter berichtet mit Verwunderung, dass ein Mensch das Herz nicht am rechten Platz hatte. Er hätte darauf kein Gewicht gelegt, wenn er genauer beobachtet hätte, was sich unaufhörlich in der Welt begibt. Der Aufrichtige hat das Herz im Munde, der Freigebige in der Hand, der Feige hat kein Herz oder es fällt ihm bei Gefahr in die Hosen. Die Meerassel hat das Herz im Bauch. Ebenso haben die von mir gebrandmarkten Makler das Herz im Bauch, denn da sie sogar das Herz ihrer intimsten Freunde verzehren, so haben sie den Bauch voll von Herzen.[5]

---

1 *Es werden noch mehrere Beispiele von feindseligen Handlungen, die unter dem Schein der Freundschaft erfolgen, angeführt.*

2 *Ohne etwas Neues beizubringen, verfolgt der Verfasser denselben Gedanken, indem er auf das Tier des Osiris, das eine Taube zu sein schien und in Wirklichkeit eine Schlange war, und zahllose ähnliche Beispiele hinweist.*

3 *Boethius (480–524 n. Chr.) schrieb fünf Bücher über Musik, ein Werk, das im ganzen Mittelalter das größte Ansehen genoss. Unter kosmischer Musik ist die sog. Sphären-Musik zu verstehen. Pythagoras nahm an, dass durch die Planetenbewegung eine wohllautende Musik entstand.*

4 *In diesem Zusammenhang wird das Harfenspiel Davids erwähnt und ein Ausspruch Salomos in breitester Weise kommentiert.*

5 *Vergleich mit Absalom. Die Handlungsweise der Makler wird weiter mit der Vergiftung einer persischen Königin durch ihre Schwiegertochter verglichen. Ferner wird noch darauf hingewiesen, dass Atreus den eigenen Sohn opferte.*

O göttlicher Prophet Jeremias, du hast bereits die von mir verurteilten Scheußlichkeiten gerichtet. „Hüte sich jeder vor seinem Freunde und traue sogar dem Bruder nicht, denn es gibt keinen Bruder, der nicht betrügt, und keinen Genossen, der nicht Ränke spinnt." Welch göttlicher Mund! Welch göttliche Behandlung! Welch göttliche Weissagung! Worüber ich noch mehr verzweifle, ist der Umstand, dass die bei ihren Gemeinheiten ertappten Personen erklären, es sei nur ein Scherz und ein harmloser Streich gewesen. Wortwörtlich Abner und Joab. Mögen die Jünglinge ein Kampfspiel aufführen, sagte dieser hochherzige Feldherr. Wir lesen aber in der Heiligen Schrift, wie es sich mit dem Spiel verhielt. 24 mutige Jünglinge fassten sich am Kopf und durchbohrten sich die Herzen. So mag auch in unserem Falle nur ein Scherz beabsichtigt sein, aber eine Freundschaft besteht nicht mehr. Mag es sich nur um einen Versuch handeln, aber ein Vermögen ist verloren. Vielleicht ist es nur ein Spiel, aber ein Leben ist vernichtet. Aber jene (Makler) wissen, mit wem sie es zu tun haben.[1] Eine Wachtel tändelte mit einem Schafe. Befragt, warum sie nicht dasselbe mit dem Schäferhund tue, antwortete sie: „Jenes blökt, dieser beißt." Wenn der Schäferhund alle, die ihn belästigen, beißen würde, würden Anstand und Ehrlichkeit mehr geschätzt werden.[2] Ein Schmarotzer am Hofe von Mantua machte folgenden Scherz. Er sollte den Schwanz seines Pferdes auf Befehl des Herzogs abschneiden. Er nahm aber die Lippen des herzoglichen Pferdes ab. Dies geschähe, sagte er, nicht aus Rache, sondern damit das herzogliche Pferd besser lachen könne, wenn es das andere Pferd ohne Schwanz erblicke. Würden wir ähnlich handeln, so würde auch an unserer Börse mehr Anstand und weniger Frechheit, mehr Rücksicht und weniger Unverschämtheit herrschen.

---

1 *Die von Maklern geschädigten Personen werden mit Schlangen, die getreten werden, aber nicht beißen, verglichen.*

2 *Es folgt ein weiterer unerheblicher Vergleich.*

Philosoph: Agesilaos beobachtete die Folterqualen eines Verbrechers, der seine Schuld nicht gestehen wollte, und sagte: „O du Unglücklicher, der du so viel Mut bei einer unwürdigen Gelegenheit zeigst!" Dasselbe kann man, glaube ich, von jedem dieser unglücklichen Menschen sagen, die mit so viel Eifer so unnütze Dinge betreiben. Ich habe schon gehört, dass der Weg der Tugend schwer ist und dass deshalb auf dem Schild des Achilles ein steiler Berg, der bis zu den Sternen emporragte, zu sehen war. Xenophon stellt Herkules am Scheideweg dar. Der eine Weg ist gut gebahnt, der andere unzugänglich. Man erklärt ersteren als den Pfad des Lasters, den anderen als den Weg der Tugend. Hesiod vergleicht mit dem weiten Weg des Lasters den engen Weg der Tugend. Die Götter eröffnen ihn uns nur nach schwerer Arbeit. Aber jetzt entnehme ich deinen Ausführungen, dass nicht nur der Weg der Tugend schwierig ist, sondern dass der Weg des Lasters noch schwieriger. Es scheint, dass wir in einer Zeit leben. In der das Laster so vielfach die Tracht der Tugend anlegt und auch versucht, mit ihr einen gemeinsamen Weg einzuschlagen.

Kaufmann: Ich bin von deinen Schilderungen so erstaunt, dass ich fast vor Verwunderung verstumme. Das Herz Nabals verwandelte sich vor Schmerz in Stein.[1] Ein ähnliches Schicksal hatte Niobe. Daher ist es nicht wunderbar, dass auch ich stumm wie eine Bildsäule werde. Berichtete man früher, dass ein Stummer vor Angst zu reden anfing, so scheint jetzt auch ein Beredter vor Angst zu verstummen. Nur bitten wir dich, unsere Aufmerksamkeit zu belohnen und den Grund für den unerhörten Rückgang der Aktien anzugeben, der in so kurzer Zeit zu einem so bedauerlichen Krach führte.

Aktionär: Ja, ich werde es mit großem Vergnügen tun. Damit ihr mit größerer Ruhe zuhört, bemerke ich, dass der Kurs bereits von 365, auf den die Aktien gefallen waren, wieder auf 465 gestiegen ist und sich auf diesem Stand erhält. Aber beachtet, wie viele Schlingen der

1 *Die bekannte Erzählung von Nabal und Abigail. 1. Samuel 24.*

böse Geist den Haussiers gelegt hat.[1] Im Buche Hiob sagt der böse Geist zu Gott, dass er auf der Erde herumgezogen ist; ich glaube, dass er vor unserem Unglück Meer und Land besucht hat, da sowohl von hier wie dort ungünstige Nachrichten eintrafen und verderbliche Wirkungen ausgingen. Zu Lande alles Frieden, alles Ruhe, große Geldflüssigkeit an der Börse, weitgehender Kredit am Platze, glänzende Aussichten auf Verschiffungen, starke Unternehmungslust des Handels, prächtige Streitkräfte unter berühmten Anführern, kostbare Nachrichten, unvergleichliche Geschäftskunde, unzähliges Volk, eine gewaltige Flotte, vorteilhafte Bündnisse, und es herrschte daher nicht die leiseste Besorgnis, nicht die geringste Furcht, es zeigte sich nicht die leiseste Wolke, nicht der flüchtigste Schatten. Zur See kam ein Brief des Gouverneurs am Cap der Guten Hoffnung, den die französischen Schiffe mitbrachten. Er enthielt die Nachricht, dass in Indien alles nach Wunsch ginge und dass von dort die Schiffe mit den reichsten Ladungen eingetroffen seien. Man erklärte diese glücklichen Umstände teils durch Eröffnung des chinesischen Geschäftes, teils durch Entdeckung neuer Minen, jedenfalls glaubte man an gute Ernten und günstige Wirtschaftslage, allgemein erwartete man ein blaues Wunder. Nur ein Umstand beeinträchtige diese vielversprechenden Aussichten. Es war die Nachricht, dass eines der reichsten Schiffe vom Cap nach Batavia zurückgekehrt sei, weil es wegen Havarie die Reise nicht fortsetzen konnte. Aber auch diese Verstimmung wurde beseitigt, da man annahm, dass dieses Schiff mit den „Naschepen“ segeln werde, das sind zwei bis drei kleinere Schiffe, die von Batavia einige Monate nach dem ersten Geschwader abfahren und gewöhnlich Ladungen im Wert von vier Tonnen (Gold) sowie Bücher, Rechnungen und Bilanzen der indischen Verwaltung zur Benutzung für die Direktion (in Holland) überbringen. Wenige Tage vor dem Eintreffen des ersten Geschwaders

1 Die Einwirkungen des bösen Geistes auf die Börse werden mit der Rolle, die er bei Ahab gespielt hat, verglichen.

verbreitete sich eine anscheinend ganz sichere Nachricht, dass dieses auf eine Sandbank geraten ist, sich aber außer Gefahr befinde, ferner, dass das dieses Jahr nicht erwartete Schiff im Gefolge der Flotte fahre. Eine für die Hausse so angenehme und für die Dividende wichtige Nachricht weckte (an der Börse) den Geist Ahabs und des Satans. Man hielt jeden, der nicht an der Freude teilnahm, für einen Narren, man hielt für einen hartnäckigen Todfeind seiner Interessen jeden Abgeber von Aktien und bezeichnete jeden Verkauf als Wahnsinn, Tollheit und Verbrechen. Die Schiffe trafen sicher im Hafen ein, die Direktoren lasen einen Teil der eingegangenen Briefe. Als sich nun verbreitete, dass die Ladung (von den drüben gekauften Waren, genannt *Inkoop*) nur 34 Tonnen gegen 50 Tonnen im Vorjahr ausmachte, so schlug die Stimmung um, und der Optimismus hörte auf. Aber der Schlag wäre nicht so schwer gewesen, wenn nicht auch die Contremine sich in der Hausse befunden hätte; denn erschreckt über die prachtvollen Aussichten, hatte sie kein Engagement gewagt. Hätte die Contremine viel verkauft, so hätte sie, wenn die Kurse im ersten Ansturm um 20 Prozent wichen, sich gedeckt und den Nutzen mitgenommen. Der Kursrückgang wäre dann nicht so heftig geworden. Da aber die einen verkaufen wollten, um nicht noch mehr zu verlieren, die anderen, um überhaupt einen Verlust zu vermeiden, andere wieder, um noch zu gewinnen, so erfolgten allgemeine Abgaben, und es trat allgemeine Entmutigung ein. Die zur Abnahme Verpflichteten verkauften, um ihre Verpflichtungen erfüllen zu können. Wer verpfändete Aktien in Händen hielt, verkaufte, weil der Wert unter den Betrag der geliehenen Summe gesunken war. Wer gekauft hatte, verkaufte, um nicht noch mehr zu verlieren, und verkaufte noch mehr, um den Verlust einzubringen. Die wenigen Verkäufer, die (schon vorher) Abgaben gemacht hatten, warfen, belebt von der Aussicht auf Gewinn, noch mehr die Kurse, um sich ihres Glücks zu freuen. Schließlich ging man mit den Aktien förmlich betteln, als ob man vom Käufer ein Almosen verlange. Es entstand eine solche Panik, eine so unerklärliche Erschütterung, dass die Welt unterzugehen, die Erde zu versinken, der Himmel einzustürzen schien. Die Stimmung begann sich zu verbessern, als eine zweite Reihe von Geschäftsbriefen bekannt wurde. Es stellte sich heraus, dass beim Verkaufe der 34 Tonnen (der diesjährigen Einfuhr) ebenso viel erlöst werden könne (infolge höherer Preise) wie aus den 50 Tonnen des Vorjahres. Da scharen sich die Baissiers zusammen und verbreiten, um die Haussiers nicht zu Atem kommen zu lassen, das Gerücht, dass der Krieg ausbrechen werde. Sie hätten von so vielen geheimen Vorkehrungen Kenntnis, dass kein Zweifel möglich sei. Dann würden die Steuern lawinenartig anschwellen, die Belastung ins Ungemessene steigen, ganz Europa würde in Brand geraten, Elend, Schrecken und Ruin allgemein sein.

Es erschreckten sogar diejenigen, die bereits eine Ahnung des von der Contremine geplanten Vorhabens hatten. Die Baissiers bestimmten ausschließlich den Kurs. Sie waren so sehr Herren der Situation, dass sie nur, um eine allgemeine Zahlungseinstellung zu vermeiden und einige zahlungsfähige Leute übrig zu behalten, keine Aktien gegen Kasse abgaben.

Die Börse geriet daher in die traurige Verfassung, die ich geschildert habe. Sogar einige für höchst potent gehaltene Personen machten den Differenzeinwand (riefen die Verordnung Friedrichs an). Es bestätigt sich hier der weise Ausspruch, dass man oft wie Saul den David im Bett sucht und nur ein Steinbild vorfindet.[1] Auch an der Börse fand man Steine statt Menschen, und ihre stärksten Stützen brachen wie ein schwacher Stab zusammen.

In der Dukaton-Spekulation war der Schaden noch ärgerlicher. Denn diese hatten gerichtliche Entscheidungen für ein Spiel oder eine Wette erklärt und dem Handel mit derartigen Aktien den Charakter des Geschäftes abgesprochen. Man brauchte sich daher nicht einmal auf

1 *Die Frau Davids täuschte die Boten Sauls, indem sie ein Steinbild in Davids Bett legte, während er sich durch das Fenster hinabließ und entkam. 1. Samuel 19.*

die Verordnung Friedrichs zu berufen, um die Zahlungen zu verweigern. Da je 500 Pfund bei dieser Beutelschneiderei damals um 300 Gulden und nachher um 500 Gulden zurückgingen, so verhielten sich die Spekulanten sehr verschieden. Einige Ehrenmänner zahlten alles, andere zahlten wenigstens einen Teil, soweit ihr Vermögen reichte, es gab aber auch Personen, die unter dem Eindruck der plötzlichen Einstellung des Geschäftes (von dem man überhaupt nicht mehr sprach) nichts zahlten, aber auch nichts verlangten, ein anderer Teil der Kulisse zahlte nicht wegen gänzlicher Insolvenz, wieder andere mussten, da ihre Verbindungen schwach wurden und ihre Kräfte nicht ausreichten, ebenfalls Zahlungen verweigern. Es gab sogar Leute, die sich ihrer Zahlungseinstellung rühmten und die verwerfliche Unverschämtheit besaßen zu sagen, dass sie aus Kot Geld machten, um ihre Gläubiger zu hintergehen. Wären diese Menschen höflich statt unverfroren gewesen, so hätten sie wenigstens gesagt, der Mensch sei aus Staub gemacht, und da sie nichts anderes zur Befriedigung der Gläubiger tun könnten, so gäben sie das, was sie selbst seien, nämlich Staub, und gäben so ihre Person anstelle anderer Opfer hin. Übrigens ist zu bemerken, dass dieser ganze Streit recht nett in einem Siegesbericht der Bibel beschrieben ist. Gideon bildete aus 300 Mann seines Heeres drei Haufen und gab ihnen allen Posaunen in die Hand und leere Gefäße nebst Fackeln in denselben. Sie sollten die Fackeln vor den Feinden in den Gefäßen verbergen, beim Anblick des Feindes aber die Krüge zerschlagen, die Fackeln ergreifen und in die Posaunen stoßen.[1]

Die Einfuhr (der Ostindischen Kompanie) lieferte ein überaus glänzendes Ergebnis. Aber auch hier war das Licht wie in einem Gefäß verborgen. Nur die eingeführten Mengen, aber nicht ihr Wert war

1 *Richter 7.*

bekannt,[1] die verwegenen Spekulanten sahen nicht den Glanz des Geschäftes, sondern nur die Hülle, die es verbarg. Nach Kenntnisnahme der letzten Geschäftsbriefe (aus Indien) stellte sich heraus, dass der Verkauf der Schiffsladungen großartige Einnahmen liefern musste, das Gefäß zerbrach, das Licht wurde sichtbar, aber in demselben Augenblick stießen die Baissiers in die Posaunen und schrien, dass der Krieg erklärt werden würde.

Dass diese Henker der Börse nicht nur für eine vollendete Tatsache ausgaben, was erst eintreten sollte, sondern auch Dinge, die nur möglicherweise eintreten konnten! Furchtbare Härte! Der in eine Schlange verwandelte Stab Aarons verschlang die Schlangen der Zauberer, und es heißt hierüber in der Bibel, dass der Stab Aarons die übrigen Stäbe auffraß. Wenn es nun eine Schlange und kein Stab war, warum spricht die Heilige Schrift von einem Stab und nicht von einer Schlange? Weil die Schlange ein Stab werden sollte, so erklärt es der berühmte Vieyra.[2] Ebenso verhielt es sich mit den Kriegsgerüchten der Baissiers. Die sahen voraus, dass die vereinigten Provinzen Krieg führen würden, und diese Vermutung genügte, um bereits den Ausbruch des Krieges zu behaupten. Doch nicht hierüber erstaune ich, sondern darüber, dass sie bei der bloßen Möglichkeit eines Krieges den Kriegsausbruch schon für sicher hielten.

Einige entschuldigten sich mit mehr sophistischen als wirklichen Gründen, indem sie ihre schlechte Handlungsweise für reine Güte erklärten. Denn sie sagten, dass sie nicht zahlten, weil sie andere nicht zahlen sahen und weil es die Aufgabe edler Seelen wäre, mit den anderen zu leiden und nicht durch ein Vorrecht hochmütig und durch ein Ausnahmerecht stolz zu werden. Die Gefährten Hiobs waren

---

1 *Eine Einfuhrliste, die die Waren nach ihren Mengen und Qualitäten angab, wurde bald nach Ankunft der indischen Flotte gedruckt. Dagegen fand die öffentliche Auktion, welche die Kompanie veranstaltete, erst erheblich später statt.*

2 *Der Gedanke wird noch weiter ausgeführt und durch ein Beispiel aus der Geschichte Davids erläutert. Anton Vieyra S. I., berühmter Missionar und Prediger, der „Bossuet“ Portugals (1608–1697).*

vornehme Leute, aber sie zerrissen die Gewänder, nachdem Hiob dasselbe getan hatte. Für tapfere Herzen schickt es sich, mit den Betrübten betrübt zu sein und mit den Trauernden zu trauern.[1]

Andere, die mehr sich dem Schmerz hingaben, als Klugheit bewiesen, legten dar, dass sie die Zahlungen nicht aus Schlechtigkeit, sondern aus Notwendigkeit einstellten und dass es kein Verbrechen gäbe, zu dem die Notwendigkeit nicht verpflichte. In der Not bediente sich David des Abimelech[2] und lud so viel Schuld auf sich, dass sogar der Leser dieser Verfehlungen davon verwirrt wird.[3] Dem König Hiskias wurde von Sanherib eine Strafe von 300 Talenten Silber und 30 Talenten Gold auferlegt.[4] Der bestürzte König nahm in der Not das Gold sogar von den Toren und Säulen des Tempels. Nach dieser großen Demütigung ließ aber Sanherib den König aufs Neue durch seine Feldherren bedrohen. Ebenso beklagen sich unsere unglücklichen Spekulanten über ihr Missgeschick, dass, selbst wenn sie wie Hiskias ihr Letztes hergegeben haben, ihre unerbittlichen Gläubiger sie noch beschimpfen und verhöhnen.

Der Stab Aarons blühte und bedeckte sich in einem Augenblick mit Blättern, Blumen und Früchten. Eine verdiente Belohnung für einen solchen wunderbaren Stab. Aber was geschah? In Ägypten verwandelte sich der Stab in eine Schlange, um die Schlangen der Zauberer zu verschlingen, und in der Wüste schlug der Stab Wasser aus dem Felsen. Aber waren das alles Wunder? Ja, warum streben dann die *Aarons* von heute, ohne dass sie göttliche Kräfte besitzen, danach, mit ihren Stäben dieselben Wunder zu verrichten? Warum wundern sich die *Aarons*, dass die Felsen kein Wasser geben? Merken sie nicht, dass es nur Steine sind und dass höchstens nur Seufzer und Lärm widerhallen? Wenn die Stäbe (der Börsenleute) so schön wie Mandelbäume blühen,

---

1 *Dieser Gedanke wird noch an einer Reihe weiterer Beispiele erläutert.*

2 *1. Samuel 17.*

3 *Es werden die einzelnen Verfehlungen Davids aufgezählt.*

4 *2. Könige 18.*

so sollen sich ihre Besitzer darüber freuen und gebe Gott, dass sie wie Bäume mit Früchten bedeckt werden. Wenn aber die Stäbe sich in giftspeiende Schlangen verwandeln, so sollten diese wenigstens nur die Zauberer angreifen, aber nicht die unglücklichen Spekulanten, die ihr Missgeschick nicht voraussehen konnten. Was soll da das Gift? Was sollen da die Angriffe?[1] Ruth teilte das, was ihr übrigblieb, mit ihrer Schwiegermutter, aber wer nichts zu essen übrighat, was kann der abgeben?[2]

Der Prophet Nathan verdammte David, weil er dem Manne glich, der dem Armen sein Schäfchen geraubt hatte. Wenn aber David dem Armen glich, der aus Not die Schuld für das Schaf dem Reichen nicht bezahlte, und wenn er es zufällig nicht wie in der Parabel für einen Fremden, sondern für sich selbst genommen hätte, was würde dann der Prophet tun? Ich glaube, dass dann selbst Nathan ihn nicht verdammen und er ihn freisprechen würde.[3] Ein in seinem Hause von Räubern überfallener Armer bemerkte, durch den Lärm aufgeweckt, ebenso witzig wie traurig: „Sicher werdet ihr schwerlich in diesem Hause finden, was sein Besitzer nicht zu finden wusste".[4] Josef konnte nicht tun, was seine Herrin von ihm verlangte, daher musste er deren Wunsch abschlagen.[5] Aber dieser selbe Josef, der dies, weil er es nicht konnte, verweigerte, tat, als er dazu imstande war, weit mehr als notwendig in Ägypten für die Brüder.[6] Mögen die, welche etwas von den *Josefs* beanspruchen, hoffen, dass diese nicht verkauft werden, dass sie aus Gruben, Kerkern und Verfolgungen herauskommen, und vielleicht

---

1 Der Sinn der Stelle ist dunkel. Wahrscheinlich ist ein Angriff auf die Makler, die als Zeichen ihres Amtes Stäbe trugen, beabsichtigt.

2 Bibelstelle über Rut wird noch weiter interpretiert.

3 Vielleicht eine Anspielung auf ein Mitglied der Börse namens Nathan.

4 Dieser Gedanke wird noch weiter ausgeführt. Es folgen einige unerhebliche Bemerkungen über den Aussatz Hiobs.

5 Dies wird noch weiter ausgeführt.

6 1. Moses 43. Josef gab den Brüdern nicht nur Getreide, sondern ließ das von ihnen gezahlte Geld in die Säcke legen.

findet man, wenn man es am wenigstens erwartet, Geschenke auf den Tafeln und Silber in den Säcken.[1]

Ihr erinnert euch wohl, dass ich in unserer ersten Besprechung das Börsengeschäft für ein Rätsel erklärt habe. Seht jetzt, wie in einem Rätsel alle Ereignisse der jetzigen Geschäftskrise zusammengefasst sind. Das Rätsel, das Simson den Philistern aufgab, lautete: „Essen kam von dem, der frisst; Süßes kam vom Grimmigen." 30 Prachthemden und 30 sidonische Tuche, die man für Betttücher oder für Vorhänge erklärt, waren als Preis ausgesetzt oder mussten, falls die Lösung nicht gelang, dem Simson gegeben werden. Als die Philister die Lösung nicht fanden, baten sie die Frau Simsons, dass sie ihm durch Liebkosungen die Erklärung entlocke. Die Philister erfuhren die Lösung durch das verräterische Weib und sprachen zu Simson: „Es gibt nichts Grimmigeres als den Löwen und nichts Süßeres als Honig." Als Simson sah, dass er durch Verrat die Wette verloren hatte, ging er nach Askalon, kam über die Philister und gab nur 30 Prachthemden, aber nicht die Vorhänge den Männern, die richtig geraten hatten.

Die Aktien fielen um 30 Prozent am ersten Tage der Katastrophe und weiter um 30 Prozent am zweiten. Der Lohn für das Rätsel (Simsons) betrug ebenfalls 30 und 30. Wer ist an der Börse Simson, in dem die Sonne versinnbildlicht ist? Die Haussiers, die immer nur den Glanz des Vaterlandes wünschen.[2] Wer sind die Philister, die, wie der Name sagt, sich im Staube wälzen? Die Baissiers, die alles in Staub, Asche und Trümmer verwandeln wollen. Was versinnbildlicht das Rätsel? Die Spekulation, denn ihre Aufgabe besteht im Raten oder Nichtraten. Wer ist die Frau, die das Rätsel erklärt? Das Glück, das wegen seiner Unbeständigkeit immer als Frau dargestellt wird. Die Contremine möge

1 *Das Original lautet: „Esperen los que pretenden algo de los Josephs à que no anden vendidos à que salgon de pocos, de carceles y de persecuciones y puede ser que quando menos lo Piensen hallen el regalo en las mezas [etc.]" Mit den gesperrten Worten ist wahrscheinlich eine Anspielung auf den Namen des Verfassers, Joseph Penso, beabsichtigt. Es scheint der Verfasser sagen zu wollen, dass er seine Verpflichtungen erfüllen werde.*

2 *Die Haussiers wurden bekanntlich Liebhaber des Vaterlandes genannt.*

ihr Geschick preisen, dass ein Glücksfall ihr das Rätsel erklärt. Sie gewann durch die Lösung ihre Belohnung. Aber was gewannen sie? Betttücher, Vorhänge und Prachthemden. Letztere nennt die Heilige Schrift *Halifot*, abgeleitet von *Halaf*. Der gelehrte Pomez[1] erklärt dieses Wort folgenderweise: „Der Veränderliche, wer seine Verpflichtungen nicht erfüllt und sich ruiniert“. Das Tuch in einem Priestergewand sollte der Prüfstein der Ehre sein, hier aber wurde ein Tuch gewonnen, wobei die Ehre vieler zugrunde ging. Sie gewannen nur die Vorhänge des Theaters, in dem die Tragödie sich abspielte, viele blieben in der Kulisse, weil sie in ihrer Rolle sich nicht hervortun konnten. Der Gewinn (der Contremine) bedeutete nur den Ruin der vermögenden Leute, die Erschütterung der sichersten Positionen und die Zahlungseinstellung der gewissenhaftesten Personen.

Was aber sollten die armen Haussiers tun, wenn sie das Glück verraten hat, und sie nicht wie Simson ihren Verlust decken können? Dasselbe tun wie Simson? Die einen berauben, um die anderen zu bezahlen? Nein, sie taten etwas Besseres: Sie gaben nicht, was sie nicht hatten, aber sie gaben auch nicht etwas, was sie raubten; denn es ist weniger strafbar, seine Schuld nicht zu bezahlen, als die Zahlung zu rauben. Denn wer aus Unvermögen nicht zahlt, raubt nur das, was er schuldig ist, wer aber, um zu zahlen, raubt, ist ein offenkundiger Räuber.

Simson hatte 30 Prachthemden und 30 sidonische Gewänder versprochen, aber auch nach dem Raub gab er den Philistern nur die 30 Prachthemden. Zu rauben, um nicht mehr als die Hälfte der Schuld zu bezahlen, heißt den Raub und die strafbare Handlung verdoppeln, denn durch den Raub, der mir zur Zahlung verhelfen soll, vergehe ich mich nur einmal, wenn ich aber nicht einmal bezahle, sündige ich doppelt, das eine Mal durch die unrechtmäßige Besitzergreifung, das andere Mal durch meine Zahlungsverweigerung.

---

1 *David de Pomis aus Spoleto, Verfasser eines hebräischen Wörterbuchs, das 1587 in Venedig erschien.*

Nachdem die Philister die Wette angenommen hatten, versuchten sie am siebenten Tage durch die Frau (des Simson) das Rätsel zu lösen. Bemerkenswert ist die Art, wie sie sie zu überreden versuchten. Sie sagten nicht: „Bitte deinen Gatten, dir das Rätsel zu erklären“, sondern: „Möge er uns das Rätsel erklären.“ Ich verstehe das nicht. Wenn sie wünschen, dass Simson der Frau das Rätsel erkläre, damit sie es ihnen sage, warum verlangen sie, dass er es ihnen und nicht ihr erkläre? Weil sie schon so bedrängt und ohne Hoffnung auf Erfolg waren (so lautet eine moderne Auslegung), dass sie nicht auf Gewinn rechneten, sondern nur nicht verlieren wollten. So verlangen sie von der Frau nicht, dass sie die Lösung mitteile, sondern nur, dass sie bei ihrem Mann durchsetze, dass er sie, die Philister von der Lösung entbinde und sie von der Wette freimache. Beachtet nun, wie genau die Übereinstimmung ist. Das Rätsel Simsons war das Seltsamste, das je aufgegeben wurde. In diesem Fall konnte die Lösung sowohl zu Gewinn wie Verlust führen und ebenso die Aufgabe. Deshalb habe ich dieses Rätsel mit dem Rätsel unserer Börsenlage verglichen. Denn hier wie dort können beide Parteien sowohl gewinnen wie verlieren. Die Baissiers ängstigten sich ebenso wie die Philister, die Lage richtig zu erraten, alles sprach dafür, dass sie verlieren und ruiniert werden würden. Daher baten sie nicht das Schicksal um Lösung des Rätsels, sondern die Gegenpartei, nur um nicht zu verlieren. Sie hätten sich schon damit begnügt, dass die Änderung der Lage alle gleichmäßig getroffen und dass jeder das Seine behalten hätte. Aber das Geschick begünstigte sie ebenso wie die Frau Simsons die Philister. Sie erreichten mehr als sie wünschten. Sie versetzten die Haussiers in eine so erbärmliche Verfassung, dass sie entweder wie Simson stehlen mussten, um ihre Verpflichtungen zu erfüllen, oder, um nicht zu stehlen, ihre Zahlung einstellen mussten.

Wer aber war dieser Simson, der seine Verluste nicht bezahlte? Jener starke Held, der, an den Händen mit neuen Stricken gebunden, diese wie Werg zerriss, jener kühne Riese, der nur die Hälfte seiner Schuld mit geraubtem Gut bezahlte. Was wundern wir uns dann über die

Zahlungseinstellung von Leuten, die das Schicksal bedrängt, die sich bettelarm im Unglück befinden und denen die Hände vor Schreck unauflöslich gebunden sind? Simson verlor nur die Kleider, die er geraubt hatte, aber einem anderen die Kleider geben, um selbst nackt zu bleiben, das tut weder ein Simson, noch verlangt es ein Philister.

Das Rätsel Simsons hatte zwei Teile, und ich finde, dass die Philister nur die eine Hälfte geraten hatten. Das Rätsel lautete: „Essen kam von dem, der frisst, Süßes kam vom Grimmigen." Sie achteten aber nur auf die letzten Worte und sprachen: „Es gibt nichts Grimmigeres als den Löwen, nichts Süßeres als Honig." Auch das Rätsel der Börse bestand aus zwei Teilen, von denen die Baissiers nur einen Teil errieten. Nur mit dem Unterschied, dass die Philister das Grimmige, aus dem das Süße hervorging, errieten und die Baissiers den Fresser, von dem das Essen kam, fanden. Der erste Teil, der hier erraten werden musste, waren die politischen Verhältnisse und die drohende Kriegserklärung, während die Einfuhr der (Ostindischen) Kompanie ebenso rätselhaft blieb. Sie errieten den Ausbruch des gegenwärtigen Krieges[1] und dass sie ihre Speise und ihren Verdienst finden würden, wenn dieser fraß und zerstörte. Ich wundere mich nicht, dass sie den zweiten Teil des Rätsels nicht lösten, denn Simson hatte gesagt, aus dem Grimmigen ginge das Süße hervor. Für die Börse ergaben sich aber aus dem günstigen Umstand der glänzendsten Einfuhr zunächst nur Besorgnisse, Schwierigkeiten und Verluste. Aber dies konnte man schwer erraten. Denn dass aus etwas Bitterem etwas Angenehmes entsteht, dafür gab es ein Beispiel an dem Felsen der Wüste, aber eine Sache, für die kein Beispiel vorlag, konnte nicht erraten werden.

---

1 *Es ist nicht ganz klar, welcher Krieg gemeint ist. Da der Angriff Ludwig XIV. gegen das Deutsche Reich im September 1688 erfolgte und der König den Generalstaaten erst am November 1688 den Krieg erklärte, die Widmung unseres Buches aber vom Mai 1688 datiert, so müsste obige Stelle ein späterer Zusatz sein, falls sie sich auf einen der beiden Kriege bezieht. Hierfür spricht auch der Umstand, dass im zweiten Dialog gesagt wird: „Gott möge den Ausbruch eines Krieges verhüten!"*

Das ist alles, meine Freunde, was ich über diesen Zustand der Börse zu sagen weiß, obgleich meine Darstellung nur einen schwachen Begriff von den Ereignissen gibt. Alexander von Pherai tötete sich, als er die Tragödie der Erope anhörte.[1] Ich glaube, dass man die Tragödie, die sich an unserer Börse abspielte, nur mit einem eisernen Herzen ohne Tränen ansehen konnte.

Die Spekulation betraf alle. Als sie begann, hatte die Börse ein freundliches Ansehen, als sie aufhörte, ein trauriges.[2] Es wunderte mich nicht, dass die übermütige Stimmung mit Niedergeschlagenheit endete.[3] Desiderius war der letzte Langobardenkönig, und sein Name bedeutete „Begierde" oder „Verlangen". Tulio von Turin hat ausgeklügelt, dass eine Monarchie, die aus einer Begierde entstand, auch mit einer tragischen Begierde endigen musste.[4] Der große Wilhelm von Oranien nahm als Wappen einen Mastbaum mit dem Motto aus Virgil: „Audaces Fortuna juvat". Aber dieser Sinnspruch des unbesiegten Helden trifft für die Kompanie, die man mit dem Baum vergleicht, nicht zu. Denn wir sehen, dass im Handel mit den Aktien der Kompanie die Mutigen, statt zu gewinnen, niedergeworfen werden.

Trotz dieser Misslichkeiten rate ich auch euch, dass ihr in die Hausse, nicht in die Baisse geht. Für die Aufrichtigkeit meiner Worte spricht der Umstand, dass ich etwas empfehle, was mir Schaden gebracht hat, und etwas für gut halte, was mich ruiniert hat. Ich rate euch gut gerade wegen meines Missgeschicks[5] und damit ihr seht, dass bereits eine Wiederbelebung der Börse eingetreten ist, so mache ich euch darauf aufmerksam, dass die Aktien, die um 180 Prozent wegen der Besorgnis

---

1 *Unrichtig. Der thessalische Fürst Alexander von Pherai wurde 359 v. Chr. von den Brüdern seiner Frau ermordet.*

2 *Die Aktien werden mit einem Bild der Pallas verglichen, das alle anblickte, und mit einer Figur, die dem eintretenden Beschauer traurig, dem fortgehenden fröhlich erschien.*

3 *Ein unerhebliches geschichtliches Beispiel.*

4 *Es ist zu ergänzen: Ebenso nahm die durch wilde Begierden hervorgerufene Spekulation einen schlimmen Ausgang.*

5 *Dies wird durch ein Beispiel von Hannibal erläutert.*

eines Kriegsausbruches gefallen waren, seit der Kriegserklärung wieder um 100 Prozent gestiegen sind. Die Contremine versuchte, am Strang zu ziehen, und sie sah, dass er nicht kräftig genug ist, um emporzuschnellen und sie mitzureißen. Die Lakedaimonier verfolgten die Fliehenden nicht. Wer hochmütig gegen einen Besiegten ist, ist kein Held, sondern ein Feigling. Die Unmenschlichkeit eines Tasios und die Unerschrockenheit eines Eleasar findet sich an unserer Börse, aber selbst im Sturze können die Opfer auch töten und ihre Beleidigungen rächen.[1] Was mich vor allem betrübt, ist das jähe Ende der Dukaton-Spekulation, von der sich so viele anständige Leute und so viele kleine Existenzen erhielten, denn der Baum hatte so viele Wurzeln geschlagen, dass niemand denken konnte, dass der Stamm beim ersten Sturm umfallen und die hochgetriebenen Kurse plötzlich sinken würden. Ein Blitzstrahl zerstörte einen Buchstaben der Inschrift auf der Bildsäule Cäsars. Aber schmerzlich berührt eine Katastrophe, die mit einem Schlage Namen, Illusionen, Personen, Vermögen und Kredite vernichtet.[2]

Wenn unser Geschäft allmählich in einzelnen Stücken zusammengebrochen wäre, so wäre es ein empfindliches, aber nicht unerträgliches Missgeschick gewesen.[3] Aber wenn alles mit einem Schlage stürzt und auf den leichtesten Anstoß hin? Oh, welche Grausamkeit! Doch wenn der Stein des Anstoßes auf *Irrtum* und *Unrat* stößt, so ist es nicht wunderbar, dass Irrtum und Unrat zusammenbrechen. Sicher ist, dass das Geschäft (in kleinen Aktien) sich nicht halten konnte, da es unsolide war; es war Wind und wurde zu Wind, es war nichts und wurde zu nichts, es war Rauch und wurde zu Rauch. Wenn Theagenes nach dem

---

1 *Eleasar lief unter einen Elefanten des feindlichen Heeres und tötete ihn. Der Elefant stürzte aber auf den Körper des Angreifers, sodass dieser selbst den Tod fand (Makkabäer 6, 43–46). Tasios beleidigte die Bildsäule eines toten Gegners. Diese stürzte aber auf ihn und begrub ihn. Die kaum verständliche Darstellung des Verfassers mit ihren weithergeholten Vergleichen musste im Interesse der Deutlichkeit zusammengefasst werden.*

2 *Hier folgt wieder ein Beispiel aus der Bibel (1. Könige 18).*

3 *Vergleich des Geschäftsrückganges mit dem Herabfallen einer Statue.*

Vorbilde des Senecion Schuhe und Kleider anlegte, die für seinen Körper zu groß waren, so ging es den kleinen Spekulanten ähnlich, da sie sich auf Geschäfte einließen, die ihre Kräfte überstiegen.[1] So musste alles ein böses Ende nehmen, und die Illusionen verschwanden. Wenn dieses Geschäft ein Kadaver ohne Seele war, so braucht sich niemand zu wundern, dass man einen Kadaver nicht aufrechterhalten konnte.[2] Julius Cäsar bediente sich der Hilfe des Mathematikers Sosigenes, um das unbeständige Mondjahr in ein festes Sonnenjahr von 365 Tagen und sechs Stunden zu verwandeln und das Äquinoktium auf denselben Tag festzulegen. Da es notwendig war, die Termine aller Festtage umzuändern (sagt das Orakel von Savoyen) und zwei Schaltmonate einzufügen, so hieß das Jahr gewöhnlich das *Jahr der Verwirrung*. Die Dukaton-Spekulanten sahen, dass am 1. September die Liquidation ihrer Geschäfte ablief. Auch sie verlangten einen Astronomen, der die Jahreszeiten ändere, und wünschten, dass der September bis November prolongiert werde, um abzuwarten, ob eine Erholung der Kurse eintreten und ihre Besorgnis sich legen könnte. Aber obgleich sie das nicht erreichten, trat doch die gleiche Wirkung wie bei der Kalenderänderung ein. Denn auch dieses Jahr war ein *Jahr der Verwirrung* für viele unglückliche Spekulanten, die einstimmig erklärten, die gegenwärtige Krisis sei ein Labyrinth der Labyrinthe, ein Schrecken der Schrecken, eine *Verwirrung der Verwirrungen.*

Ich eile zum Schluss, weil meine geistige Kraft bereits nachlässt. Ich bitte euch, meinen Eifer, die Entwicklungsgeschichte der berühmten (Ostindischen) Kompanie darzustellen, als Freundschaftsdienst zu betrachten. Die Fahrt (nach Indien) wurde durch einige Schiffe von Privatleuten im Jahre 1594 eröffnet.[3] Die Gründung der Kompanie

---

1 *In freier Übersetzung aus einem längeren Passus zusammengezogen.*

2 *Es wird das Beispiel eines Spartaners angeführt, der einen Körper aufzurichten suchte, bis er merkte, dass er entseelt war.*

3 *Die Angabe ist nicht genau. 1594 wurde die älteste Vorkompanie ins Leben gerufen. 1595 begann die Fahrt nach Indien.*

geschah, wie bereits erwähnt, aufgrund eines Privilegs der Generalstaaten, um im Widerstand gegen Spanier und Portugiesen große Königreiche zu erobern und den Tribut vieler Könige zu erhalten. Aus diesem Grunde wurde im Stiftungsjahr in Zeeland eine Medaille geschlagen; sie trug das Bild eines Pferdes, das vom Erdball ins Meer sprang, und eine Inschrift aus Juvenal: „Non sufficit orbis". Denn neue Welten wollte man damals eröffnen, und das Geschick verhieß neue Welten.

Auf geografischen Karten werden feinpunktierte Linien um die unentdeckten Gebiete, die man als „Terra incognita" bezeichnet, gezogen. Auch an der Börse gibt es viele geheime Operationen, die ich nicht imstande war zu entdecken, aber ich bediene mich des Kunstgriffs der Geografen; bis neue Untersuchungen Aufschluss gewähren, habe ich durch feine Linien euch die Dinge angedeutet. Ich hoffe, dass ihr als Freunde die Mängel der Darstellung verzeiht und als gebildete Männer meine Irrtümer gut macht.

Kaufmann: Meinerseits danke ich dir für die Belehrung; ich verehre das Geschäft, aber hasse das Spiel. Ich ahne, dass meine Fähigkeiten für so verwickelte Geschäfte nicht ausreichen. Denn wenn ich fast den Verstand verloren habe, als ich die Spekulationen kennenlernen wollte, so könnt ihr daraus schließen, was die Ausführung von Börsengeschäften für mich bedeutet. Wenn ich Aktien besitze und damit in solider Weise handle, so besteht die Versuchung auch zu Aktienspekulanten, aber ich bin sehr sicher, dass ich niemals ein Spekulant werde. Ein Zimmermann, der von Herzklopfen befallen wurde, warf sein Handwerkszeug weg, stieß einen Seufzer aus, fiel herab und verlor den Verstand. Warum soll auch ich Herzklopfen haben, seufzen, mein Handwerkszeug wegwerfen und den Verstand verlieren, wobei nur das Vergessen des Unglücks mich erleichtern würde? Ich finde, dass die Praktiken spekulativer Schwindler sich mit einem Spiel der

Thrazier[1] vergleichen lassen; ich sehe die Sense, betrachte das Seil, fürchte für meinen Hals, und da ich nicht stark, gewandt und schnell genug bin, die Schlinge zu lösen, fürchte ich verspottet und ausgelacht zu werden. Gewisse Völker sollen nach Plinius die Natur des Feuers nicht kennen und dasselbe in der Brust verbergen. Aber wenn mich schon das Feuer der Börse verzehren soll, warum soll ich es in meiner Brust verbergen?[2] Wenn ich von der Spekulation verschlungen werden soll, so ist es besser, dass ich mich selbst verzehre, was weniger Aufsehen, aber auch weniger Gefahr bedeutet. Ein Esel wollte sterben, um die Schläge loszuwerden. Aber als man Trommeln aus seinem Fell machte, erhielt er mehr Schläge im Tode als im Leben. Um dem Schicksal dieses Esels zu entgehen, suche ich den Verlust, den ich an meinen Aktien erlitten habe, zu ertragen. Wenn ich schon ein Auge hierbei verloren habe, so habe ich doch Grund, nicht ganz zu erblinden, um wenigstens mit einem Auge den Verlust des anderen zu beklagen.[3] Ich habe meine Prämie verloren, aber ich werde nicht wie ein zärtlicher Liebhaber das Grab meiner Hoffnungen mit einem Herzen schmücken, sondern werde nur meine Enttäuschung kundgeben.[4] Die Spekulanten sind, wie du sagst, Löwen,[5] aber ich glaube nicht, dass sie sich leicht Zähne und Klauen stutzen lassen, und ich fühle mich nicht so stark wie Herkules, um gegen Bestien zu kämpfen. Ich erinnere mich an deinen Vergleich der Börse mit einem Meer. Ich kann mich nicht auf dich berufen, denn an der Küste von Malabar hatte, wie Marco Polo erzählt, das Zeugnis des Seefahrers keine Bedeutung.[6] „Besser arm am Lande als reich zur See“, sagte Menander. Daher bin ich entschlossen,

---

1 *Es ist ein Wortspiel beabsichtigt. Traza heißt „Plan, Ausschlag, Kunstgriff“. Traces heißen die Thraker. Das Spiel der Thraker ist im Urtext noch ausführlicher geschildert.*

2 *Unwesentlicher Vergleich des Kaufmanns mit Hermokrates.*

3 *Ein wesentlicher Vergleich des Verfassers ist übergangen.*

4 *Der Text ist hier etwas zusammengefasst.*

5 *Vergleich mit Nero, der die Klauen und Zähne der Löwen zu entfernen befahl.*

6 *Die Reisen des Venezianers Marco Polo, herausgegeben von Lemke, 1907, III, 20, S. 459.*

sichere Armut dem unsicheren Reichtum oder das Land dem Meer der Börse vorzuziehen. Auf die Frage, ob lange oder kurze Schiffe sicherer wären, antwortete Stratonikos ungereimt, aber witzig: „Sicher sind die Schiffe im Hafen". Ich halte mich an die Schiffe im Hafen und möge in See gehen, wer glaubt, dass die Schiffe, ob kurz oder lang, sich vom Untergange retten können.

Philosoph: Ich will dieselbe Richtung einschlagen, weil ich zu alt bin, um mit Gefahren zu ringen und Stürme zu bestehen. Ich werde meine Aktien behalten, bis Gott gibt, dass ich damit in Frieden herauskomme, denn ich will mich nur retten, nicht hochbringen.[1] Alle Philosophenschulen lehren, dass die Seele edler als der Körper, das Leben edler als der Tod und das Seiende edler als das Nichtseiende ist. Aber für die Börse billige ich die paradoxe Meinung des platonischen Musikers, dass Nichtsein besser als Sein ist. Denn ich halte es für viel besser, nicht Spekulant zu sein. Ich spreche von der Spekulation, nicht von dem soliden Geschäft mit Aktien, denn was hier reell ist, ist dort zweideutig. Wenn du diese Dinge stark hervorgehoben hast, so hattest du nicht die Absicht, mir einen Strohhaufen statt einer festen Grundlage zu geben.[2] Eher nehme ich an, dass der Börsenverkehr so unerklärlich ist, dass man zu starken Ausdrücken greifen muss, ohne doch in Übertreibung zu verfallen. Ich behaupte auch, dass dein Bericht nicht weitschweifig war für den reichhaltigen Stoff.[3] Die Geometer lehren, dass es regelmäßige und unregelmäßige Körper gibt, daher wundere ich mich nicht, dass auch im Börsengeschäft Unregelmäßigkeiten vorkommen. Aber ich halte es für sicher, dass, wenn alle an diesem Geschäft Beteiligten Erfolg hätten, die Börse ein anderes Aussehen zeigen und hochgeschätzt werden würde, was jetzt als niedrig gilt. Den Ephoren Spartas wurde ein sehr guter Rat erteilt; da aber der Ratgeber

---

1 *Zwei weithergeholte Vergleiche sind übergangen.*

2 *Ein Vergleich mit einer Insel im Tiber, die aus in den Fluss geworfenen Strohbündeln entstand.*

3 *Der Verfasser vergleicht seine Darstellung mit der des jüngeren Plinius.*

nicht vertrauenswürdig war, so verlangten sie, dass der Rat von anderer Seite wiederholt werde. Wenn andere Personen unsere Spielhölle besuchen würden, so würde ihr Rat wahrscheinlich für sehr klug gelten und das Geschäft einen sehr noblen Anstrich haben.

Da bei Kreuzungen verschiedener Tierarten immer die Abkömmlinge der schlechteren Gattung ähnlichsehen, so glaube ich, dass auch unter den Spekulanten die schlechteren Elemente überwiegen.[1] Und wenn Elagabal eine Belohnung für die unanständigsten Wörter aussetzte, so gibt es Spekulanten, die auch nach dieser Belohnung streben. Du hast mit künstlerischer Meisterschaft[2] diesen Schwindel geschildert: Warum wünschst du nicht, dass ich mich von Leuten zurückziehe, die ihr Wesen durch ihre *Handlungen*[3] verraten haben, und dass ich, da ich die Ungleichheit des Kampfes einsehe, diesen vermeide. Ulysses ließ sich an den Mast binden, um nicht die Sirenen zu hören.[4] Um nicht zugrunde zu gehen, habe ich mich ähnlich verhalten.[5] Ich glaube wohl, dass die Aktien für meinen Beutel von Nutzen sein könnten, aber ich will ihn lieber ohne Aktien leer als mit Aktien voll haben. Du weißt, dass meine Jahre meine natürliche Wärme so weit verzehrt haben, dass schon die grauen Haare mich daran erinnern, dass ich im Winter des Lebens angekommen bin. Wenn die Bewegung aus der Wärme hervorgeht, weshalb nimmst du an, dass ich die beständige Bewegung und unaufhörliche Unrast der Börse, die du geschildert hast, noch weiter mitmachen könnte? Mit Aristoteles glaube ich, dass die Ruhe Vollkommenheit ist. Ihr könnt mich daher nicht tadeln, wenn ich die Vollkommenheit durch die Ruhe suche. Cardanus[6] hat ausgeklügelt, dass oft

---

1 *Ein Ausspruch des Isokrates wird angeführt, um zu zeigen, dass die schlechten Elemente höher an Zahl sind als die guten.*

2 *Der Verfasser wird mit dem Maler Parrhasios verglichen.*

3 *Acciones heißt „Handlungen" und „Aktien".*

4 *Hier folgen eine Menge ähnlicher Beispiele.*

5 *Es folgen zwei Vergleiche.*

6 *Der Physiker Cardanus lebte von 1501 bis 1576.*

die Bewegung die Ursache der Ruhe ist. Ich hoffe daher, dass auch mich die Bewegung, mit der ich mich in das Meer der Börse gestürzt habe, angesichts des Sturmes zur Ruhe führen wird, bevor ich gänzlich Schiffbruch erleide. Obgleich mich schon das Feuer (die Spekulation) berührt hat, hoffe ich doch, dass die Flammen des Goldes mir nicht zum Scheiterhaufen werden, sondern mich läutern.[1] Ich liebe die Freiheit, und ich muss daher die Sklaverei (zu der die Börsengeschäfte führen) verabscheuen, denn zu sagen: „Weiser Knecht", ist ebenso widersinnig, wie es die Sätze sind, welche die Logiker per accidentem nennen. Der berühmte Thesaurus sagt, dass die Gründe der Ähnlichkeit auf einer allgemeinen, einer speziellen oder einer individuellen Eigenschaft beruhen. Ich glaube, dass eine allgemeine Eigenschaft des Aktienhandels die Spekulationswut ist.[2] Manes, der Sklave des Diogenes, entfloh. Diogenes sagte, als man ihm zur Verfolgung riet, es wäre eine Schande, wenn Manes ohne Diogenes leben könnte, aber Diogenes nicht ohne Manes. Wenn die Spekulation ohne mich leben kann, warum sollte ich nicht ohne die Spekulation leben können.[3]

Aber denke nicht, dass ich mit dem Verzicht auf dein Geschäft auch deine Freundschaft aufgebe. Ein großer Philosoph lehrte, dass die wahre Freundschaft aus dem Gegensatz, nicht aus der Ähnlichkeit hervorgehe. Je größer der Gegensatz zwischen uns ist, umso mehr werden wir Freunde sein. „Das Wunder Europas" beweist in seiner Moral-Philosophie, dass das Glück weder in den äußeren und nützlichen Gütern noch in den körperlichen und annehmlichen Dingen, sondern in den guten Handlungen, welche die Tugend des Geistes ausmachen, besteht. Auch ich suche die Glückseligkeit nur im Palaste

---

1 Im Text noch ein nicht wiederzugebendes Wortspiel: oro apyro „Gold, das nicht vom Feuer berührt ist" und pyra del oro „Scheiterhaufen des Goldes". Der Philosoph vergleicht sich noch mit Albidius, wobei wiederum ein Wortspiel beabsichtigt ist.

2 Der Philosoph vergleicht sich mit Philosophen im Altertum.

3 Es folgt ein Vergleich mit Simei, der Jerusalem verließ, um entflohene Sklaven zu suchen.

der Tugend und wenn derselbe Denker zeigt, dass man ohne Ehre und Freudigkeit im Zusammenhange mit zwei anderen weniger wesentlichen Eigenschaften, nämlich der Sicherheit und Gedeihlichkeit, nicht glücklich sein kann, wie soll man mit der Spekulation ohne Ehre zu Freudigkeit gelangen und wie kann man Gedeihlichkeit erreichen, wenn die Sicherheit fehlt?

Wenn ich erfahre, dass das Glück selbst dich, seinen Lieblingssohn, ohne Klagen aufgibt, wie wenig können andere Günstlinge des Glücks auf dasselbe vertrauen. Ich denke dabei an Tiberius, der den Tod seines einzigen Sohnes Drusus ohne Tränen ertrug und dem allmächtigen Günstling Sejan bei dieser Gelegenheit noch schmeichelte, um ihn später zu stürzen.[1] Mögen schwache Naturen sich in einer trügerischen Sicherheit wiegen, ich vertraue nicht auf das Schicksal, denn dieses kümmert sich nicht um das Glück der Menschen.[2]

Ende des vierten Dialogs

---

1 Sejan hatte Drusus, den einzigen Sohn des Tiberius, im Jahre 23 v.Chr. vergiften lassen. Als der Kaiser dies mehrere Jahre später erfuhr, wurde Sejan hingerichtet.

2 Die kaum verständlichen Schlusssätze konnten nur dem Sinn nach wiedergegeben werden.

384 Seiten,
broschiert,
17,00 [D] / 17,50 [A]
ISBN:978-3-86470-565-6

Peter Lynch:
Der Börse einen Schritt voraus – Neuauflage

Mit diesem Buch machte die Aktienkultur in Deutschland anno 1989 einen großen Sprung nach vorne. Peter Lynch, der Manager des unglaublich erfolgreichen Fidelity Magellan Fund, erklärte das Mysterium Börse. Einfach und verständlich vermittelte er die Grundlagen erfolgreichen Value-Investierens. Sein Werk und seine Weisheiten sind zeitlos und haben bis heute nichts an Wert und Aktualität verloren. Dazu trägt nicht zuletzt auch sein bodenständiger, humorvoller Stil bei.

Börsenbuch verlag

ca. 280 Seiten,
broschiert,
29,90 [D] / 30,70 [A]
ISBN: 978-3-86470-905-0

Philip A. Fisher: Reich mit Aktien

Philip A. Fisher ist nicht nur einer der Urväter des modernen Investierens, er wird auch von Warren Buffett in einem Atemzug mit Benjamin Graham genannt. Fishers Investmentstrategie fasziniert mit ungewöhnlichen Ansätzen und überzeugt mit überragender Performance. Ob ein Anleger seine Sammlung großer Börsenklassiker komplettieren oder aber sein Instrumentarium um einige extrem erfolgreiche Methoden erweitern möchte – bei Buffetts Lehrmeister Philip A. Fisher wird er in jedem Fall fündig.

Börsenbuchverlag